汽车专业“十四五”精品教材

新能源汽车结构与检修

主　编　褚玉峰　常成国　王　黎
副主编　刘政陈　刘文华　杨　嵩
　　　　郑　怒　汪　苗　罗小龙

哈尔滨工程大学出版社
Harbin Engineering University Press

内容简介

本书内容贴近维修实际工作及职业教育。本书内容以北汽新能源、吉利、比亚迪、丰田混合动力及其他国内外典型纯电动/混合动力车型为主，综合主流新能源汽车厂家的技术共性和差异，系统地介绍新能源汽车概述、新能源汽车安全操作、动力蓄电池与管理系统、电动汽车电机驱动系统、混合动力汽车构造与检修、纯电动汽车检修6方面内容。

本书可作为应用型本科、职业院校汽车专业的通用教材，也可作为汽车类相关专业人员的参考用书。

图书在版编目（CIP）数据

新能源汽车结构与检修 / 褚玉峰，常成国，王黎主编. —哈尔滨 : 哈尔滨工程大学出版社，2022.6
ISBN 978-7-5661-3564-3

I. ①新… II. ①褚… ②常… ③王… III. ①新能源－汽车－构造②新能源－汽车－车辆修理 IV. ①U469.7

中国版本图书馆 CIP 数据核字（2022）第 095270 号

新能源汽车结构与检修
XINNENGYUAN QICHE JIEGOU YU JIANXIU

责任编辑 张　曦
封面设计 赵俊红

出版发行 哈尔滨工程大学出版社
社　　址 哈尔滨市南岗区南通大街 145 号
邮政编码 150001
发行电话 0451-82519328
传　　真 0451-82519699
经　　销 新华书店
印　　刷 唐山唐文印刷有限公司
开　　本 889 mm×1 194 mm　1/16
印　　张 13
字　　数 374 千字
版　　次 2022 年 6 月第 1 版
印　　次 2022 年 6 月第 1 次印刷
定　　价 49.80 元
http://www.hrbeupress.com
E-mail:heupress@hrbeu.edu.cn

前　言

进入21世纪以来，我国提出“节能和新能源汽车”战略，政府高度关注新能源汽车的研发和产业化。在国家政策的扶持下，新能源汽车得到飞速的发展，由此带来的新能源汽车后市场将需要大量的销售、维修及其他各方面的人才。教育服务于市场，领先于市场，针对几年后对新能源汽车专业技术人员的需求，应用型本科、职业院校必须提前培养新能源汽车专业人才，为今后的新能源汽车后市场储备人才。

汽车的“新能源时代”已经全面来临，不论是汽车制造产业，还是服务行业，抑或是每一个汽车消费者，都不得不面对它，迎接它的到来。因此，对于新能源汽车的构造及其检修的基本了解就成了我们必须面对的课题了。

本书在编写过程中，认真总结了作者多年的优秀教学成果，结合了企业的职业岗位需求，吸收了发达国家的先进教学理念，在内容编写上理论部分浅显易懂，实操内容贴合生产一线，将知识传授、技能融为一体，体现“做中学、学中做”的教学思想。

本书以北汽新能源、吉利、比亚迪、丰田混合动力及其他国内外典型纯电动/混合动力车型为主，综合主流新能源汽车厂家的技术共性和差异，系统地介绍新能源汽车概述、新能源汽车安全操作、动力蓄电池与管理系统、电动汽车电机驱动系统、混合动力汽车构造与检修、纯电动汽车检修6方面内容。

本书由重庆资源与环境保护职业学院的褚玉峰、常成国和王黎担任主编，由重庆资源与环境保护职业学院的刘政陈、刘文华、杨嵩、郑怒、汪苗和罗小龙担任副主编。本书在编写过程中参考了有关图片和资料，借鉴了汽车厂家大量汽车维修资料和国内大量同行的文献资料，在此一并向有关作者表示真诚的感谢。本书的相关资料和售后服务可扫描封底微信二维码或登录www.bjzzwh.com下载获得。

由于编者水平有限，书中难免有疏漏或不妥之处，恳请广大师生和读者批评指正。

编　者

2022年4月

CONTENTS
目录

CONTENTS

目录

CONTENTS
目录

第一章

新能源汽车概述

本章导读

能源、环境和安全成为21世纪汽车工业发展的三大主题，这也是汽车工业发展中所面临的巨大挑战。根据《节能与新能源汽车产业发展规划（2012—2020年）》，新能源汽车主要包括纯电动汽车、插电式混合动力汽车及燃料电池汽车。为应对日益突出的燃油供求矛盾和环境污染问题，世界主要汽车生产国纷纷加快部署，将发展新能源汽车作为国家战略，加快推进技术研发和产业化，同时大力发展和推广应用汽车节能技术。节能与新能源汽车已成为国际汽车产业的发展方向，未来10年将迎来全球汽车产业转型升级的重要战略机遇期。

学习目标

1. 了解当今世界能源、大气污染、全球变暖等问题。
2. 熟悉新能源汽车的定义、分类及发展史。
3. 掌握混合动力电动汽车基本概念及结构形式与工作原理。
4. 掌握纯电动汽车的驱动的结构形式。
5. 掌握燃料电池汽车不同类型的工作原理。

能力目标

通过对本章内容的学习，能够完成汽车专业领域《职业技能等级证书标准》中工作安全与作业准备工作任务。

第一节 汽车工业面临的挑战

统计数据显示，2020 年，世界汽车保有量超过 12 亿辆；我国机动车保有量达 3.72 亿辆，其中汽车为 2.81 亿辆。汽车工业的发展，对人类文明产生了深远的影响，同时也带来了一系列的问题。能源、环境和安全成为 21 世纪汽车工业发展的三大主题，这也是汽车工业发展中所面临的巨大挑战。

一、能源问题

近 100 多年的工业社会是建立在化石能源基础之上的。目前，世界能源消费的 40%、交通能源的 90% 还依赖石油。国际能源机构的统计数据表明，2020 年交通用油占全球石油总消耗量的 62% 以上。目前，全球石化能源面临供应短缺。

根据英国石油公司、IHS 公司、美国地质调查局和中国石油天然气股份有限公司评价数据，截至 2018 年底，世界石油总可采资源量约 9.222×10^{11} t。其中，已发现石油可采储量 3.758×10^{11} t，占 41%；待发现常规石油可采资源量 1.045×10^{11} t，占 11%；非常规石油可采资源量（页岩油、重油、油砂和油页岩）4.419×10^{11} t，占 48%，但开发成本高，开采难度大。天然气总可采资源量为 8.46×10^{14} m^3。已发现常规天然气可采储量 4.28×10^{14} m^3，占 51%；待发现常规天然气可采资源量 1.81×10^{14} m^3，占 21%；非常规可采资源量（致密 / 页岩气和煤层气）2.37×10^{14} m^3，占 28%。

这些资源是不可再生资源，并非“取之不尽，用之不竭”。中国能源现状也令人担忧。中国石油资源相对贫乏，能源对外依存度在持续升高。2018 年我国原油对外依存度达到 70.9%。

二、大气污染

全球环境问题日益突出，汽车尾气是城市环境污染和大气污染的重要因素之一，这使得世界汽车工业面临着严峻的挑战。

汽车排气污染物主要是一氧化碳（CO）、碳氢化合物（HC）、氮氧化物（NO_x）、硫化物（主要是 SO_2）、炭烟及其他一些有害物质。汽车排出的各种有害物质给人类造成危害。

PM 是 particulate matter 的缩写，即颗粒物。PM2.5 是指大气中直径小于或等于 2.5 μm 的颗粒物，也称为可入肺颗粒物，它的直径还不到人的头发丝粗细的 1/20。虽然 PM2.5 只是地球大气成分中含量很少的组分，但它对空气质量和能见度等有重要的影响。PM2.5 粒径小，富含大量的有毒、有害物质且在大气中的停留时间长、输送距离远，因而对人体健康和大气环境质量的影响更大。PM2.5 的主要来源是日常发电、工业生产、汽车尾气排放等过程中经过燃烧而排放的残留物，大多含有重金属等有毒物质。

三、全球变暖

一般认为全球变暖是“温室效应”的结果，而“温室效应”是由于二氧化碳和其他气体（如大气中的甲烷）排放造成的。这些温室气体对来自太阳辐射的可见光具有高度的透过性，而对地球反射出来的长波辐射具有高度的吸收性，能强烈吸收地面辐射中的红外线，也就是常说的“温室效应”，导致全球气候变暖。全球变暖的后果，会使全球降水量重新分配、冰川和冻土消融、海平面上升等，这既危害自然生态系统的平衡，更威胁人类的食物供应和居住环境。全球气候的变化严重危及了生态安全，成为当今世界以及今后长时期内人类所面临的严峻的环境与发展的挑战。

二氧化碳是碳氢化合物和煤燃烧的生成物。交通运输工具对二氧化碳的排放占有大量的份额。面对能源、环境的挑战，发展节能与新能源汽车技术成为必然。

第二节 新能源汽车的定义、分类和发展

一、新能源汽车的定义及分类

2012 年 6 月国务院通过《节能与新能源汽车产业发展规划（2012—2020 年）》，以下简称《规划》。规划对新能源汽车进行了定义和分类。《规划》指出，新能源汽车是指采用新型动力系统，完全或主要依靠新型能源驱动的汽车。《节能与新能源汽车产业发展规划（2012—2020 年）》中所指新能源汽车主要包括纯电动汽车、插电式混合动力电动汽车及燃料电池电动汽车。

（一）纯电动汽车（battery electric vehicle，BEV）

纯电动汽车是驱动能量完全由电能提供、由电机驱动的汽车。电机的驱动电能来源于车载可充电储能系统或其他能量储存装置。

（二）插电式混合动力电动汽车（Plug-in hybrid electric vehicle，PHEV）

能够至少从这两类车载储存的能量中获得动力的汽车即插电式混合动力电动汽车：可消耗的燃料；可再充电能 / 能量储存装置。

（三）燃料电池电动汽车（fuel cell electric vehicle，FCEV）

燃料电池电动汽车是以燃料电池系统作为单一动力源或者是以燃料电池系统与可充电储能系统作为混合动力源的电动汽车。

二、新能源汽车发展史

（一）新能源纯电动汽车的发展

1. 国外新能源纯电动汽车的发展

1834 年在布兰顿演示过托马斯·蒂温博特（Thomas Davenport）发明的采用玻璃封装的不可充电蓄电池驱动的汽车，它只能行驶一小段距离；1859 年，法国人普兰特（G Plante）发明了世界第一只可充电的蓄电池，为后来电动汽车发展奠定了基础；1881 年，法国工程师特鲁夫（Gustave Trouve）第一次将直流电机和可充电的铅酸蓄电池用于私人车辆，同年在巴黎举办的国际电器展览会上展出了一辆能实际操作使用的电动三轮车，如图 1-1 所示。

图 1-1　1881 年世界第一辆电动三轮车

1885 年，在德文博特的电动车问世半个世纪后，德国人卡尔·本茨（K. Benz）发明了汽油机驱动的汽车，并于 1886 年 1 月 26 日获得专利，成为人类历史上的伟大创举。由此可见电动汽车的历史比现在最常见的内燃机驱动的汽车要早。19 世纪末，美国、英国、法国的公司开始生产电动汽车。19 世纪末 20 世纪初是电动汽车发展的黄金时代，例如，1900 年在美国销售的 4 200 辆汽车中有大约 38% 是电动汽车，22% 是燃油汽车，40% 是蒸汽机汽车。

但是，由于但随着石油的开发和内燃机技术提高，而电池技术的局限性导致电动汽车成本难以下降，并且电动汽车的续航里程短，再加上由于当时没有晶体管技术，电动车的性能受到限制，极速大约只有 32 km/h，当时内燃机汽车就已经能够超过 100 km/h，所以靠电力驱动的汽车逐步退出市场，到 19 世纪 30 年代，纯电动汽车几乎消失了。直到 20 世纪七八十年代，石油危机和空气污染等原因才促使人们重燃对纯电动汽车的兴趣。

在 20 世纪 60 年代，当时的第一大汽车生产制造企业通用汽车公司投资 1 500 万美元开发出了 Electrovair 和 Electrovan 两款电动汽车。20 世纪 90 年代初，一些国家和城市开始实行更严格的排放法规，1990 年，美国加利福尼亚州大气资源管理局（CARS）颁布了一项法规，规定 1998 年在加利福尼亚州出售的汽车中，2% 必须是零排放车辆（ZEVs），到 2003 年零排放车辆应达到 10%。受加利福尼亚州法规的影响，美国其他州以及世界上其他国家开始制定类似的法规，纯电动汽车被认为是符合零排放标准的唯一可用的技术，因此纯电动汽车迅速发展起来。

2. 国内新能源纯电动汽车的发展

我国早在“八五”期间就启动了电动汽车的研究和开发工作；在“九五”期间又进而启动了“空气净化工程；到了“十五”科技部提出了我国发展新能源汽车的实施方案，电动汽车重大专项被国家科教工作领导小组批准为国家“十五”期间重点组织实施的 12 个重大科技专项之一。国家“863”计划电动汽车重大专项，从国家汽车产业发展战略的高度出发，选择新一代电动汽车技术作为国内汽车科技创新的主攻方向，组织企业、高等院校和科研机构，以四位一体的方式，联合进行攻关。

我国涉足新能源研究的大型集团是一汽集团，从 20 世纪末至今，新能源发展已经历了 20 余个年头，从混合动力到插电式混动再到纯电动车研发，一汽集团在新能源技术方面有了一定的积累。东风集团是国内最早研究新能源汽车技术的大企业集团之一，其纯电动技术的研发始于“八五”期间，至今已经历20多个年头，在新能源汽车关键技术的自主研发方面有了一定的积累。上汽集团开发新能源汽车是从2001年底与同济大学合作共同承担了国家“863”电动汽车重大专项开始。除了三大汽车集团外，最早进行纯电动汽车研发生产的是成立于2001年的天津清源电动车辆有限责任公司。另外一家最早进入批量化生产电动汽车的企业是深圳比亚迪，由于以研发生产电池起家，在电池技术领域处于国际领先水平。2009年11月14日北汽集团成立北京新能源汽车股份有限公司专门生产新能源纯电动汽车。

由于2008年北京奥运会的召开和2009年“十城千辆节能与新能源汽车示范推广应用工程”的开展和国家关于《新能源汽车生产企业及产品准入管理规则》推出，开启了我国新能源汽车发展的新篇章。

（二）新能源插电式混合动力汽车的发展

插电式混合动力汽车（plug-in hybrid electric vehicle，PHEV）是新型的混合动力电动汽车。它结合了传统混合动力汽车的优点，在提供较长的续航里程（指混合动力模式）的同时也能满足人们用纯电力行驶的需求，起到了良好的能源代替作用。插电式混合动力汽车在以下三种模式下可进行充电。

（1）汽油机工作的同时为蓄电池充电。除了急加速或上坡等状态下需要汽油机和电动机配合工作以外，通常情况下汽油机工作时电动机会停止工作，并且汽油机会为电池进行充电。

（2）制动力充电。与所有混合动力车型相同，制动时能量会被逆向存入蓄电池。

（3）外接电源充电。这也是插电式混合动力不同于传统混合动力车型的最大特点，可以通过生活中的电源插头进行蓄电池充电。

最先受到普遍关注的PHEV是美国通用公司推出的PHEV概念车——雪佛兰Volt。它采用的是串联混合动力技术，发动机（可以是内燃机也可以是燃料电池）的动力不直接驱动车轮，只是用来发电，车轮由电机带动。2011款雪佛兰Volt已在美国7个州和哥伦比亚地区进行销售。作为全球首款增程型电动车，雪佛兰Volt沃蓝达已于2011年底正式在中国上市。在美国，除Volt以外，其他PHEV还有通用公司的土星VUE插电式混合动力车、凯迪拉克Converj串联式插电式混合动力车、欧宝Ampera串联插电式混合动力车；克莱斯勒公司的吉普Wrangler Unlimited牧马人插电式混合动力车、Town & Country串联插电式混合动力车；福特公司的Escape PHEV等。

日本方面有丰田公司生产的轻量插电式混合动力“FFV I/X”、Hi-CT、Plug-in HV、丰田普锐斯插电式混合动力车、三菱PX-Miex插电式混合动力、铃木雨燕串联插电式混合动力车等。

德国各大汽车公司方面有奔驰推出的Blue Zero E-Cell Plus和Vision S500插电式混合动力车及宝马Vision Efficient Dynamics插电式混合动力车等。

插电式混合动力车在我国也呈高速发展态势，2017年1～8月，插电式混合动力汽车产销分别达6.2万辆和5.9万辆。例如，比亚迪公司的比亚迪秦采用1.5 T发动机和电动机组成的混动系统，最大功率可以达到217 kW，而电动机和峰值转矩为479 N·m，在纯电状态下可续驶70 km，满足日常代步需求；比亚迪唐由一台最大转矩为320 N·m的2.0 T涡轮增压发动机和两台高功率的电动机提供动力，此外比亚迪唐配备了高容量磷酸铁锂电池（18.4 k W·h），在纯电动模式下最大行驶距离约为80 km。

上汽荣威 e550 动力系统由一台 1.5 L 汽油发动机和电动机组成，综合最大功率为 160 kW，峰值转矩为 587 N·m；e550 采用镍钴锰酸锂（三元材料）电池，电池的容量达到同级领先的 22.4 kW·h，纯电续航里程可达 60 km。

奇瑞艾瑞泽 7 e 搭载一台 1.6 L 发动机和电动机组成的动力系统，传动部分匹配 CVT 变速箱。据称，其最低油耗仅为 2.2 L/100 km，所搭载的电池容量为 9.2 kW·h，纯电行驶续航里程超过 50 km。

（三）新能源燃料电池汽车的发展

1801 年英国科学家 H. Davy 发明了燃料电池的原理；1889 年英国科学家 Mond 首先用工业煤和空气合成装置制氢，并正式用上燃料电池的命名；20 世纪 50 年代，英国剑桥大学教授培根用高压氢试制成功 5 kW 的燃料电池，在试验室中应用；1965 年美国 GE 公司把燃料电池装上阿波罗（Appollo）登月飞船，提供电力；2002 年美国总统布什制订《自由汽车计划》（*Freedom CAR*），研究应用燃料电池汽车产业化问题，为此提供 FCEV 的不断探索留下不少经验和教训；2003 年美国提议成立《氢能经济国际合作伙伴（IPHE）》，美国和西欧等 15 个国家都参与了，中国也在其中，2004 年 5 月第二届 IPHE 指导委员会议就是在北京人民大会堂召开的，2007 年美国通用汽车公司和加拿大知名的巴拉德燃料电池公司，在雪佛兰 Equinox 轿车装上燃料电池进行试运行，至今还在继续改进实验中；同年欧盟提出《欧洲清洁都市交通计划（CUTE）》，拟在阿姆斯特丹、汉堡、伦敦、马德里、斯德哥尔摩等城市开展燃料电池公共汽车示范运行；2011 年德国戴姆勒汽车公司开展了 FCEV 全球巡展演示，投入 Citano 燃料电池客车 36 辆，由 20 个交通运营商负责进行巡展，其全程运行已达 480 万公里；欧盟在 2014 年发布《地平线 2020 年计划》，指出到 2020 年，燃料电池各种车辆应用要达到 20 万辆，加氢站 1 000 座，氢气来源 50% 以上来自非石化能源生成的，成本要下降 90%。

国际汽车界人士认为 2015 年是 FCEV 的元年，这主要是以日本丰田的“未来”（Mirai）正式进入初期的商业化运作为标志而提出的，Mirai 功率 113 kW，转矩 335 N·m，相当于 2.0 发动机轿车水平，续行 500 km，在日本成本 720 万日元，政府补贴 200 万日元，市场售价 500 万日元（约折合 26 万元人民币），这和“皇冠”轿车价格差不多。丰田 2015 年产销 700 辆，2016 年 1 600 辆，其中三分之一出口，2017 年计划 3 000 辆，2020 年为迎东京的奥运会，计划推出 3 万辆。与此同时，本田、三菱、马自达、大发等公司也都推出具有自己特色的 FCEV，本田的 C1 arityFCEV 续程已达 589 km。近来，日本通产省公布的《燃料电池汽车战略路线图和氢能社会白皮书》提到，2025 年实现 200 万辆的目标，2030 年加氢站达 1 800 座，相应对质量，成本和配套工程设施都要很好改善，形成规模化能力走向市场。

我国早在 20 年前的“十五”的 863 重大专项中，就明确指出要支持燃料电池的研发，拨款 3.8 亿元；到“十一五”和“十二五”规划中，在节能与新能源汽车重大项目中，都把 FCEV 列为重点项目，支持发展；2014 年 1 月《中国燃料电池技术创新战略联盟》在上海成立，同济大学、清华大学、武汉理工大学、重庆大学参与，一汽、东风、上汽、长安、奇瑞等汽车及零部件企业都参与，燃料电池及其附属企业也参与，目的是加紧实行产、学、研联合，更好攻克核心技术，加强 FCEV 产业更好更快发展；2017 年 4 月，三部委关于《汽车产业中长期发展规划》中，对 FCEV 的战略地位进一步加强，提出三个时间节点要求，2020 年在特定地区的公共服务车辆领域进行小规模示范应用，2025 年私人用车和公共服务用车领域批量应用，不低于 1 万辆，到 2030 年在私人乘用车，大型商用车领域进行规模化推广，不低于 10 万辆。与此同时，三部委发布《2016—2020 年新能源汽车推广应用财政支持政策通知》中指出，在 2017—2020 年除燃料电池汽车外，对其他新能源汽车的补助标准实行必要的退坡，而燃料电池汽车补助保持不变，甚至个别车种还有所提高。由此可见国家在宏观层面，对氢能和燃料电池汽车给予越来越多的重视和支持。

三、我国的新能源汽车产业发展规划

2020 年 10 月 20 日，国务院办公厅印发了《新能源汽车产业发展规划（2021—2035 年）》。

总体思路是：以习近平新时代中国特色社会主义思想为指引，坚持创新、协调、绿色、开放、共享的发展理念，以深化供给侧结构性改革为主线，坚持电动化、网联化、智能化发展方向，深入实施发展新能源汽车国家战略，以融合创新为重点，突破关键核心技术，提升产业基础能力，构建新型产业生态，完善基础设施体系，优化产业发展环境，推动我国新能源汽车产业高质量可持续发展，加快建设汽车强国。

发展愿景是：力争经过 15 年的持续努力，我国新能源汽车核心技术达到国际先进水平，质量品牌具备较强国际竞争力。纯电动汽车成为新销售车辆的主流，公共领域用车全面电动化，燃料电池电动汽车实现商业化应用，高度自动驾驶汽车实现规模化应用，充换电服务网络便捷高效，氢燃料供给体系建设稳步推进，有效促进节能减排水平和社会运行效率的提升。

第三节　混合动力电动汽车

一、混合动力车辆的基本概念

根据国际能源组织（IEA）的有关文献，“能量与功率传送路线”具有如下特点的车辆称为混合动力车辆。

（1）传送到车轮推进车辆运动的能量，至少来自两种不同的能量转换装置（例如，内燃机、燃气涡轮、斯特林发动机、电动机、液压马达、燃料电池等）。

（2）这些能量转换装置至少要从两种不同的能量储存装置（例如，燃油箱、蓄电池、飞轮、超级电容、高压储氢罐等）吸取能量。

（3）从储能装置流向车轮的这些通道，至少有一条是可逆的。

如果可逆的储能装置供应的是电能时，则称作混合动力电动汽车。

混合动力电动汽车

二、混合动力电动汽车（HEV）的定义

国家标准《电动汽车术语》（GB/T 19596—2017）对于混合动力电动汽车的定义如下。

能够至少从下述两类车载储存的能量中获得动力的汽车。

（1）可消耗的燃料；

（2）可再充电能／能量储存装置。

HEV 的突出优点是：发动机可工作在经济工况区，排放少，燃油消耗低；发动机不在全负荷和加速工况工作，噪声小；可以回收制动时的能量和利用已有的燃油设施等。当然，混合动力电动汽车推广中也存在一些问题，如与传统汽车相比，动力系统复杂，成本较高，还有动力系统的质量增加，占用空间增大，故障率高于传统汽车等。

HEV 与传统汽车的区别主要是驱动系统，HEV 通常至少由两种动力源组成。一种是由发动机提供的、与传统汽车类似的动力系统。从理论上讲，所有可以用于传统汽车的发动机（包括各种内燃机和外燃机）都可用于 HEV。另一种是传统汽车上所没有的电驱动系统。电驱动系统通常由电能储存器（蓄电池、超级电容器、飞轮电池等）、电源变换器（逆变器、变压器等）和电动机（直流电动机、三相异步感应电动机、永磁电动机、开关磁阻电动机）等组成，为了能够利用发动机发电或回收汽车的制动能量等，电驱动系统的电动机一般都可作为发电机使用，也有电动机和发电机分别设置的。HEV 的组成可以说是上述两种驱动系统的组合，由于组合方式和选用的装置种类的不同，就形成了各具特色的 HEV。

三、混合动力电动汽车的类型

汽车行业标准《混合动力电动汽车类型》（QC/T 837—2010）对于混合动力电动汽车的类型进行了划分。

（一）按照动力系统结构类型划分

1. 串联式混合动力电动汽车

串联式混合动力电动汽车是车辆行驶系统的驱动力只来源于电机的混合动力电动汽车。

其典型的结构特点是：发动机带动发电机发电，电能通过电机控制器输送给电机，由电机驱动车辆行驶。另外，动力蓄电池可以单独向电机提供电能驱动车辆行驶。

2. 并联式混合动力电动汽车

并联式混合动力电动汽车是车辆行驶系统的驱动力由电机及发动机同时或单独供给的混合动力电动汽车。

其典型的结构特点是：并联式驱动系统可以单独使用发动机或电机作为动力源，也可以同时使用电机和发动机作为动力源驱动车辆行驶。

3. 混联式混合动力电动汽车

混联式混合动力电动汽车是具备串联式和并联式两种混合动力系统结构的混合动力电动汽车。

其典型的结构特点是：可以在串联混合模式下工作，也可以在并联混合模式下工作，同时兼顾了串联式和并联式混合动力电动汽车的特点。

（二）按照混合度划分

1. 微混合型混合动力电动汽车

微混合型混合动力电动汽车是以发动机为主要动力源，电机作为辅助动力，具备制动能量回收功能的混合动力电动汽车。电机的峰值功率和总功率的比值小于10%。

仅具有停车怠速停机功能的汽车也可称为微混合型混合动力电动汽车。

2. 轻度混合型混合动力电动汽车

轻度混合型混合动力电动汽车是以发动机为主要动力源，电机作为辅助动力，在车辆加速和爬坡时，电机可向车辆行驶系统提供辅助驱动力矩的混合动力电动汽车。一般情况下，电机的峰值功率和总功率的比值大于10%。

3. 重度混合（强混合）型混合动力电动汽车

重度混合（强混合）型混合动力电动汽车是以发动机或电机为动力源，一般情况下，电机的峰值功率和总功率的比值大于30%，且电机可以独立驱动车辆正常行驶的混合动力电动汽车。

（三）按照外接充电能力划分

1. 可外接充电式混合动力电动汽车

可外接充电式混合动力电动汽车是正常使用情况下，可从非车载装置中获取电能量的混合动力电动汽车。

仅当制造厂在其提供的使用说明书中或者以其他明确的方式推荐或要求进行车外充电时，混合动力电动汽车方可认为是“外接充电式”的。仅用作不定期的储能装置电量调节或以维护为目的而非用作常规的车外能量补充，即使有车外充电能力，也不认为是“外接充电式”的车辆。

插电式（plug-in）混合动力电动汽车（PHEV）属于此类型。

2. 不可外接充电式混合动力电动汽车

不可外接充电式混合动力电动汽车是在正常使用情况下，从车载燃料中获取全部能量的混合动力电动汽车。

（四）按照行驶模式的选择方式划分

1. 有手动选择功能的混合动力电动汽车

有手动选择功能的混合动力电动汽车是具备行驶模式手动选择功能的混合动力电动汽车。车辆可选择的行驶模式包括发动机模式、纯电动模式和混合动力模式三种。

2. 无手动选择功能的混合动力电动汽车

无手动选择功能的混合动力电动汽车是不具备行驶模式手动选择功能的混合动力电动汽车。车辆的行驶模式根据不同工况自动切换。

（五）其他划分类型

按照可再充电能量储存系统不同可以划分为（但不限于）以下类型。

（1）动力蓄电池混合动力电动汽车。

（2）超级电容器混合动力电动汽车。

（3）机电飞轮混合动力电动汽车。

（4）动力蓄电池与超级电容器组合式混合动力电动汽车。

混合动力电动汽车按照其技术特征、燃料类型、功能结构和车辆用途等因素还可有其他划分类型。

四、串联式混合动力电动汽车结构与工作原理

（一）基本结构

串联式混合动力电动汽车系统的结构形式及驱动方式如图 1-2 所示。串联式混合动力系统利用发动机动力发电，从而带动电动机驱动车轮。其基本结构由电动机、发动机、发电机、动力蓄电池、变压器等组成。由发动机进行准稳恒性运转来带动发电机，直接向电动机供应电力，或一边给动力蓄电池充电一边行驶。由于发动机的动力是以串联的方式供应到电动机，所以称为“串联式混合动力系统”。

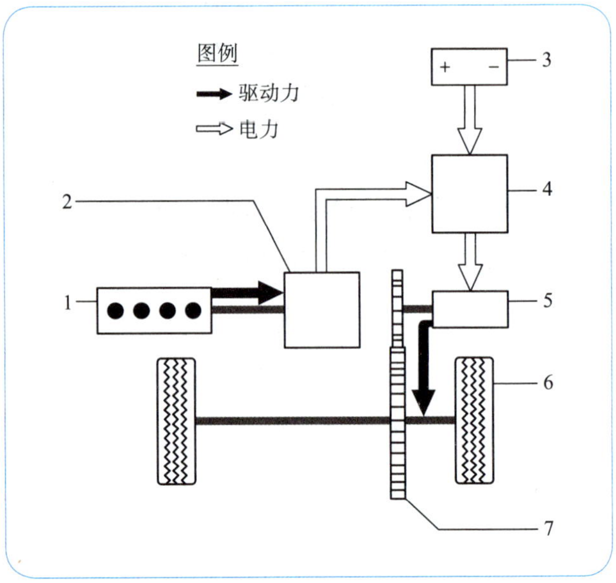

1- 发动机；2- 发电机；3- 动力蓄电池；4- 变压器；5- 电动机；6- 驱动轮；7- 减速器。

图 1-2　串联式混合动力系统

发动机和发电机构成辅助动力单元（auxiliary power unit，APU），发动机输出的驱动力（能）首先通过发电机转化为电能，转化后的电能一部分用来给动力蓄电池充电，另一部分经由电动机和传动装置驱动车轮。在这种结构形式中，发动机的唯一功能就是用来发电，而驱动车轮的转矩全部来自电动机。动力蓄电池实际上起平衡发动机输出功率和电动机输入功率的作用。当发电机的发电功率大于电动机所需的功率时（例如，汽车减速滑行、低速行驶或短时停车等工况），控制器控制发电机向动力蓄电池充电；当发电机发出的功率低于电动机所需的功率时（例如，汽车起步、加速、高速行驶、爬坡等工况），动力蓄电池则向电动机提供额外的电能。串联式结构可使发动机不受汽车行驶工况的影响，始终在其最佳的工作区稳定行驶，因此可降低汽车的油耗和排放。串联式混合动力系统的结构简单，控制容易，但是由于发动机的输出需全部转化为电能再变为驱动汽车的机械能，而机电能量转换和蓄电池充放电的效率较低，因此串联式结构的能量利用效率较低。

（二）串联式混合动力驱动系统的三种基本控制模式

1. “恒温器式”控制模式

主要利用电池来驱动车辆，仅当荷电状态（state of charge，SOC）降低到最小限值时，发动机才起动，发动机在最高效率区以输出恒定功率的方式工作，当 SOC 回升到最大限值时发动机关停。这种控制模式的主要缺点是发动机的起动和关停会贯穿于车辆行车的整个过程。由于发动机每次关停期间，发动机和催化转换器装置的温度会降低，从而导致它们的效率降低。

2. “负荷跟随”控制模式

保持蓄电池的SOC在规定的范围之内，发动机带动发电机工作并尽可能地供应接近车辆行驶所需的电能，蓄电池只起负荷调节装置的作用。这种模式蓄电池的充放电量较小，能量损失最小，缺点是发动机不能工作在最佳转速和负荷下，因此其排放可能变差、效率降低。

3. 串联混合动力控制模式

最佳串联混合动力控制模式是上述两种控制模式的一个折中方案。在蓄电池的SOC较高时，主要用纯电动模式。而当蓄电池的SOC降低到设定的范围内时，发动机带动发电机工作，考虑到发动机的排放和效率，将其输出功率严格限定在一定的变化范围内。如果能预测到车辆行程内的总能量需求，则一旦蓄电池中储存了足够的能量，在剩余的行程中车辆就可转换为纯电动模式，到了行程终点正好耗尽蓄电池所允许放出的电能。

五、并联式混合动力电动汽车结构与工作原理

（一）基本结构

并联式混合动力系统使用电机和发动机两种不同装置来驱动车轮，动力的流向为并联，所以称为“并联式混合动力系统”。可以采用发动机单独驱动、电机单独驱动、发动机和电机混合驱动三种工作模式，典型的并联式混合动力系统的结构类型及能量流动路线如图1-3所示，其基本结构由电机、发动机、动力蓄电池、变压器和变速器等组成。

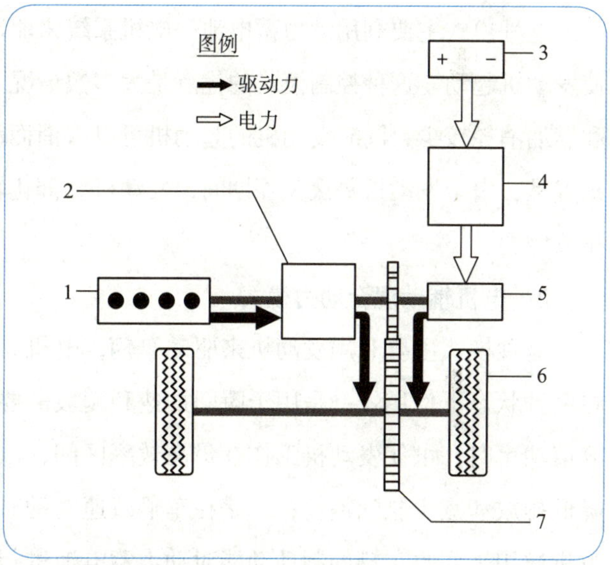

1- 发动机；2- 变速器；3- 动力蓄电池；4- 变压器；5- 电机（电动机）；6- 驱动轮；7- 减速器。

图1-3　并联式混合动力系统

（二）并联式混合动力驱动系统典型工作模式的功率流

（1）车辆起动、低速及轻载行驶时，发动机关闭，车辆由电机（电动机）驱动，为纯电动工况，如图1-4所示。

（2）车辆正常行驶、加速及爬坡工况时，发动机和电机（电动机）同时工作驱动车辆行驶，如图1-5所示。

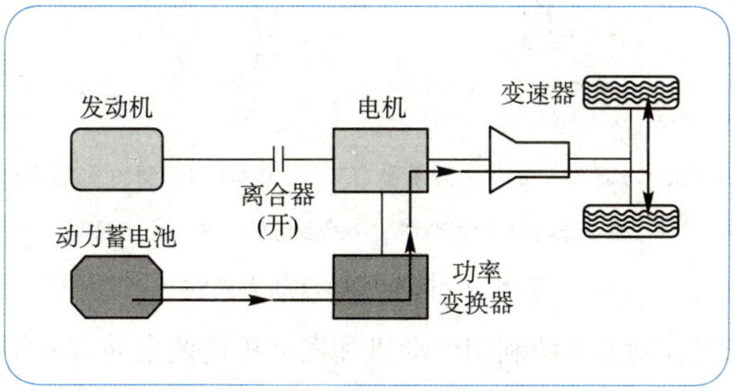

图1-4　纯电动工作模式

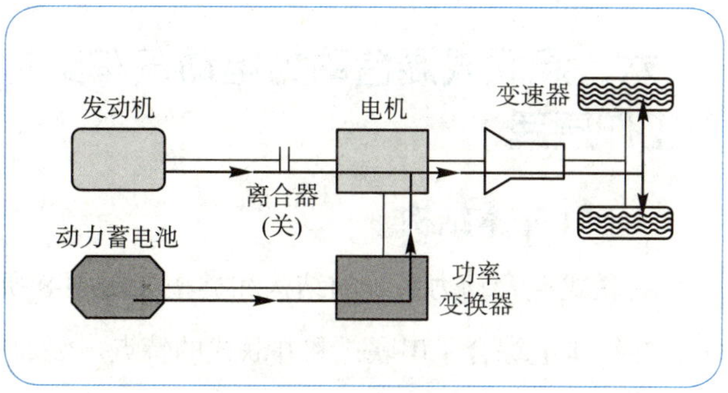

图1-5　混合动力

（3）在车辆行驶过程中，当车载动力蓄电池组电量过低时，发动机在驱动车辆行驶的同时向动力蓄电池充电，如图 1–6 所示。

（4）车辆减速及制动时，电机（发电机）回收车辆制动能量向蓄电池充电，如图 1–7 所示。

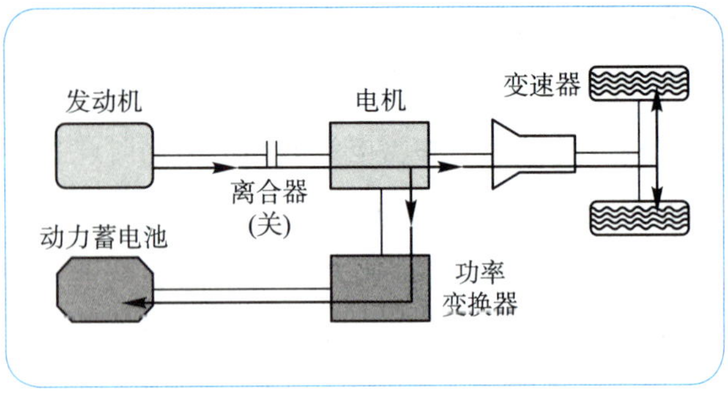

图 1–6　向动力蓄电池充电

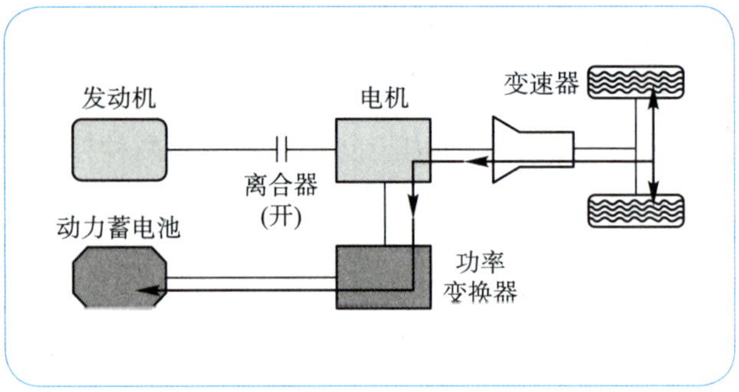

图 1–7　制动能量回收

（三）并联式混合动力驱动系统两种基本控制模式

1. 发动机辅助混合动力模式

这种模式主要利用动力蓄电池—电机系统来驱动车辆，仅当以较高的速度行驶、爬坡和急加速时才使发动机起动。这种控制模式的优点是大多数情况下车辆都是用动力蓄电池的电能来工作，车辆的排放和燃油消耗较少，同时发动机的起动机可以取消而利用车辆运动的惯性力起动发动机。这种控制模式的缺点是：由于发动机每次关停期间，发动机和催化转化装置的温度降低从而导致它们的效率降低，尾气排放增加。

2. 电机辅助混合动力模式

这种模式主要利用发动机来驱动车辆，电机只在两种状态下使用：一是用于瞬间加速和爬坡需要峰值功率时，可使发动机工作在最高效率区间，以降低排放和减少燃油消耗；二是在车辆减速制动时电机被用来回收车辆的制动动能对动力蓄电池进行充电。这种模式的主要缺点是：车辆不具备纯电动模式，在行驶过程中若经常加速，动力蓄电池的电能消耗到最低限度，则会失去电机辅助能力，驾驶员会感到车辆动力性能有所降低。

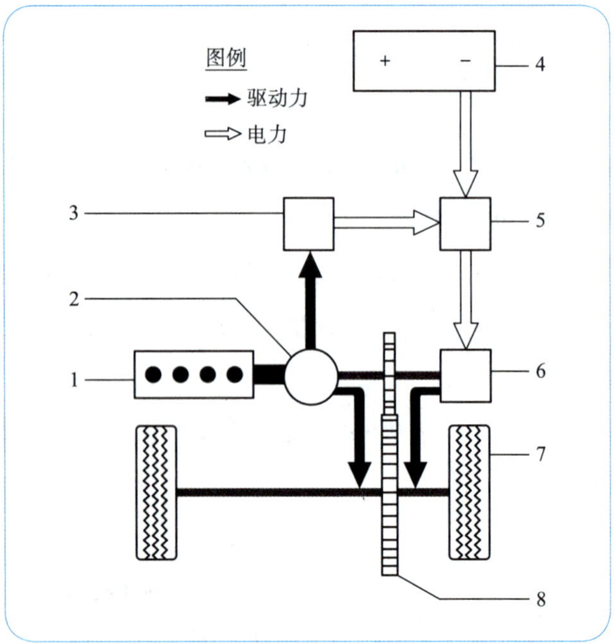

1– 发动机；2– 动力分离装置；3– 发电机；4– 动力蓄电池；5– 变压器；6– 电动机；7– 驱动轮；8– 减速器。

图 1–8　混联式混合动力系统

六、混联式混合动力电动汽车结构与工作原理

（一）基本结构

混联式混合动力系统的结构和类型如图 1–8 所示，在结构上综合了串联式和并联式的特点。混联式混合动力系统利用电动机和发动机这两个动力来驱动车轮，同时电动机在行驶当中还可以发电。根据行驶条件的不同，可以仅靠电动机驱动力来行驶，或

者利用发动机和电动机驱动行驶。另外还安装有发电机，所以可以一边行驶，一边给动力蓄电池充电。混联式混合动力系统基本结构由电动机、发动机、动力蓄电池、发电机、动力分离装置、电子控制单元（变压器、转换器）等组成。利用动力分离装置将发动机的动力分成两部分，一部分用来直接驱动车轮；另一部分用来发电，给电动机供应电力和动力蓄电池充电。

（二）丰田混联式混合动力系统

丰田混联式混合动力系统如图 1–8 所示。将发动机输出的动力通过动力分离装置分解为发电机的驱动力和车轮的驱动力，发电机产生的电力一部分供给驱动车轮用的电动机，另一部分通过变压器把交流变为直流给动力蓄电池充电。动力蓄电池又通过变压器把直流变成交流给驱动电机供电来驱动车轮，此部分为串联混合动力部分；另一方面，尽管发动机可以通过减速器来驱动车轮，但是还可以通过增加电动机来共同驱动，此部分构成并联式混合动力部分。丰田混联式混合动力系统的核心是用行星齿轮组组成的动力分离装置，用于协调发动机和电动机的运动和动力传递。

丰田混联式混合动力系统具有低油耗和低排放的效果。根据行驶工况的不同，它在不同的模式工作，最大限度地适应车辆的行驶工况，使系统达到最高的燃油经济性和最低的排放。

1. 起动时

充分利用电动机起动时的低速转矩。

当汽车起动时，丰田油电混合动力系统仅使用由动力蓄电池提供能量的电动机的动力起动，这时发动机并不运转，如图 1–9 所示。

发动机不能在低旋转带输出大转矩，而电动机可以灵敏、顺畅、高效地进行起动。

注意：点火起动时，发动机将进行运转，直至充分预热。

图 1–9　起动时示意图

2. 低速—中速行驶时

由高效利用能量的电动机驱动行驶。

对于发动机而言，一方面，在低速—中速行驶区间的效率并不理想，而另一方面，电动机在低速—中速区间性能优越。因此，在用低速—中速行驶时，油电混合动力系统使用动力蓄电池的电力为电动机提供动力，由电动机驱动汽车行驶，如图 1–10 所示。

注意：动力蓄电池的电量少时，利用发动机来带动发电机发电，为电动机提供动力。

图 1-10　低速—中速行驶时示意图

3. 一般行驶时

低油耗工况时的行驶，使用发动机作为主要动力源。

丰田油电混合动力系统采用发动机，使系统能在产生最高效功率的速度区间被驱动。由发动机产生的动力直接驱动车轮，并依照驾驶状况部分动力被分配给发电机。由发电机产生的动力用来驱动电动机和辅助发动机。利用发动机和电动机这一双重传动系统，发动机产生的动力以最小消耗被传向地面，如图 1-11 所示。

注意：动力蓄电池的电量少时，发动机输出功率会被提高以加大发电量，来给动力蓄电池充电。

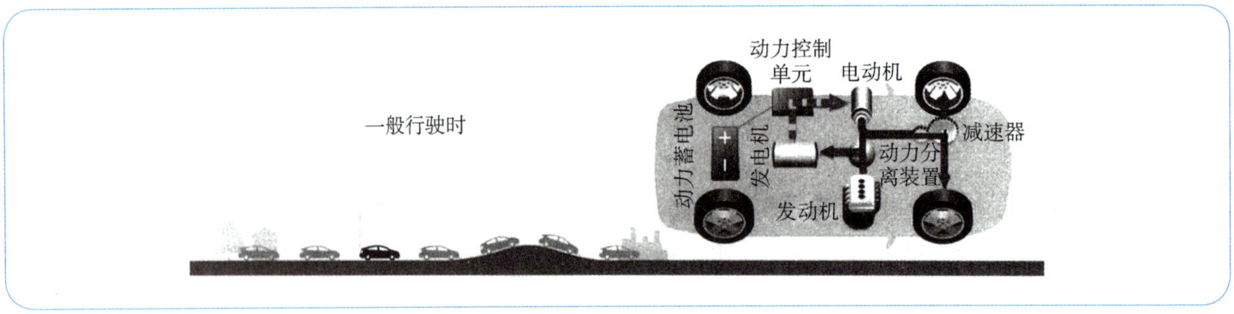

图 1-11　一般行驶时示意图

4. 一般行驶时 / 剩余能量充电

一般行驶时会将剩余能量用于动力蓄电池充电。

因为丰田油电混合动力系统在高速运转时采用发动机来驱动，而发动机有时会产生多余的能量。这时多余的能量由发电机转换成电力存储于动力蓄电池中，如图 1-12 所示。

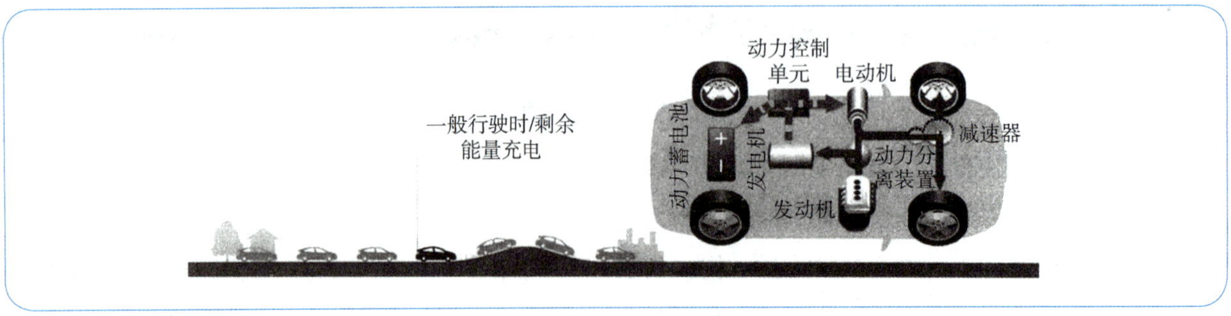

图 1-12　一般行驶时 / 剩余能量充电示意图

5. 全速行驶时

全速行驶时利用双动力来获得更高一级的加速。

在需要强劲动力（如爬陡坡及超车）时，动力蓄电池也提供电力，来加大电动机的驱动力。通过发动机和电动机双动力的结合使用，丰田油电混合动力系统得以实现与高一级发动机同等水平的强劲而流畅的加速性能，如图 1–13 所示。

6. 减速 / 能量再生时

减速时将减速能量回收到动力蓄电池中用于再利用。

在踩制动器和松加速踏板时，丰田油电混合动力系统使车轮的旋转力带动电动机运转，将其作为发电机使用。减速时通常作为摩擦热散失掉的能量，在此被转换成电能，回收到动力蓄电池中进行再利用，如图 1–14 所示。

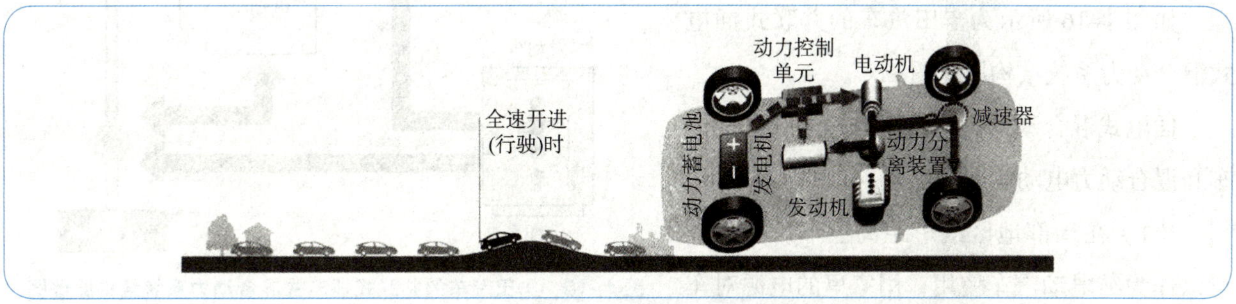

图 1–13 全速行驶时示意图

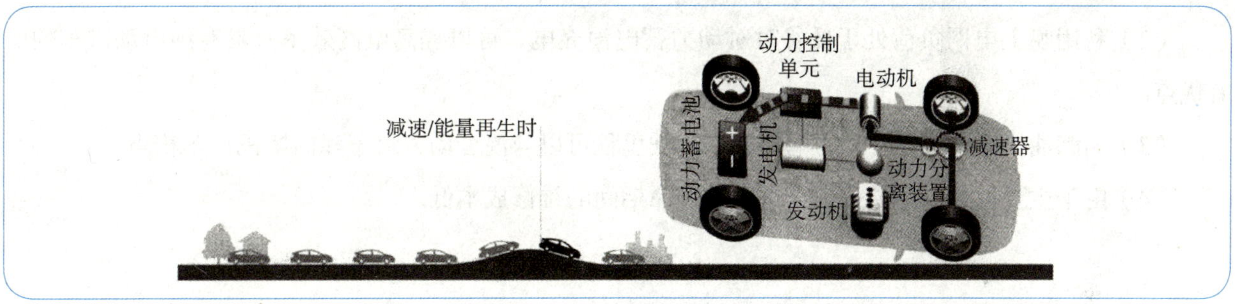

图 1–14 减速 / 能量再生时示意图

7. 停车时

停车时动力系统全部停止。

在停车时，发动机、电动机、发电机全部自动停止运转。不会因怠速而浪费能量，如图 1–15 所示。

注意：当动力蓄电池的充电量较低时，发动机将继续运转，给动力蓄电池充电。另外有时因与空调开关连动，发动机仍会保持运转。

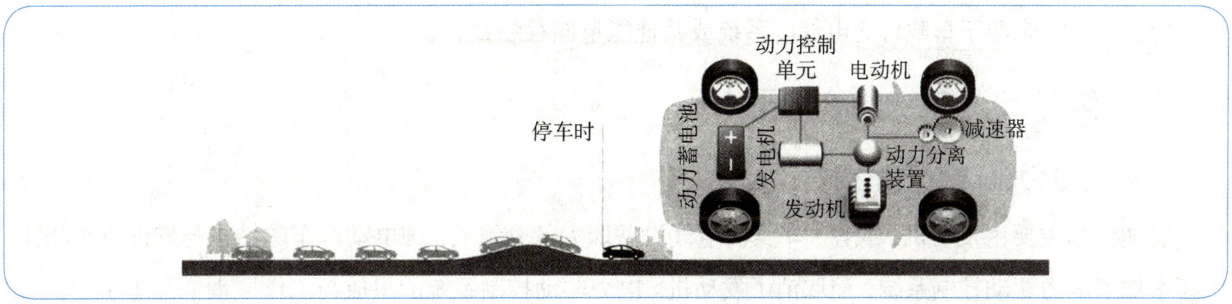

图 1–15 停车时示意图

七、插电式混合动力电动汽车

插电式混合动力驱动系统是在三种混合动力系统（串联、并联、混联）基础上发展起来的一种混合动力系统。它配备了较大容量的动力蓄电池，可以通过接入电网为系统中配备的动力蓄电池充电，充电后可仅凭动力蓄电池和电机驱动汽车以纯电动模式行驶。在动力蓄电池的剩余电量用完后，切换至混合动力系统模式(串联式、并联式或混联式)工作，延长电动汽车的续驶里程。插电式混合动力系统既可以以纯电动模式行驶较长的距离，又解决了目前纯电动汽车续驶里程短的问题，是目前非常有发展前景的一种驱动系统。

如图 1-16 所示为丰田汽车的并联式插电式混合动力系统结构原理图。

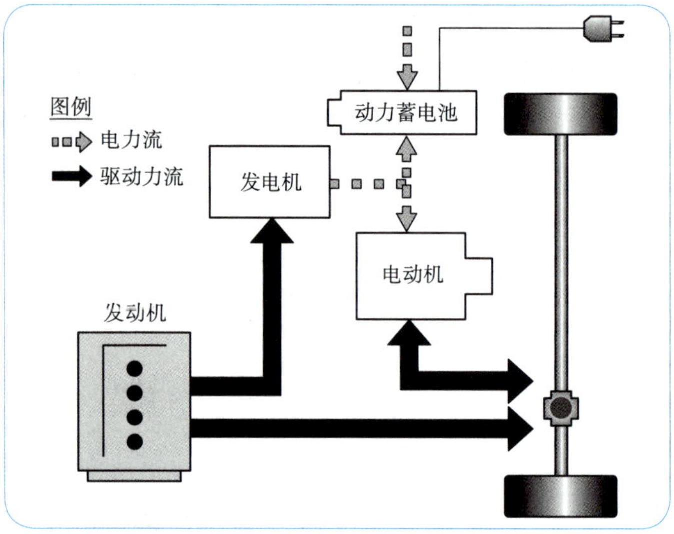

图 1-16　丰田汽车的并联式插电式混合动力系统结构原理图

插电式混合动力电动汽车兼顾了纯电动汽车和混合动力电动汽车的优点，具体内容如下。

（1）在局部地区或短距离上下班行驶，可以作为纯电动汽车使用，用家里的电源对车上动力蓄电池充电，不使用汽油。

（2）利用晚上电网负荷处于低谷时对动力蓄电池充电，可以提高电网效率。具有纯电动汽车的所有优点。

（3）加满油，插电式混合动力电动汽车续驶里程可以与混合动力汽车和内燃机汽车相当。

（4）由于主要以纯电动模式工作，车辆寿命期间的维修成本低。

第四节　纯电动汽车

纯电动汽车（battery electrical vehicle，BEV）是驱动能量完全由电能提供的、由电机驱动的汽车。电机的驱动电能来源于车载可充电储能系统或其他能量储存装置。

一、纯电动汽车的结构原理

（一）电力驱动控制系统

燃油汽车主要由发动机、底盘、车身和电气设备四大部分组成，纯电动汽车的结构与燃油汽车相比，主要增加了电力驱动控制系统，而取消了发动机。电力驱动控制系统的组成与工作原理如图 1-17 所示，它由电力驱动主模块、车载电源模块和辅助模块三大部分组成。

当汽车行驶时，由蓄电池输出电能（电流）通过控制器驱动电机运转，电机输出的转矩经传动系统带动车轮前进或后退。纯电动汽车续驶里程与蓄电池容量有关，蓄电池容量受诸多因素限制。

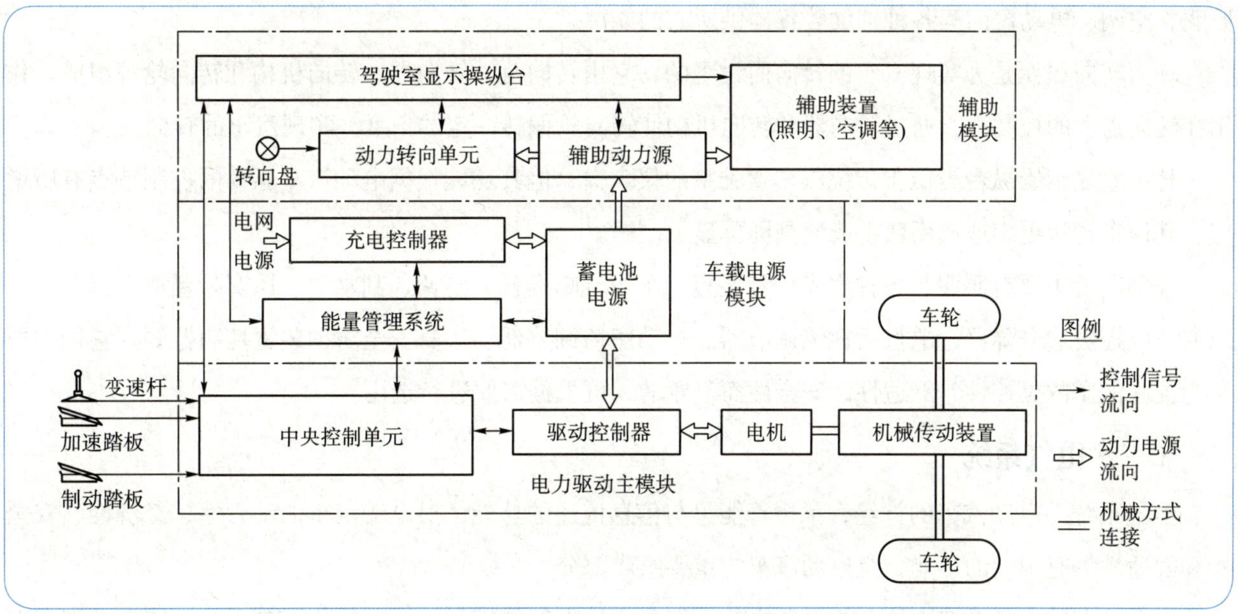

图 1–17　电力驱动控制系统的组成与工作原理

1. 电力驱动主模块

电力驱动主模块主要包括中央控制单元、驱动控制器、电机、机械传动装置。它的功用是将存储在蓄电池中的电能高效地转化为车轮的动能，并能够在汽车减速制动时，将车轮的动能转化为电能充入蓄电池。

中央控制单元根据加速踏板和制动踏板的输入信号，向驱动控制器发出相应的控制指令，对电机进行起动、加速、减速、制动控制。

驱动控制器是按中央控制单元的指令、电机的速度和电流反馈信号，对电机的速度、驱动转矩和旋转方向进行控制。驱动控制器必须和电机配套使用。

电机在电动汽车中承担电动和发电的双重功能，即在正常行驶时发挥其主要的电动机功能，将电能转化为机械能；在减速和下坡滑行时又被要求进行发电，将车轮的惯性动能转化为电能。

机械传动装置是将电机的驱动转矩传输给汽车的驱动轴，从而带动汽车车轮行驶。

2. 车载电源模块

车载电源模块主要包括蓄电池电源、能量管理系统和充电控制器等。它的功用是向电机提供驱动电能、监测电源使用情况以及控制充电机向蓄电池充电。

纯电动汽车的常用蓄电池电源有铅酸蓄电池、镍镉蓄电池、镍氢蓄电池、锂离子蓄电池等。

能量管理系统主要是指蓄电池管理系统，它的主要功用是对电动汽车用蓄电池单体及整组进行实时监控、充放电、巡检、温度监测等。

充电控制器是把交流电转化为相应电压的直流电，并按要求控制其电流。

3. 辅助模块

辅助模块主要包括辅助动力源、动力转向单元、驾驶室显示操纵台和辅助装置等。

辅助动力源主要由辅助电源和 DC/DC 功率变换器组成，其功用是供给电动汽车其他各种辅助装置所需要的动力电源，一般为 12 V 或 24 V 的直流低压电源，它主要给动力转向单元、制动力调节控制、照明、空调、电动窗门等各种辅助装置提供所需的能源。

动力转向单元是为实现汽车的转向而设置的，它由转向盘、转向器、转向机构和转向轮等组成。作用在转向盘上的控制力，通过转向器和转向机构使转向轮偏转一定的角度，实现汽车的转向。

驾驶室显示操纵台类似于传统汽车驾驶室的仪表盘，但其功能根据电动汽车驱动的控制特点有所增减，其信息指示更多地选用数字或液晶屏幕显示。

辅助装置主要有照明、各种声光信号装置、车载音响设备、空调、刮水器、风窗除霜清洗器、电动门窗、电控玻璃升降器、电控后视镜调节器、电动座椅调节器、车身安全防护装置控制器等。它们主要是为提高汽车的操控性、舒适性、安全性而设置的，可根据需要进行选用。

（二）电气系统

电气系统是电动汽车的神经，承担着能量与信息传递的功能，对电动汽车的动力性、经济性、安全性和舒适性等有很大的影响，是电动汽车的重要组成部分。

电动汽车的电气系统主要包括低压电气系统、高压电气系统和整车网络化控制系统。纯电动汽车电气系统的结构原理如图 1–18 所示。

1. 低压电气系统

纯电动汽车低压电气系统主要由 DC/DC 变换器、辅助蓄电池和若干低压电器设备组成。低压电器主要包含灯光系统、仪表系统、娱乐系统、电动车窗、刮水器、除霜和各种控制器等。燃油汽车与纯电动汽车、低压电气控制系统的主要区别在于，燃油汽车的辅助蓄电池由与发动机相连的发电机来充电，而纯电动汽车的辅助蓄电池由动力蓄电池通过 DC/DC 变换器来充电。

2. 高压电气系统

高压电气系统主要由动力蓄电池、驱动电机和功率变换器等大功率、高电压电气设备组成，根据车辆行驶的功率需求完成从动力蓄电池到驱动电机的能量变换与传输过程。

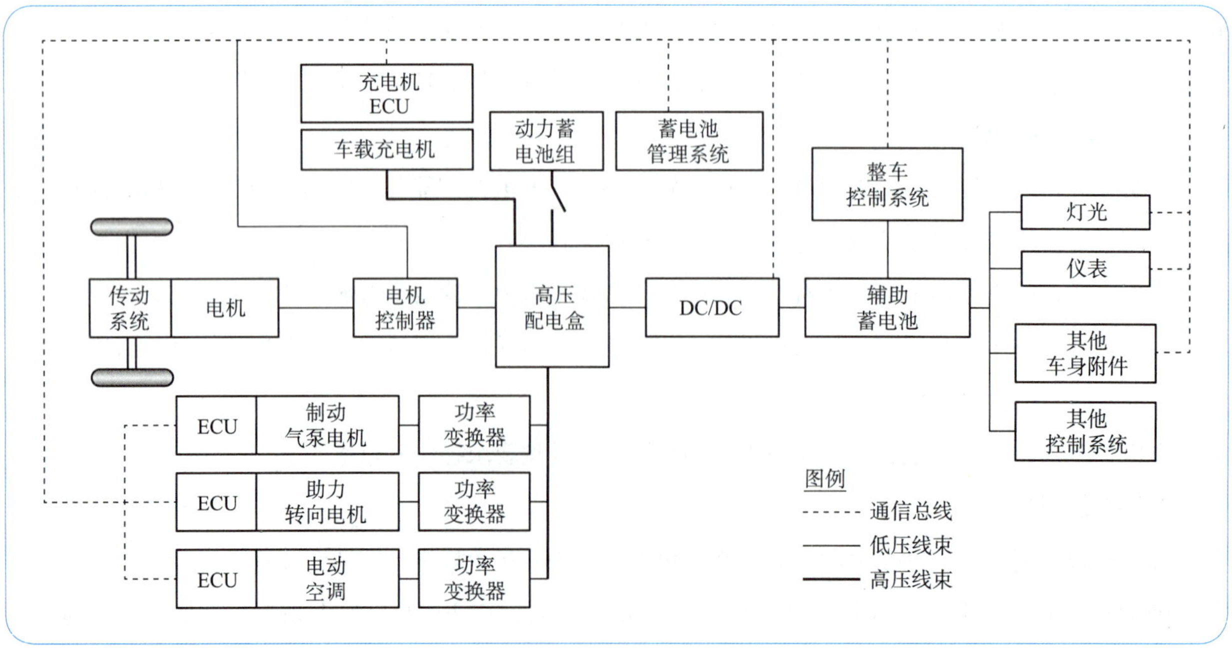

图 1–18　纯电动汽车电气系统的结构原理

3. 整车网络化控制系统

电动汽车是一个高度集成的电气化系统，必须通过一个整车控制系统来进行协调控制，从而实现整车的最佳性能。整车控制系统主要包括整车控制器、电机控制器、电池管理系统、车身控制管理系统、信息显示系统和通信系统等。整车控制器是整车控制系统的核心，承担了数据交换与管理、故障诊断、安全监控、驾驶员意图解释等功能。各系统之间的信息传递通过网络通信系统实现，目前常用的通信协议是 CAN 协议，它具有较好的可靠性、实时性和灵活性。信息显示系统可以实现整车工作状态的实时显示，如车速、电池状态（电压、电流、剩余电量等）、电机状态、故障显示等，方便驾驶员了解车辆的实时状态。

电动汽车是由多个子系统构成的复杂系统，控制系统的数量也比同类型的燃油汽车多，其整体性能的发挥和安全可靠性均取决于各个子系统的协同工作。因此，电动汽车更需要采用车载网络系统进行整车信息的通信和数据共享。电动汽车网络化控制系统如图 1–19 所示。

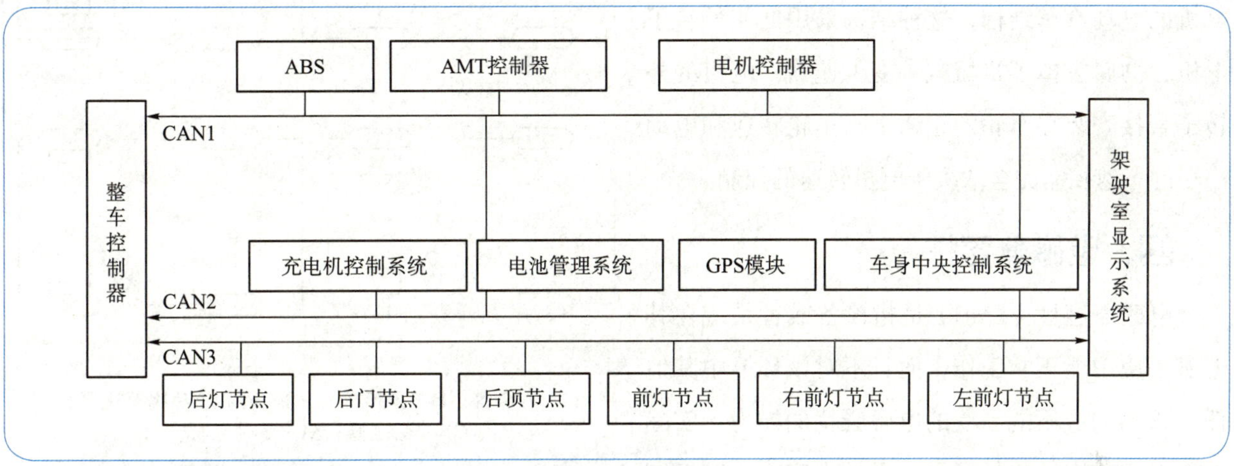

图 1–19 电动汽车网络化控制系统

三、电动汽车电力驱动的结构形式

根据电力驱动系统的不同，把电动汽车分为以下六种，如图 1–20 所示。

（1）第一种类型如图 1–20（a）所示，由发动机前置前轮驱动的燃油车发展而来，它由电机、离合器、变速器和差速器组成。离合器用来切断或接通电机到车轮之间传递动力的机械装置，变速器是一套具有不同传动比的齿轮机构，驾驶员可选择不同的传动比，把力矩传给车轮。在低速挡时，车轮获得大转矩低转速；在高速挡时，车轮获得小转矩高转速。汽车在转弯时，内侧车轮的转弯半径小，外侧车轮的转弯半径大，差速器使内外车轮以不同转速行驶。

（2）如果用固定传动比的减速器，去掉离合器，可减小机械传动装置的质量、缩小其体积。如图 1–20（b）所示为由电机、固定传动比的减速器和差速器组成的电力驱动系统。应该注意，这种结构的电动汽车由于没有离合器和可选的变速挡位，不能提供理想的转矩 / 转速特性，因而不适合于使用发动机的燃油汽车。

（3）如图 1–20（c）所示的这种结构与发动机横向前置、前轮驱动的燃油汽车的布置方式类似，它把电机、固定传动比减速器和差速器集成一个整体，两根半轴连接驱动车轮，这种结构在小型电动汽车上应用最普遍。

（4）如图 1-20（d）所示的双电机独立驱动结构是采用两个电机通过固定传动比的变速器分别驱动两个车轮，每个电机的转速可以独立地调节控制，因此不必选用机械差速器，而且比燃油汽车易于实现整车复杂的动力学控制。

（5）电机也可以装在车轮里面，称为轮毂电机，可进一步缩短从电机到驱动车轮的传递路径，如图 1-20（e）所示。为了将电机转速降低到理想的车轮转速，可采用固定减速比的行星齿轮变速器，它能提供大的减速比，而且输入和输出轴可布置在同一条轴线上。

（6）如图 1-20（f）表示了另一种使用轮毂电机的电动汽车结构，这种结构采用低速外转子电机，彻底去掉了机械减（变）速器，电机的外转子直接安装在车轮的轮缘上，车轮转速和电动汽车的车速控制完全取决于电机转速的控制。

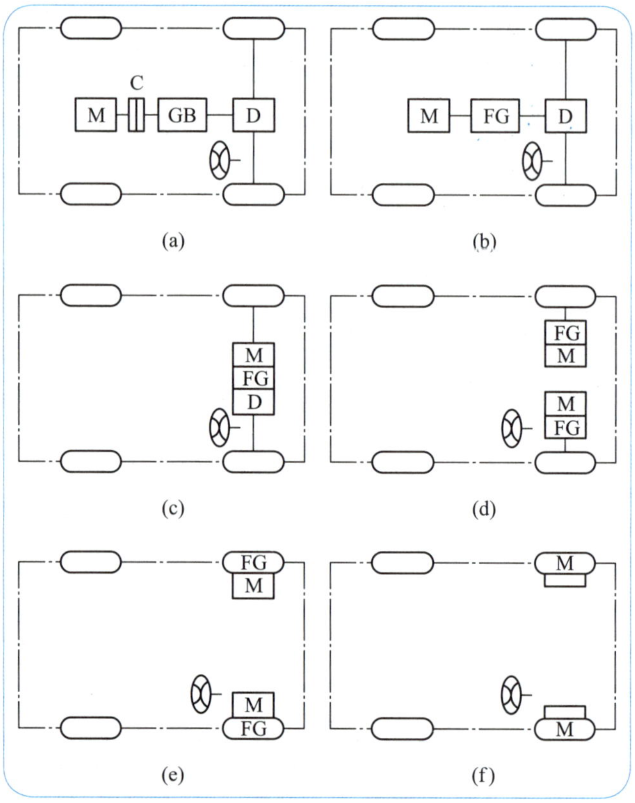

C- 离合器；D- 差速器；FG- 固定传动比变速器；GB- 变速器；M- 驱动电机。

图 1-20　电力驱动的六种结构形式

四、电磁兼容性

电磁兼容性（EMC）是指设备或者系统在其电磁环境中能正常工作，而且不对该环境中其他任何事物构成不能承受的电磁骚扰的能力。实际上，电磁兼容性包括了两个重要内容：能够抵御环境中的电磁干扰；不对环境造成不能承受的电磁骚扰。

电动汽车中由于应用了高压大功率变换装置和驱动电机，会产生严重的电磁干扰噪声。同时在汽车狭小的环境中增加了更多的高压与低压控制线束，干扰会通过线间耦合或辐射对低压控制系统造成影响。因此，电动汽车的电磁兼容性问题比传统燃油汽车更为复杂和严重，分析电动汽车的电磁环境和电磁兼容性也就成为评价电动汽车设计的重要方面。

五、高压安全

电动汽车动力系统的一个重要特点就是具有高电压、大电流的动力回路。为了适应电机驱动工作的特性要求并提高效率，高压电气系统的工作电压为 300 V 以上，而且电力传输线路的阻抗很小，高压电气系统的正常工作电流可能达到数十甚至数百安培，瞬时短路放电电流更是成倍增加。高电压和大电流会危及车上乘客的人身安全，同时还会影响低压电气和车辆控制器的正常工作。

电动汽车的运行情况非常复杂，在运行过程中难免会出现部件间的相互碰撞、摩擦、挤压，这有可能使原本绝缘良好的导线绝缘层出现破损；接线端子与周围金属出现搭接。高压电缆绝缘介质老化或受潮湿环境影响等因素都会导致高电压电路和车辆底盘之间的绝缘性能下降，电源正负极引线将通过绝缘层和底盘构成漏电流回路。当高电压电路和底盘之间发生多点绝缘性能下降时，还会导致漏电回路的热积累效应，可能造成车辆的电气火灾。因此，高压电气系统相对车辆底盘电气绝缘性能的实时检测是电动汽车电气安全技术的核心内容。

电动汽车电气安全监测系统需要实时监测整车电气状态信息，如总电压、总电流、正负母线对地电压值、正负母线绝缘电阻值、辅助电压、继电器连接状况等，并通过 CAN 总线输出测得各部分的状态及数值、输出系统的报警状态和通断指令，从而确保电动汽车的安全运行。

六、纯电动汽车操作及注意事项

（一）夏季注意事项

严禁使用高压水枪清洗前机舱，严禁用高压水枪直接从前格栅向机舱内喷水，另外夏季的注意事项如表 1–1 所示。

表 1–1 纯电动汽车夏季注意事项

序号	注意事项
1	雨季行车前应先做好行车前检查，主要检查刮水器、车辆空调除雾功能是否正常
2	行驶速度尽量不要超过 60 km/h，暴雨尽量不要行驶，时速不应超过 20 km/h
3	当雨季行驶时车辆发生故障无法行驶后应当靠边停车，摆放好三角架等待救援，严禁自行维修
4	在泥泞路面行驶时，不要猛踩加速踏板，以免发生侧滑
5	请勿驶入深水中，以免发生漏电短路事故
6	当车辆被积水浸泡时，不要考虑继续行驶，应迅速断电并离开车内，尽量不要与车身金属接触，以免发生触电
7	避免高温充电，因动力电池温度特性，车辆高速行驶后，夏季建议停放 30 min 后，在阴凉通风处进行充电
8	暴雨打雷时，尽量不要充电；车辆在露天或者地势较低的地方充电时，若开始下雨应终止充电，以免积水高度超过充电口发生短路
9	避免车辆暴晒，建议将车辆停放在阴凉通风处，以防车内温度过高，造成安全隐患

（二）冬季注意事项

纯电动车辆在冬季低温行驶后，建议及时充电，避免因长时间停驶导致动力电池温度低，造成用电浪费和充电延时；车辆充电时，建议尽量将车辆停放于避风朝阳且温度较高的环境存放；充电时预防雪水淋湿充电接口，更不要将充电插头直接暴露在雪水下，防止发生短路；避免因冬季气温较低导致充电异常情况等的出现，建议车辆充电开始后检查车辆充电是否开始。检查充电桩充电电流，若充电电流达到 12 A 以上，充电已开始。

（三）车辆起火

车辆行驶中机舱电器起火，主要为电机控制器出故障元件温度失控起火；电线接头接触不良，通电时打火引燃电线绝缘层破损起火；动力电池内部故障起火。当出现车辆起火时，按照如下步骤冷静处理起火事故。

（1）迅速停车。

（2）然后切断电源。

（3）取下随车灭火器。

（4）依据实际情况采用不同灭火方式。

（四）拖车

车辆在需要求援时，应首先选择专业拖车公司或者进行悬吊牵引（前轮抬起），不得盲目自行拖拽，以免对车辆造成不可逆损坏。如无专业拖车公司且车辆必须四轮同时着地被牵引时，应注意在保证安全的前提下，先将起动开关置于位置 1，转向盘解锁。然后，将起动开关置于位置 2，可以使用制动灯、刮水器和转向灯。如果出现电气故障，则断开 12 V 蓄电池负极电缆，并将启动置于位置 1，将变速杆置于空挡（N 位），放开驻车制动器。建议使用硬拖，选择合适的拖车杠。在自行拖车时，因车辆特性需控制拖车时速不超过 20 km。

（五）车辆托底

在遭遇凹凸不平的路面时，应减速通过，尽量避免托底情况的发生，一旦发生严重托底，要检查电池外观是否发生损坏，若无损坏，重新启动车辆行驶；若发生车辆无法起动，应及时拨打救援电话，待救援人员赶赴现场处理。

车辆充电尽量浅充浅放，当电池电量接近 30% 时，请立刻充电，这样可以提高电池的使用寿命。当电池电量接近 10% 时，车辆将限速 9 km/h。

纯电动车辆在冬季低温行驶后，应及时充电，避免因长时间停驶导致动力电池温度低，造成用电浪费和充电延时。按照保养规定里程定期进行车辆保养。车辆长期停放应保证 50% ～ 80% 的电量，将 12 V 低压电源线断开，每 2 ～ 3 个月至少对电池进行一次充放电，以保证电池寿命。

第五节 燃料电池电动汽车

一、燃料电池的工作原理和分类

燃料电池的种类繁多，如氢燃料电池、甲醇燃料电池、生物燃料电池等，其主要原理是将燃料及氧化剂中的化学能转换成电能供电动机使用来驱动车辆。

1839 年威廉·格鲁夫（W. Grove）发明燃料电池。燃料电池由于具有能量转换效率高、对环境污染小等优点，受到世界各国的普遍关注。

（一）燃料电池的工作原理

燃料电池实质上是电化学反应发生器，其反应机理是将燃料中的化学能不经燃烧而直接转化为电能。

氢氧燃料电池实际上就是一个电解水的逆过程，通过氢氧的化学反应生成水并释放电能，氢气和氧气分别是反应过程中的燃料和氧化剂。

燃料电池通常由三部分组成，即正极（A）、负极（C）和电解质（E），如图 1-21 所示。一方面，正极（燃料电极）为燃料和电解液提供了一个接触面，在催化剂作用下发生氧化反应并输出电子到外电路。另一方面，负极（氧气电极）为氧气和电解质提供了一个接触面，在催化剂作用下发生还原反应并从外电路接收电子。在正极和负极之间，电解质用于传递燃料反应的离子，并和氧气电极反应，而且还用于传递电子。

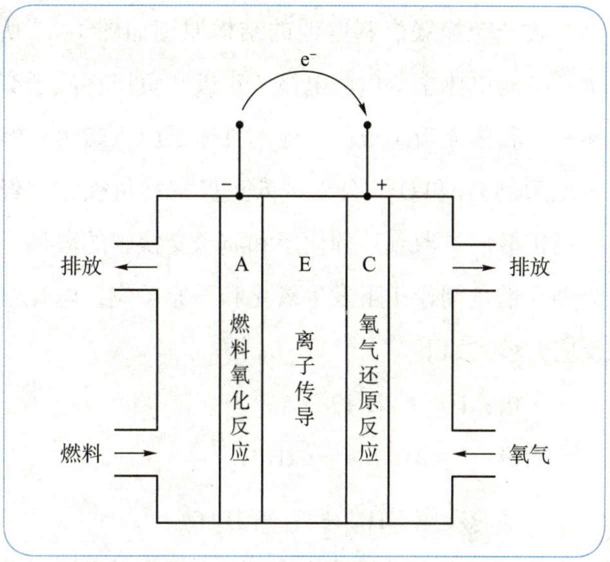

图 1-21　燃料电池的基本工作原理

氢气具有比任何燃料都高的单位比能量，是燃料电池理想的无污染燃料，而且燃料电池的反应生成物为纯净的水，其反应方程式为：

$$2H_2+O_2 \rightarrow 2H_2O$$

氢气不是初级燃料，通常需要从初级燃料碳氢化合物（CH_4—$C_{10}H_{22}$）、甲醇和煤等，通过处理提取得到。

（二）燃料电池的分类

由于燃料电池是一个多变量系统，如燃料类型、电解质类型、燃料供给方式和工作温度等，所以燃料电池具有多种归类方法。

1. 按照工作温度分

根据工作温度不同，可以分为高温型、中温型及低温型三类。工作温度低于 100℃为低温型，工作温度在 100 ~ 300℃之间为中温型，工作温度高于 500℃为高温型。

2. 按燃料的来源分

根据燃料电池使用燃料的来源不同，可分为直接型燃料电池、间接型燃料电池和再生型燃料电池三类。

直接型燃料电池是指燃料不经过转化步骤直接参加燃料电池的电极反应的燃料电池，比如氢氧燃料电池，燃料直接使用氢气。

间接型燃料电池是指燃料不直接参加电化学反应，而是要通过重整等方法将燃料转化后再供给燃料电池发电的燃料电池。比如将甲醇重整后富氢的混合气作为燃料电池的燃料，即其燃料不是直接使用氢气，而是通过某种方法把甲烷、甲醇或其他烃类化合物转变成氢或含富氢的混合气后再供给燃料电池。

再生型燃料电池是指将燃料电池反应生成的水经过某种方式（如热和光等）分解成氢和氧，再将氢和氧重新输送给燃料电池进行发电的燃料电池。

3. 按照燃料电池电解质类型分

根据燃料电池电解质不同，一般分为碱性燃料电池（AFC）、磷酸燃料电池（PAFC）、熔融碳酸盐燃料电池（MCFC）、固体氧化物燃料电池（SOFC）和质子交换膜燃料电池（PEMFC）等。

（三）质子交换膜燃料电池结构与原理

最近电动汽车用燃料电池的开发重点集中在质子交换膜燃料电池（PEMFC）技术上。

质子交换膜燃料电池的结构原理如图 1–22 所示。电池单体主要由膜电极（正极和负极、质子交换膜）和集流板组成。电池的具体反应步骤为：经增湿后的 H_2 和 O_2，分别进入正极室和负极室，经电极扩散层扩散到达催化层和质子交换膜的界面，分别在催化剂作用下发生氧化和还原反应，电化学反应方程式如下。

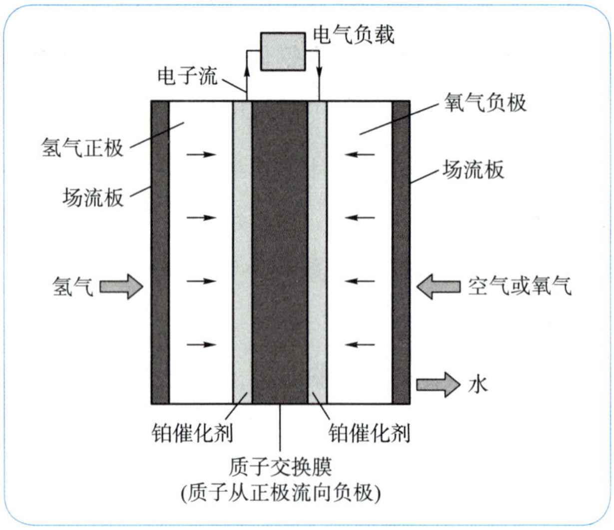

图 1–22　质子交换膜燃料电池结构原理

正极：$H_2 \rightarrow 2H^+ + 2e^-$

负极：$O_2 + 4H^+ + 4e^- \rightarrow 2H_2O$

电池总反应：$H_2 + \frac{1}{2}O_2 \rightarrow H_2O$

正极反应生成的质子（H^+）通过质子交换膜传达到负极，正极反应产生的电子通过外电路到达负极。生成的水以水蒸气或冷凝水的形式随过剩的负极反应气体从负极室排出。

质子交换膜燃料电池的核心部件包括质子交换膜、催化剂、膜电极和集流板等。

二、燃料电池发电系统的组成和工作原理

单独的燃料电池堆是不能发电并应用于汽车的，它必须和燃料供给与循环系统、氧化剂供给系统、水／热管理系统和一个能使上述各系统协调工作的控制系统组成燃料电池发电系统，简称燃料电池系统（fuel cell system，FCS），才能对外输出功率。目前最成熟的技术是以纯氢为燃料的发电系统，系统结构相对简单，仅由氢源、稳压阀和循环回路组成。典型的燃料电池发电系统示意图如图 1–23 所示。

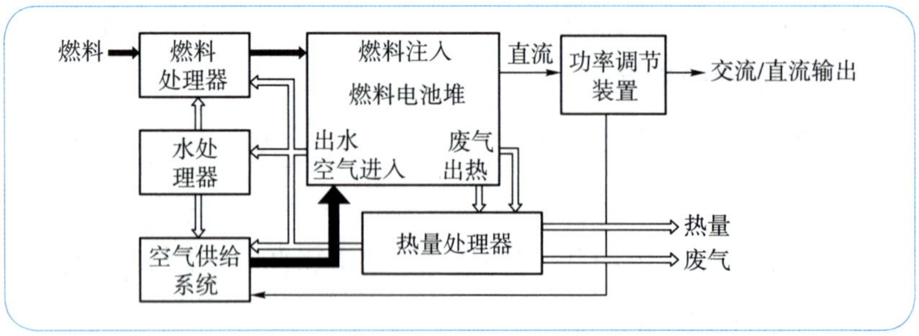

图 1–23　典型的燃料电池发电系统示意图

燃料电池的功率密度随反应物，氢和氧的压力升高而增大。所以，现行的燃料电池发电系统一般可分为增压式和常压式两种。

三、汽车用燃料电池发电系统的结构和工作原理

燃料电池电动汽车实质上是电动汽车的一种，在车身、动力传动系统、控制系统等方面与纯电动汽车基本相同，主要区别在于动力蓄电池的工作原理不同。

一般来说，燃料电池是通过电化学反应将化学能转化为电能，电化学反应所采用的还原剂一般为氢气，氧化剂为氧气或空气。如图 1–24 所示为典型汽车用燃料电池发电系统（燃料电池发动机系统）的基本原理。其组成如图 1–25 所示，其子系统包括强制通风系统、储气系统、氢安全系统、水管理系统、热管理系统、反应物排放后处理系统、压力调整前处理系统和测试控制平台等。

按燃料电池发动机系统的增湿类型来划分，燃料电池发动机可分为内增湿型和外增湿型两类。按燃料的供应方式来分类，分为直接供氢型和间接供氢型。直接供氢就是直接用氢作燃料，没有中间重整过程；间接供氢是通过重整装置先将氢从其他形式的燃料中分离出来。

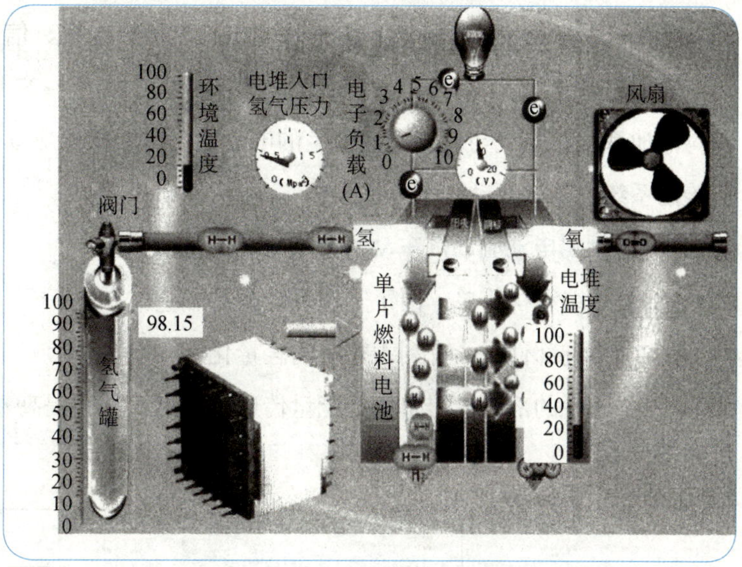

图 1–24　汽车用燃料电池发电系统的基本原理

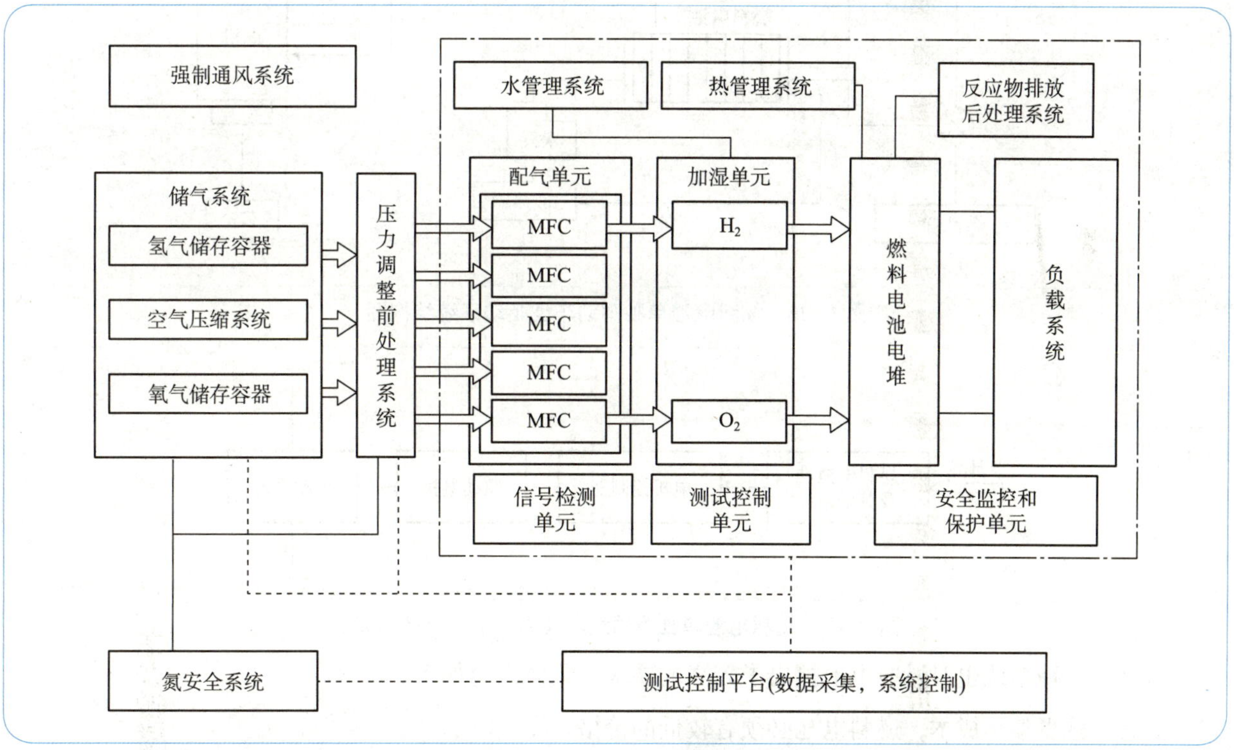

图 1–25　燃料电池发动机系统组成

四、燃料电池电动汽车的系统组成和工作原理

燃料电池电动汽车的结构有多种形式：按照驱动形式，可分为纯燃料电池驱动和混合驱动；按照燃料电池系统的能量来源，又可分为车载纯氢和燃料重整两种方式。由于燃料电池电动汽车正处在研究的初期阶段，所以各种技术竞相试用并各有优缺点。

（一）纯燃料电池驱动汽车动力系统

1. 纯燃料电池驱动汽车动力传动系统结构

燃料电池的种类不同和选配的辅助电池组种类不同，构成了动力路线的多样性。纯燃料电池驱动汽车驱动系统一般由燃料箱、燃料电池、电机控制器、电机、信号线路等组成，如图 1–26 所示。

燃料电池单独驱动汽车动力传动系统结构简图如图 1–27 所示，该系统实为纯燃料电池驱动系统。燃料电池系统将氢气与氧气反应产生的电能通过总线传给驱动电机，驱动电机将电能转化为机械能再传给传动系统，从而驱动汽车前进。

2. 纯燃料电池驱动汽车动力传动系统的优点

（1）系统结构简单，便于实现系统控制和整体布置。

（2）系统部件少，有利于整车的轻量化。

（3）较少的部件使得整体的能量传递效率高，从而提高整车的燃料经济性。

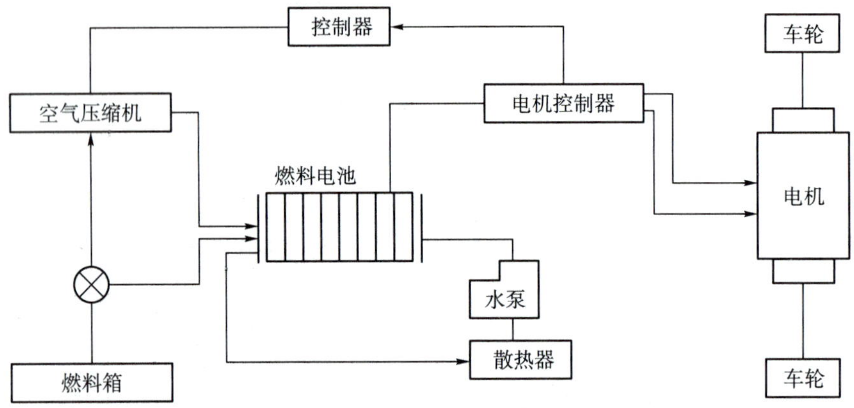

图 1–26　燃料电池单独驱动车型驱动系统结构图

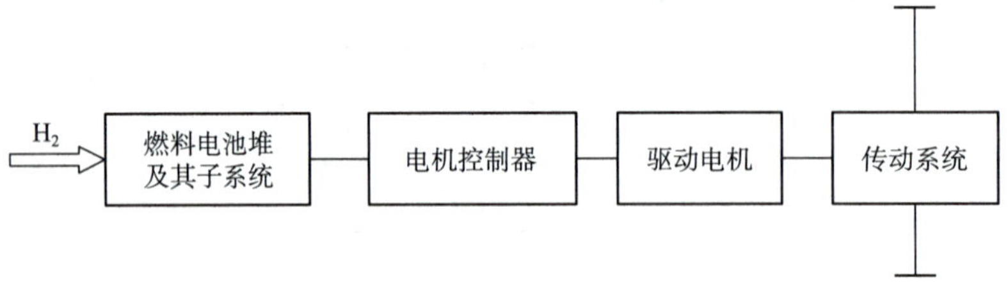

图 1–27　燃料电池单独驱动汽车动力传动系统结构简图

但是，这种系统也对燃料电池提出了较高的要求，具体内容如下。

①为了减少整车成本，燃料电池必须有较低的价格。

②为了提高整车的经济性，燃料电池应在较大的输出范围内有较高的效率。

③燃料电池应具有较快的动态响应。

④燃料电池应具有较好的冷起动性能。

由于燃料电池无法充电，所以这种结构形式的燃料电池电动汽车无法实现制动能量回收，这将影响系统能量效率的提高。

（二）燃料电池混合动力驱动汽车动力系统

基于燃料电池单独驱动汽车上述这些不利因素，现在已较多地采用了混合驱动这种结构形式。这种结构形式既以燃料电池系统作为主动力源，又增加了动力蓄电池组或超级电容作为辅助动力源。如图1–28所示为混合驱动型燃料电池电动汽车的动力系统结构原理图，从图中可知它主要由燃料电池系统、DC/DC变换器、辅助动力源、驱动电机以及各相应的控制器，再加上机械传动与车辆行驶机构等组成。

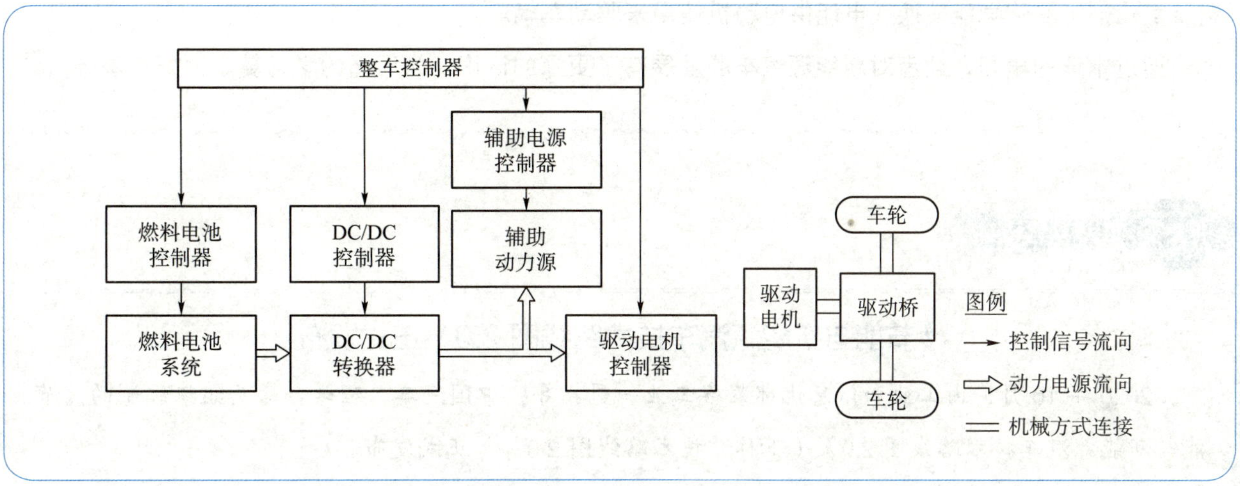

图1–28　混合驱动型燃料电池电动汽车的动力系统结构原理图

1. DC/DC变换器

燃料电池由于制造工艺要求和对其使用安全性的考虑，其输出电压一般比电动汽车动力电源所要求的电压低，且特性较软，即随输出电流的增加，电压下降幅度较大。为了实现燃料电池系统输出电压与电机驱动电压相匹配，中间需要通过DC/DC变换器，即经过DC/DC变换器起到升压和稳压的调节作用。它不仅是为了满足驱动电机的需要，也为了使混合动力系统中的工作电压与辅助动力源中的动力电池等工作电压相匹配，并且DC/DC变换器能够对燃料电池的最大输出电流和功率进行控制，起到保护燃料电池系统的目的。

2. 辅助动力源

辅助动力源有三种方式：动力蓄电池、超级电容、动力蓄电池＋超级电容，由此所构成的混合动力驱动系统分别被称为“FC+B”、“FC +C”或“FC+B+C”三种结构形式。

本章小结

1. 能源、环境和安全成为21世纪汽车工业发展的三大主题，这也是汽车工业发展中所面临的巨大挑战。

2. 《节能与新能源汽车产业发展规划（2012—2020年）》所指新能源汽车主要包括纯电动汽车、插电式混合动力电动汽车及燃料电池电动汽车。

3. 为应对日益突出的燃油供求矛盾和环境污染问题，世界主要汽车生产国纷纷加快部署，将发展新能源汽车作为国家战略，加快推进技术研发和产业化，同时大力发展和推广应用汽车节能技术。

4. 国家标准和行业标准对混合动力电动汽车进行了定义和分类，也重点介绍了串联式、并联式、混联式混合动力电动汽车结构与工作原理。

5. 介绍了纯电动汽车的结构原理和驱动形式。

6. 燃料电池的种类繁多，如氢燃料电池、甲醇燃料电池、生物燃料电池等，其主要原理是将燃料及氧化剂中的化学能转换成电能供电动机使用来驱动车辆。

通过本章的学习，读者对新能源汽车的发展有了更深的认识，为后面的学习奠定良好的基础。

课程思政

《节能与新能源汽车技术路线图 2.0》正式发布

2020 年 10 月，由工业和信息化部装备工业一司指导，中国汽车工程学会牵头组织编制的《节能与新能源汽车技术路线图 2.0》（下称“技术路线图 2.0”）正式发布。

技术路线图 2.0 进一步研究确认了全球汽车技术“低碳化、信息化、智能化”发展方向，客观评估了技术路线图 1.0 发布以来的技术进展和短板弱项，深入分析了新时代赋予汽车产业的新使命、新需求，进一步全面描绘了汽车产品品质不断提高、核心环节安全可控、汽车产业可持续发展、新型产业生态构建完成、汽车强国战略目标全面实现的产业发展愿景，提出了面向 2035 年我国汽车产业发展的六大目标，即我国汽车产业碳排放将于 2028 年先于国家碳减排承诺提前达峰，至 2035 年，碳排放总量较峰值下降 20% 以上；新能源汽车将逐渐成为主流产品，汽车产业基本实现电动化转型；智能网联汽车产业生态持续优化，产品大规模应用；关键核心技术水平显著提升，形成协同高效、安全可控的产业链；建立汽车智慧出行体系，形成汽车、交通、能源、城市深度融合生态；技术创新体系基本成熟，具备引领全球的原始创新能力。科学规划了“1+9”的技术路线图，即总体技术路线图和节能汽车、纯电动和插电式混合动力汽车、氢燃料电池汽车、智能网联汽车、汽车智能制造与关键装备、汽车动力电池、新能源汽车电驱动总成系统、充电基础设施、汽车轻量化 9 个细分领域技术路线图。

近年来，中国汽车工程学会围绕节能与新能源汽车技术路线图开展了大量的系统性研究，出版发布了《节能与新能源汽车技术路线图》及其系列年度评估报告和《节能与新能源汽车技术路线图 2.0》，旨在为政府、产业界、科研界提供决策支撑和参考。

（来源：装备工业一司　发布时间：2020-10-27 16：48）

思考练习

（一）填空题

1．按照混合度划分，混合动力汽车可以分为____________、____________、____________。

2．并联式混合动力电动汽车是指____________由____________及____________同时或单独供给的混合动力电动汽车。

3．串联式混合动力电动汽车是指车辆行驶系统的____________只来源于____________的混合动力电动汽车。

4．丰田混联混合动力系统的核心是用____________组成的动力分离装置，用于协调发动机和电动机的____________和____________。

5．纯燃料电池驱动车型驱动系统一般由燃料箱、____________、电机控制器、____________、信号线路等组成。

（二）简答题

1．简述 HEV 的突出优点。

2．简述纯电动汽车电力驱动控制系统的组成与工作原理。

3．燃料电池的分类是怎样的？

4．什么是电磁的兼容性？

实训任务

实训一　新能源汽车仪表认知

一、实训目的

初步认知新能源汽车，能够正确的解读仪表上的图标及含义。

二、实训器材

警示标志、警示隔离带、遮栏、使用说明书或维修手册、培训用车（EV160）。

（注意：请务必按照老师的指导，同时设置好车辆挡块，并严格按老师示范动作操作，做到安全正确，并防止造成实操总成及车辆的损坏。）

三、实训步骤

(1) 打开起动开关，观察仪表指示灯。

(2) 查阅用户手册及维修资料，完成以下表格。

序号	名称	符号	点亮条件	处理方式
1				
2				

序号	名称	符号	点亮条件	处理方式
3				

4				
5		READY		
6				
7				
8				
9				

实训二　电动汽车车辆技术状况基本检查

一、实训目的

对运行车辆确定其工作能力和技术状况，查明故障或隐患的部位和原因。

二、实训任务

进行高压系统绝缘性能检测。

进行电动汽车车辆技术状况基本检查。

三、实训器材

序号	名称	数量
1	个人防护用品	1套
2	绝缘万用表	1套
3	绝缘检测表	1套
4	扭力扳手	一把
5	棘轮扳手	一把
6	螺钉旋具	一把
7	套筒	一个
8	车辆防护	一套

四、实训步骤

1. 检查确认车辆停放

车辆应停放在绝缘垫中心区域

2. 确认场地与车辆状况

简单而全面地检查车辆四周（目视）

3. 检查冷却液

打开前舱盖，检查冷却液是否在标准内

4. 检查低压电池电压

低压电池电压是否正常，如不正常，报告裁判

5. 起动车辆前，提醒工位附近旁人

初次起动车辆前，须请示裁判

6. 车辆起动操作，打开点火开关

仪表上点亮 OK 灯，连续起动不得超过 3 次

7. 踩住制动踏板，能够将档位切换至 D 位和 R 位

仪表上显示 D 位或 R 位，最后切换为 P 位

8. 检查 DC/DC 工作正常

用万用表测量 DC 输出电压

9. 检查助力转向工作正常

车辆停止时，转向应轻便

10. 检查空调工作正常

正确使用空调控制面板按键，能够冷暖风切换

11. 检查门窗门锁工作正常

正确使用门窗门锁开关，每个门窗升降、关闭锁

12. 检查刮水器工作正常

正确使用刮水器开关，高低速、能喷水

13. 检查灯光工作正常

正确打开灯光开关、左右转向、远近光、前后雾灯、前后示廓灯、倒车灯、制动车灯

14. 使用诊断仪扫描整车系统

正确连接使用 VDS 解码仪，扫描所有电脑

15. 关闭点火开关

仪表熄灭，关闭次数不超过 3 次

第二章

新能源汽车安全操作

本章导读

新能源汽车是采用高压动力蓄电池来驱动车辆行驶的。该电压通常在300 V以上，但是只要按照规范进行操作就不会有危险。车主在使用之前应仔细阅读车主使用手册，注意车辆上面的安全标识以及电动汽车仪表上的图形符号代表的意义，并及时观察异常现象和故障，以便及时消除安全隐患。

学习目标

1. 了解触电危害和电动汽车安全要求，具备触电防护与救护能力。
2. 掌握电动汽车控制开关操作方法。
3. 了解行车电脑显示屏信息。
4. 了解仪表图形符号含义及仪表声音警告信息。
5. 能够完成新能源汽车的充电操作。

能力目标

完成汽车专业领域《职业技能等级证书标准》中工作安全与作业准备工作任务，并熟练掌握高压电安全防护措施及高压电作业规范职业技能。

第一节 高压安全防护

一、触电危害

电能是一种非常方便的能源，它的广泛应用形成了人类近代史上第二次技术革命，有力地推动了人类社会的发展，给人类创造了巨大的财富，改善了人类的生活。但是如果在生产和生活中不注意安全用电，很可能会带来灾害，因此只有在采取必要的安全措施的情况下才能使用和维修电气设备。

在大力推广电动汽车的同时，如何保证驾驶人员、乘车人员以及汽车维修人员的人身安全，更是值得人们特别关注的话题。在电动汽车安全标准 ISO 6469-3—2018《电动道路车辆安全规范. 第 3 部分：电气安全》和 GB/T 18384.3—2015《电动汽车 安全要求 第 3 部分：人员触电防护》中，都对电动汽车的电压作了规范定义。电动汽车的工作电压分为 A、B 两个等级。电动汽车电压等级划分如表 2-1 所示。

表 2-1 电动汽车电压等级划分

序号	工作电压等级	直流 /V	交流（15 ～ 150 Hz）/V
1	A 级	$0<U\leqslant 60$	$0<U\leqslant 30$
2	B 级	$60<U\leqslant 1\,500$	$30<U\leqslant 1\,000$

对于 A 级电压，不需要进行触电防护。对于任何 B 级电压电路中的带电部件，都应该为电路的接触人员提供安全防护。

根据欧姆定律可知，流经人体电流的大小与外加电压、人体电阻的大小有关。人体电阻除人体自身电阻外，还应附加上人体以外的衣服、鞋、裤等的电阻。虽然人体电阻一般可达 5 kΩ，但是影响人体电阻的因素很多，如皮肤潮湿出汗、带有导电性粉尘、加大与带电体的接触面积和压力，以及衣服、鞋、袜的潮湿油污等情况，均能使人体电阻降低，所以通常流经人体电流的大小是无法事先计算出来的。为确保安全，往往不采用安全电流，而是采用安全电压来进行估算。

当人体电阻一定时，人体接触的电压越高，通过人体的电流就越大，对人体的损害也就越严重。但并不是人一接触电源就会对人体产生伤害，在日常生活中用手触摸普通干电池的两极，人体并没有任何感觉，这是因为普通干电池的电压较低（直流 1.5 V）。作用于人体的电压低于一定数值时，在短时间内电压对人体不会造成严重的伤害事故，称这种电压为安全电压。

触电对人体的危害程度，主要取决于通过人体电流的大小和通电时间长短。电流强度越大，致命危险越大；持续时间越长，死亡的可能性越大。能够引起人感觉到的最小电流值称为感知电流，交流为 1 mA，直流为 5 mA；人体触电后能自己摆脱的最大电流称为摆脱电流，交流为 10 mA，直流为 50 mA；在较短的时间内危及生命的电流称为致命电流，致命电流为 50 mA。在有防止触电保护装置的情况下，人体允许通过的电流一般为 30 mA。人体触电反应如表 2–2 所示。

表 2–2　人体触电反应

序号	电流 /mA	人体触电反应	
		50 Hz 交流电	直流电
1	0.6 ～ 1.5	手指开始感觉发麻	无感觉
2	2 ～ 3	手指感觉强烈发麻	无感觉
3	5 ～ 7	手指肌肉感觉痉挛	手指灼热感和刺痛
4	8 ～ 10	手指关节与手掌感觉痛，手已难以脱离电源，但尚能摆脱电源	灼热感增加
5	20 ～ 25	手指感觉剧痛，迅速麻痹，不能摆脱电源，呼吸困难	灼热感增加，手的肌肉开始痉挛
6	50 ～ 80	呼吸麻痹，心房开始震颤	强烈灼痛，手的肌肉痉挛，呼吸困难
7	90 ～ 100	呼吸麻痹，持续 3 min 后或更长时间后，心脏停搏或心房停止跳动	呼吸麻痹

电动汽车的动力蓄电池是用低电压单体蓄电池进行串联，以获得 200 ～ 500 V 的高电压，然后再转换成三相交流电。有些车型的高压系统电压甚至可达到 600 V，因此在维修电动汽车的过程中必须做好对高压电的安全防护。

二、触电急救

当发现了人身触电事故，发现者一定不要惊慌失措，应动作迅速，救护得当。首先要迅速将触电者脱离电源；其次，立即就地进行现场救护，同时找医生救护。

（一）脱离电源

电流对人体作用的时间越长，对生命的威胁越大，因此触电急救首先要使触电者迅速脱离电源。救护人员既要救人又要注意保护自己，可根据具体情况选用拉、切、挑、拽和垫等方法。

（1）“拉”是指就近拉开电源开关，拔出插销或断路器。

（2）“切”是指用带有绝缘柄或干燥木柄的工具切断电源。切断时，应注意防止带电导线掉落碰触到周围的人。对于多芯绞合导线，应分相切断，以防短路伤害人。

（3）“挑”是指如果导线搭落在触电人身上或压在身下，这时可用干燥的木棍或竹竿等绝缘工具挑开导线，使之脱离电源。

（4）“拽”是救护人戴上绝缘手套或在手上包裹干燥的衣服、围巾、帽子等绝缘物体拖拽触电人，使其脱离开电源导线。

（5）“垫”是指如果触电人由于痉挛手指紧握导线或导线缠绕在身上，这时救护人可先用干燥的木板或橡胶绝缘垫塞进触电人身下使其与大地绝缘，隔断电源的通路，然后再采取其他办法把电源线路切断。

（二）注意事项

（1）救护人不得采用金属和其他潮湿的物品作为救护工具。

（2）在未采取绝缘措施前，救护人不得直接接触触电者的皮肤、潮湿的衣服以及鞋子。

（3）在拉拽触电人脱离开电源线路的过程中，救护人适合用单手操作，这样做对救护人比较安全。

（4）当触电人处于较高的位置时，应采取预防摔伤措施，预防触电人在脱离电源时从高处坠落摔伤或摔死。

（5）夜间发生触电事故时，在切断电源时会同时使照明断电，应考虑切断后的临时照明，如应急灯等，以利于开展救护工作。

（三）对症抢救

将触电者脱离电源后应立即移到通风处，并将其仰卧，迅速鉴定触电者是否有心跳、呼吸等体征。

（1）若触电者神志清醒，但感到全身无力、四肢发麻、心悸、出冷汗、恶心或一度昏迷，但未失去知觉，应将触电者抬到空气新鲜、通风良好的地方舒适地躺下休息，让其慢慢地恢复正常，并要时刻注意保温和观察。若发现呼吸与心跳不规则，应立刻设法抢救。

（2）触电者呼吸停止但有心跳，应用口对口人工呼吸法抢救。

（3）若触电者心跳停止但有呼吸，应用胸外心脏按压法和口对口人工呼吸法抢救。

（4）若触电者呼吸、心跳均已停止，需同时进行胸外心脏按压法与口对口人工呼吸法抢救。

（5）千万不要给触电者打强心针或拼命摇动触电者，也不要用木板夹压以及强行挟持触电者，避免使触电者的情况更加恶化。

抢救过程要不停地进行，在送往医院的途中也不能停止抢救。当抢救者出现面色好转、嘴唇逐渐红润、瞳孔缩小、心跳和呼吸逐渐恢复正常时，即为抢救有效的特征。

（四）施救方法

1. 口对口人工呼吸法

在做人工呼吸之前，首先要检查触电者口腔内有无异物，呼吸道是否堵塞，特别要注意清理咽喉部分有无痰堵塞；其次，要解开触电者身上妨碍呼吸的衣裤，且维持好现场秩序，方法如图 2-1 所示。

（1）将触电者仰卧，并使其头部充分后仰。一般应用一手托在其颈后，使其鼻孔朝上，以利于呼吸道畅通，但头下不得垫枕头，同时将其衣扣解开。

（2）救护人在触电者头部的侧面，用一只手捏紧其鼻孔，另一只手的拇指和食指掰开其嘴巴。

（3）救护人深吸一口气，紧贴掰开的嘴巴向内吹气，也可铺一层纱布。吹气时，要用力并使其胸部膨胀，一般应每 5 s 吹一次，吹 2 s，放松 3 s。对儿童可小口吹气。

（4）吹气后应立即离开其口或鼻，并松开触电者的鼻孔或嘴巴，让其自动呼气。

（5）在实行口对口（鼻）人工呼吸时，当发现触电者腹部充气膨胀，应用手按住其腹部，并同时进行吹气和换气。

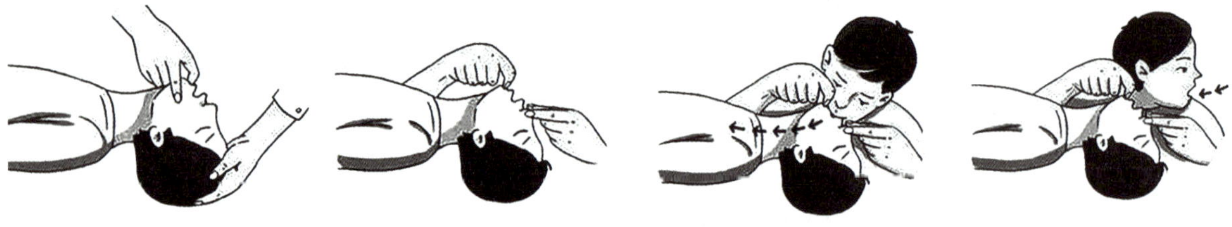

图 2–1　口对口人工呼吸法

2. 胸外心脏按压法

胸外心脏按压法是触电者心脏停止跳动后使心脏恢复跳动的急救方法，是每一个电气工作人员应该掌握的救护技能，方法如图 2–2 所示。

（1）首先使触电者仰卧在坚实的地方，解开领口衣扣并使其头部充分后仰，鼻孔向上。也可由另外一人用手托在触电者颈后或将其头部放在木板端部，在其胸后垫以软物。

（2）救护者跪在触电者一侧或骑跪在其腰部两侧，两手相叠，下面手掌根部放在心窝上方，胸骨下 1/3 ～ 1/2 的位置。

（3）掌根用力垂直向下挤压，力量要适中，不得太猛。对成人应压陷 3 ～ 4 cm，频率为 60 次 /min；对 16 岁以下儿童，一般应用一只手挤压，用力要比成人稍轻一点，压陷 1 ～ 2 cm，频率 100 次 /min 为宜。

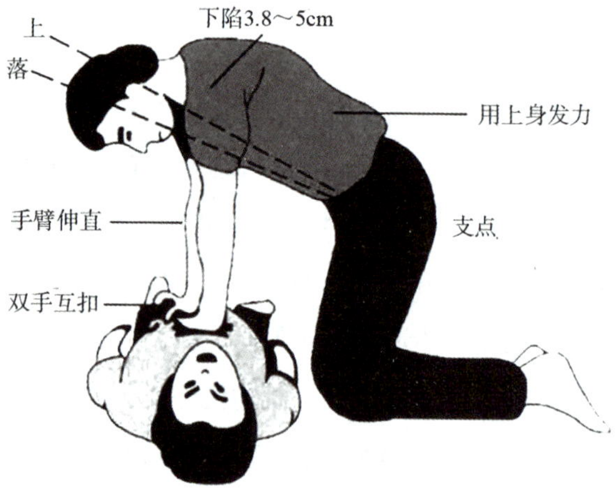

图 2–2　胸外心脏按压法

（4）按压后，掌根应迅速全部放松，让触电者胸部自动复原。放松时，掌根不要离开压迫点，只是不向下用力而已。

（5）为了达到良好的效果，在进行胸外心脏按压法的同时，必须进行人工呼吸。因为正常的心脏跳动和呼吸是相互联系且同时进行的，没有心跳，呼吸也会停止，而呼吸停止，心脏也不会跳动。

注意：实施胸外心脏按压法时，切不可草率行事，必须认真坚持，直到触电者苏醒或其他救护人员、医生赶到。

（五）触电预防

（1）不要带电操作。操作电工应尽量不进行带电作业，特别是在一些比较危险的场所，应禁止进行带电作业。若必须带电操作，应采取必要的安全措施，例如有专人在现场监护及采取相应的安全绝缘措施等。

（2）完善安全措施。电气设备的金属外壳可采用保护接零或保护接地等安全措施，但绝不允许在同一电力系统中一部分设备采取保护接零，另一部分设备采取保护接地。

（3）建立安全检查制度。安全检查是发现设备缺陷、及时消除事故隐患的重要措施。安全检查一般应每季度进行一次，特别要加强雨季前和雨季中的安全检查。各种电气设备，尤其是移动式电气设备应建立经常的与定期的检查制度，若发现安全隐患，应及时加以处理。

（4）加强安全教育。加强电气安全教育和培训是提高电气工作人员的业务素质、加强安全意识的重要途径。电气设备的操作者还要加强用电安全规程的学习，从事电工工作的人员除了应熟悉电气安全操作规程外，还需要掌握电气设备的安装、使用、管理、维护及检修工作的安全要求，具备电气火灾的灭火常识和触电急救的基本操作技能。

（5）作业警示。操作电工在全部停电或部分停电的电气设备上工作前，必须做好停电、验电、装设接地线、悬挂安全警示牌和装设防护栏等方面的工作，然后再进行实际作业。

三、高压安全防护

（一）防护用品

1. 绝缘鞋

绝缘鞋是辅助安全用品，有多种型号，通常适用于交流 50 Hz、1 000 V 以下或直流 1 500 V 以下的电力设备检修工作。GB 12011—2009《足部防护 电绝缘鞋》对产品使用者也提出了新要求：在使用时应避免锐器刺伤鞋底，使用时鞋面保持干燥，避免高温和腐蚀性物质。产品在穿用 6 个月后应做一次预防性试验，因锐器刺穿的不合格品不得再当作绝缘鞋使用。

2. 绝缘帽

绝缘帽是指具备电绝缘性能要求的安全帽，在帽子上会有“D”的字母标记。按照国家标准进行电绝缘性能试验，用交流 1 200 V 耐压试验 1 min，泄漏电流不应超过 1.2 mA。

3. 护目镜

护目镜也叫安全防护眼镜，其种类很多，有防尘眼镜、防冲击眼镜、防化学眼镜和防光辐射眼镜等。护目镜是一种能起到特殊防护作用的眼镜，可根据使用场合的不同选择合适的眼镜。

4. 绝缘手套

绝缘手套又叫高压绝缘手套，是用天然橡胶制成的，主要用于电工作业。在维修新能源汽车时，通常要求所使用的绝缘手套绝缘等级在 1 000 V/300 A 以上。

在使用前必须进行充气检验，发现有任何破损则不能使用；维修作业时应将衣袖口套入筒口内，以防发生意外；使用后应将内外污物擦洗干净，待干燥后撒上滑石粉平整放置于干燥的环境中，避免受压受损，远离热源和腐蚀物质；在使用 6 个月后必须进行预防性试验。

5. 绝缘地毯

绝缘地毯又称为绝缘垫、绝缘垫胶板，是用绝缘性能优良的橡胶制造而成的，适用于各种电工作业场所。

6. 绝缘工具

绝缘工具通常分为基本绝缘安全工具和辅助绝缘安全工具。基本绝缘安全工具是指能直接操作带电设备或可能带电物体的维修工具。辅助绝缘安全工具是指绝缘强度不是承受设备或线路的工作电压，只是用于加强基本绝缘安全的保护作用，用以防止接触电压、跨步电压、泄漏电流电弧对操作人员的伤害。不能用辅助绝缘安全工具直接接触高压设备的带电部分。辅助绝缘的安全工具有绝缘手套、绝缘鞋、绝缘胶垫等。

为了顺利完成电力系统的工作任务而又不发生安全事故，操作者必须携带和使用各种安全工具。

7. 安全警示带

安全警示带也叫安全隔离带，主要有塑料和涤纶布两种材质。安全警示带常用于施工地段、危险地段、交通事故以及突发事件的隔离，在检修新能源汽车时可用于圈定操作场地，起到提醒他人注意安全防范的作用。

8. 高压电警示牌

在高压电气系统的检修作业场所放置高压电警示牌是保证工作人员安全的主要措施之一，以此起到安全警示作用，避免或减少安全事故的发生。根据作业内容的不同，通常在警示牌上书写“严禁触摸高压危险”“严禁合闸正在检修”“严禁操作正在检修”等字样。

（二）个人防护

个人防护需注意以下几点。

（1）禁止携带钥匙、手表、首饰等导电金属物品。

（2）穿好绝缘鞋，戴好绝缘手套、护目镜等防护用品。当在车底拆装动力蓄电池或进行绝缘检测时，还需要佩戴绝缘帽。

（3）拆装车辆高压部件时，必须使用电动汽车维修专用绝缘工具，这样才能确保检修过程中的人身安全和设备安全。

（4）电动汽车上导线颜色表示特定的含义，鲜艳的橙色电缆用来警示有高压电危险，在检修此类线路部件时必须进行高压防护。

（5）在对新能源汽车进行维修或对动力蓄电池充电时，需要放置警示标志，并把车钥匙从点火开关上取下来保管好。

（三）火灾应对

电动汽车在发生交通事故、维修或使用不当造成短路时，很容易引起火灾。电动汽车燃烧时产生的大火比内燃机汽车更猛烈，火情更难控制。电动汽车内部有大容量的动力蓄电池，电动汽车动力蓄电池种类很多，使用比较普遍的动力蓄电池主要有铅酸电池、镍氢电池、锂离子电池（锂电池）。镍氢电池的活性物质是氧化镍、氢氧化钾、氧化钴等，这种动力蓄电池如果发生起火和爆炸，在燃烧时会释放出大量的热，并会产生威胁人员生命的有毒气体，因此灭火人员必须戴上呼吸面罩。

2018 年 9 月 4 日，我国工业和信息化部装备工业发展中心发布了《关于开展新能源客车安全隐患专项排查工作的通知》。装备工业发展中心将联合有关单位，不定期抽查企业新能源客车监控平台预警体系运行情况，并将结果上报工业和信息化部。企业应按照国家标准要求进行相关监控平台建设和运行监控工作，能够对产品异常状态进行监控和预警，并能即时上报地方和国家平台。

电动汽车燃烧时，一般采用泡沫灭火器或干粉灭火器来灭火，但是这些灭火器都灭不了锂电池的火情。在燃烧现场，在确保人员安全的前提下首先应该把动力蓄电池与其他物品分开，让动力蓄电池自行燃烧完毕。

在各大新能源汽车生产厂商所出具的紧急响应指南里都提到了用水灭火。不仅提到了用水灭火，而且是大量且持续的水。用水灭火主要出于以下两个目的。

①降温。NFPA（美国消防协会）做过相关测试，动力蓄电池燃烧时外面的最高温度能达到 1 090℃。同时用水长时间压制火苗，能防止热量进一步扩散，降低复燃风险。

②稀释产生的有毒气体。新能源汽车使用的锂电池在燃烧过程中，会产生不少有毒气体，比如 HF（氢氟酸）、CO（一氧化碳）、HCN（氰化氢）等气体。

四、安全操作

维修人员安全操作需注意以下几点。

（1）严禁非专业人员对新能源汽车的任何高压部件进行拆卸或安装。

（2）未经过高压安全培训的维修人员，不允许对高压部件进行维护。

（3）在维修作业前必须确认点火开关处于“Lock”挡位，并断开低压蓄电池负极，然后用绝缘胶带做好蓄电池负极的绝缘处理。

（4）在充电过程中不允许对车辆进行任何的拆装、维护作业。

（5）高压部件打开或插头断开后，先使用万用表对其电压进行测量，电压在规定的安全电压值以下才可以进行下一步的操作。

（6）当高压线束出现绝缘故障时，应立即更换，并且不能用普通电缆代替。

（7）严禁用水擦拭或冲洗车辆电气部分，严禁利用车身电源对车辆以外的其他设备进行供电。

（8）遇雷雨、风雪等恶劣天气，禁止在室外对电动汽车进行充电或维修作业。

（9）当发现有人触电时，应立即切断电源进行抢救。在未断开电源前，严禁与触电者直接接触。

第二节　车辆安全操作

新能源汽车
安全操作

一、高压警告

新能源汽车的高压部件外壳上都有非常醒目的警示标志，如图 2–3 所示。严禁随意触摸带有高压警示标志的部件，或撕毁高压警示标志。

二、涉水安全

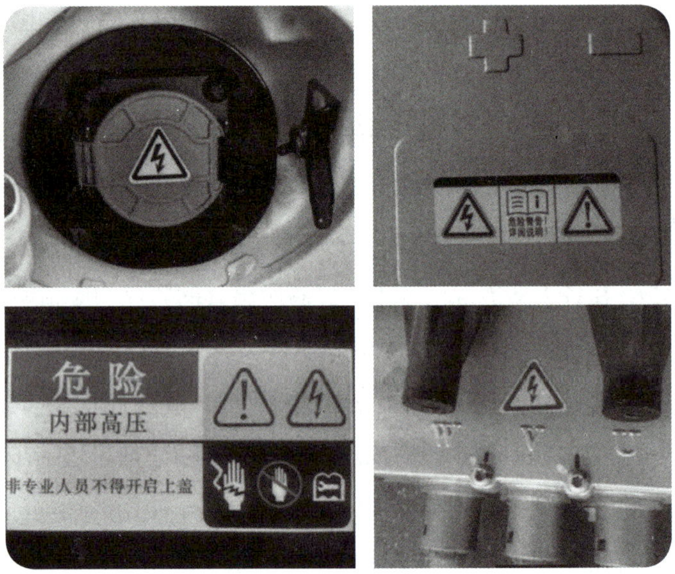

图 2-3　高压警示标志

电动汽车能涉水多深呢？在这么高的电压下如果涉水行驶，不小心会不会电死人呢？有这种恐慌心理是因为很多人对电不熟悉。实际上电比油容易控制，也更安全，这也是电在现代得以大规模应用的原因。电动汽车涉水对人来说是安全的，人体电阻远高于车体和水的电阻，而电流走最小电阻路径。车体和水是电的良导体，因此即使有电流穿过车身，人也相当于站在一个等势体上，发生触电的可能性很小。动力蓄电池如果因漏水发生短路，会迅速放电而失去电压，从而不再形成危害，但动力蓄电池会报废，同时车辆上也加装了动力蓄电池紧急开关和 BMS 漏电保护装置。

涉水时应注意以下事项。

（1）汽车涉水行驶前，必须仔细查看水深、流速和水底情况，以及进、出水域的宽窄和道路情况，由此来判断能否安全地通过。一般来讲，水位达到轮胎 1/2 的位置时，涉水行驶就有一定危险。

（2）在确认汽车能够通过时，一般应选择距离最短、水位最浅、水流缓慢及水底最坚实的路段。涉水时，应保持电机运转正常，转向和制动系统灵敏可靠。

（3）行驶中要使汽车有足够而稳定的动力，一次通过，尽量避免中途停车或急转弯，尤其是水底路为泥沙时更要注意。行进中要看远顾近，避免使车辆偏离正常的涉水路线而发生意外。

（4）车辆涉水后，应停车检查各部位有无浸水、散热器有无漂流物堵塞、轮胎有无损坏、底盘下面有无物体缠绕等，如有杂物应及时将车辆清理干净。出水后先等一会，再低速行驶一段路程，并有意识地轻踩几次制动踏板，让制动衬片与制动盘接触摩擦产生热能，以烘干和蒸发掉制动器中残留的水分，确保制动性能良好。确认技术状况良好后，再正常行驶。

（5）遇雨雪天气，路面湿滑时，驾驶人要使车辆保持平稳，放慢速度，小心驾驶。

（6）小雨时应使用刮水器。大雨或暴雨时要尽量避免使用新能源车辆。

三、车辆行驶

（一）起动开关

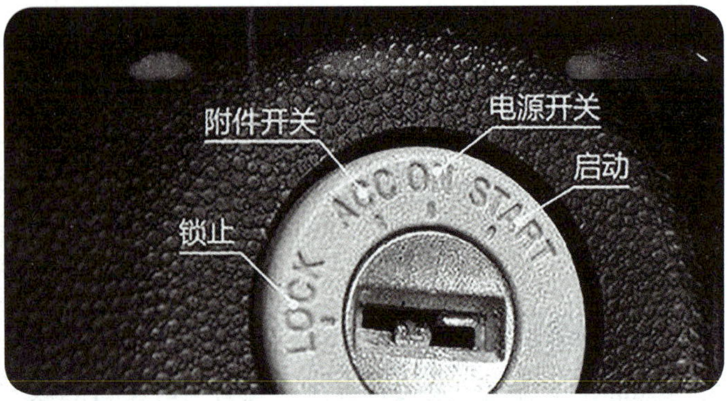

图 2-4　起动开关

起动开关位于转向柱右侧，如图 2-4 所示。智能无钥匙按键与传统钥匙起动车型的起动开关挡位一致，当智能钥匙在车内时，通过操作

"起动/停止"按键可以选择"LOCK""ACC""ON""START"来起动和停止车辆。

在车辆行驶时不要拔出起动钥匙，这将会导致转向锁啮合，使车辆不能转向进而诱发安全事故。起动开关操作说明如表 2–3 所示。

表 2–3　起动开关操作说明

序号	开关位置	功能描述
1	0–LOCK	拔下起动钥匙，车辆熄火，转向盘锁止
2	1–ACC	转向解锁，大多数用电器不能工作
3	2–ON	所有仪表、警告灯和电路可以工作
4	3–START	钥匙位于 ON 位，变速器挡位在 N 位，整车即可以显示"READY（或 OK 状态）"，此时才可以踩下制动踏板换挡行车

（二）换挡操作

挡位旋钮位于车辆中间位置的电子换挡面板上，如图 2–5 所示。车辆静止时，驾驶人进行换挡操作必须同时踩下制动踏板才能换挡成功。如果驾驶人换挡时未踩下制动踏板，仪表显示当前换挡旋钮的挡位并进行闪烁，此时驾驶人需要换至 N 位，重新进行换挡操作。

整车上电后电子换挡面板上的背景灯点亮，在换挡前应先踩下制动踏板，否则挡位选择无效。挡位操作说明如表 2–4 所示（以北汽 EV200 为例）。

图 2–5　北汽 EV200 电动汽车挡位旋钮

表 2–4　EV200 挡位操作说明

挡位选择	操作说明
选择 D 位	换挡前先踩下制动踏板，否则挡位选择无效。将换挡旋钮旋至 D 位，此时字母 D 显示为冰蓝色，其余未选中挡位字母显示为白色
选择 R 位	在选择倒挡前确保车辆处于静止状态，然后踩下制动踏板，将旋钮旋至 R 位，此时字母 R 显示为冰蓝色，其余未选中挡位字母显示为白色
前进挡经济模式 E 位	换挡前先踩下制动踏板，否则挡位选择无效。将旋钮旋至 E 位，此时字母 E 显示为冰蓝色，其余未选中挡位字母显示为白色
选择 N 位	在选择空挡前，确保车辆处于静止状态
辅助按键 E+	位于换挡旋钮左侧，其功能只有在 E 位有效；E+ 表示再生能量回收强度增加，最大为 3 挡
辅助按键 E–	E– 表示再生能量回收强度减小，最小为 1

（三）驾驶注意事项

驾驶新能源汽车需注意以下几点。

（1）在驾驶过程中，请勿将手放置在换挡旋钮上。

（2）起动车辆前，应确认换挡旋钮处于 N 位。

（3）在车辆运行过程中请勿换挡。

（4）电动汽车起步较猛，加速踏板一定要轻踩。

第三节 仪表信息识读

一、仪表符号说明

汽车仪表是人与汽车的交互界面，为驾驶人提供所需的车辆运行参数、故障、里程等信息，是汽车必不可少的部件，仪表显示的内容可以直观地告诉驾驶人车辆当前的运行状况。新能源汽车仪表和传统燃油车的仪表作用是一样的，但是其显示的内容却有着很大的区别，以北汽新能源 EV200 为例，新能源汽车的仪表显示内容如图 2-6 所示。

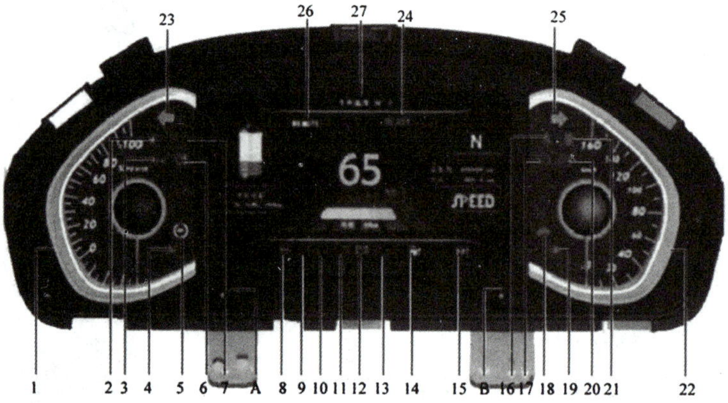

图 2-6 仪表显示内容

新能源汽车仪表符号说明如表 2-5 所示。

表 2-5 新能源汽车仪表符号说明

序号	功能说明	序号	功能说明
1	驱动电机功率表	15	EPS 故障指示灯
2	前雾灯	16	安全带未系指示灯
3	示廓灯	17	制动故障指示灯
4	安全气囊指示灯	18	防盗指示灯
5	ABS 指示灯	19	充电线连接指示灯
6	后雾灯	20	驻车制动指示灯
7	远光灯	21	车门未关指示灯
8	跛行指示灯	22	车速表
9	低压蓄电池故障指示灯	23、25	左 / 右转向指示灯
10	电机及控制器过热指示灯	24	READY（准备）指示灯

表 2-5（续）

序号	功能说明	序号	功能说明
11	动力蓄电池故障指示灯	26	REMOTE（远程）指示灯
12	动力蓄电池断开指示灯	27	室外温度显示
13	系统故障指示灯	A	行车电脑显示屏调节按钮
14	充电指示灯	B	行车电脑显示屏调节按钮

二、仪表按钮说明

仪表下端有两个按钮，从左至右分别称为按钮 A 和 B，其功能如表 2-6 所示。

表 2-6 按钮 A 和 B 功能

	当前显示模式	开关按住时间	开关放开后显示模式
按钮 A	平均电耗	$t<2$ s	保养里程
	保养里程	$t<2$ s	平均电耗
		$t>10$ s	保养里程复位至 10 000 km
按钮 B	车速	$t<2$ s	数字电压值
	数字电压值	$t<2$ s	数字电流值
	数字电流值	$t<2$ s	数字转速值
	数字转速值	$t<2$ s	瞬时电耗
	瞬时电耗	$t<2$ s	车速
	任意模式	$t>3$ s	小计清零
	充电模式	$t<2$ s	车辆充电信息

三、声音报警说明

新能源汽车仪表除了显示图文信息之外，通常还具有声音报警功能，如表 2-7 所示。

表 2-7 声音报警说明

序号	功能	报警条件
1	通信故障	报警仪表与总线失去联系时，持续鸣叫
2	充电已满	当电量达到 100% 时且无充电故障，连续鸣叫 10 s
3	声音一	车辆有一级严重故障时，持续鸣叫
4	声音二	车辆有二级故障时，持续鸣叫 20 s
5	声音三	车辆有三级故障时，鸣叫一声
6	READY 提示音	收到“READY”指示灯有效信号时，蜂鸣器简短鸣叫一声
7	R 位有效提示音	蜂鸣器简短鸣叫一声
8	充电故障报警	充电发生故障时，连续鸣叫 10 s
9	充电提醒指示	电量低于 30% 时，充电提醒指示灯点亮，鸣叫一声

第四节 车辆充电操作

一、充电装置分类

动力蓄电池充电设备是电动汽车子系统之一，它的功能是将电网的电能转化为车载动力蓄电池的电能。电动汽车充电装置总体上可分为车载充电装置和非车载充电装置两种。

车载充电装置是指安装在电动汽车上，采用地面交流电网对动力蓄电池组进行充电的装置。非车载充电装置即地面充电装置，也就是通常所说的充电桩，它可以满足多种电动汽车的充电需求。

（二）便携充电

便携充电是指使用随车附带的便携充电线连接到普通家用插座上进行充电，如图 2-7 所示。这是一种非常方便的充电方式，只要能找到普通家用插座就可以充电，但是充电速度比较慢，称之为慢充。通常新能源汽车的便携充电插头为 16 A，有些车型会配备 10 A 的转换接头。

一般来说，普通家用插座的电压为 220 V，电流为 10 A，便携充电装置理论上功率为 2.2 kW，而在实际使用中充电功率一般来说只有 1.5 kW。也就是说，使用便携充电装置为一辆北汽新能源 EV200 纯电动汽车（续驶里程 200 km，电池容量 30.4 kW · h）充满电需要 20 h；为一辆比亚迪 e6 纯电动汽车（续驶里程 300 km，电池容量 57 kW · h）充满电需要近 40 h。便携充电装置只是作为其他充电方式的一种补充，方便用户随时对车辆进行补电。

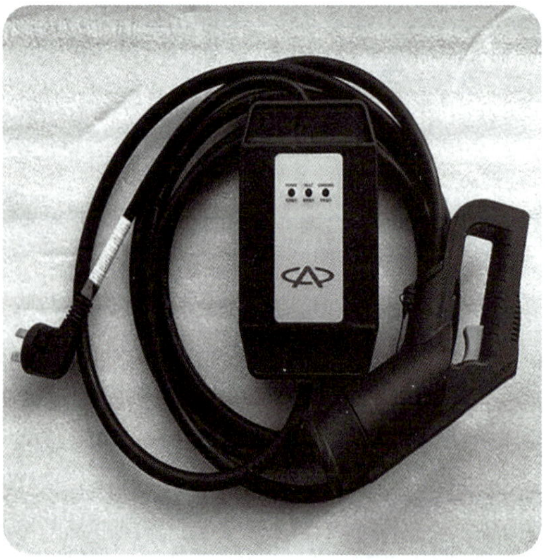

图 2-7 奇瑞 eQ 电动汽车便携充电装置

（二）家用充电桩

家用充电桩是最常见的一种充电装置。一般私人用户购买电动汽车都会附赠一个家用充电桩。当然，只有充电桩是不够的，还需要有车位并且物业同意安装才行。

在充电速度方面，由于每个厂商提供的充电桩规格都不一样，所以充电速度也不尽相同。宝马 i3 所配备的充电墙盒功率为 7.4 kW；启辰晨风有两种家用充电桩，低配版的是 3.6 kW，高配版的则是 6.6 kW；腾势同样有两家用充电桩可供使用，功率分别为 10 kW 和 20 kW。不同型号的家用充电桩虽然输出功率有差异，但是都能保证一晚上将动力蓄电池充满，基本可以满足普通用户的用车需求。

（三）公共充电桩

家用充电桩虽然不错，但还有很多用户由于没有固定车位或居住的小区无法安装家用充电桩，使用公共充电桩就成了唯一的选择。公共充电桩一般分为快充和慢充两种，前者使用直流对车辆充电，后者使用交流对车辆充电。

公共充电桩通常由国家电网、南方电网这类电力企业建设并维护经营。今后，随着电动汽车产业的成熟，将会有不少民营资本进入这一领域。

二、车辆充电操作

（一）北汽新能源汽车充电操作

以北汽新能源汽车为例，充电系统的快充电和慢充电插孔分别位于车辆前格栅标志和车身左后方处，如图 2–8 所示。快充电插孔盖板开启时，直接摁住车辆前格栅标志右侧内平面即可开启；慢充电插孔盖板开启手柄位于驾驶人座椅左下方。

图 2–8　北汽新能源汽车充电插孔

新能源汽车动力蓄电池充电时宜采用慢充（即车载充电）方式，电动汽车慢充系统是通过车载充电机完成动力蓄电池的充电工作，如图 2–9 所示。

车载充电机是采用高频开关电源技术，主要功能是将交流 220 V 的市电转换为高压直流电给动力蓄电池进行充电，保证车辆正常行驶。车载充电机由动力蓄电池管理系统（BMS）智能控制充电，无须人工看守。动力蓄电池管理系统随时监测电池的工作状态，当电池电芯的温度在 0 ～ 55℃时才可以进行充电。车载充电机外表面设有相应的指示灯，可以根据指示灯的亮灭情况判断充电机的工作状态。

图 2–9　车载充电机

POWER：电源指示灯，当接通交流电后，电源指示灯亮起。

RUN：工作指示灯，当充电机接通动力蓄电池进入充电状态后，充电指示灯亮起。

FAULT：警告指示灯，当充电机内部有故障或错误操作时亮起。

车辆进入充电状态后，组合仪表的行车电脑显示屏自动点亮，显示当前充电信息，10 s 后屏幕熄灭。

1. 充电桩充电操作流程

（1）车辆停放平稳，关闭点火开关并取下车钥匙，拉紧驻车制动器。

（2）打开慢充或快充电插孔盖板。

（3）检查充电枪有无破损现象，然后连接充电枪。

（4）刷卡选择充电模式，观察仪表充电界面显示内容是否正常。

（5）充电完成后，先刷卡结算电费，然后取下充电枪。

2. 充电状态说明

（1）仪表充电信息

图 2-10 中点亮表示动力蓄电池正在进行加热，此时动力蓄电池外围会出现一层红色光晕。充电电流显示负值时，表示动力蓄电池正在充电；显示正值时，表示动力蓄电池正在放电。以北汽 EV200 为例，如图 2-10 所示。

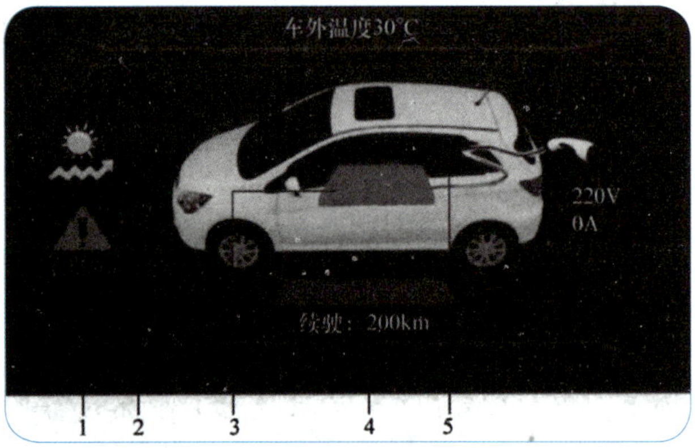

1- 充电故障指示灯；2、5- 动力蓄电池正在加热；
3- 电量指示；4- 续驶里程。

图 2-10 仪表充电信息

（2）充电已满

动力蓄电池电量充满后，行车电脑显示屏自动点亮，蜂鸣器鸣叫，提示电量已经充满，10 s 后屏幕熄灭。以北汽 EV200 为例，如图 2-11 所示。

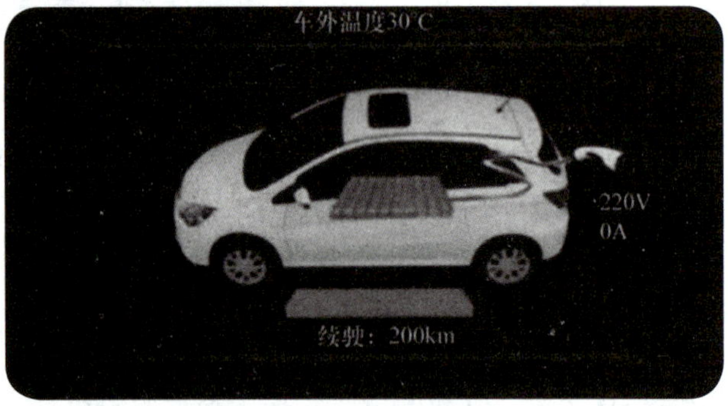

图 2-11 充电已满

（3）充电故障

充电过程中车辆出现故障，行车电脑显示屏自动点亮，充电故障指示灯点亮，蜂鸣器鸣叫，提示灯 10 s 后熄灭。此时应立刻联系 4 S 店专业维修人员，切勿擅自对车辆进行拆卸。

（二）特斯拉充电操作

特斯拉充电插孔位于驾驶人侧后尾灯侧面，如图 2-12 所示。可以通过车内触摸屏或充电接头上面按钮打开充电插孔盖板。充电口的打开有三种方式：操作中控大屏；长按遥控钥匙的尾部；如果是在特斯拉超级充电站，拿着充电枪靠近充电口，按一下充电枪上的按键，车身上的充电口也会自动打开。

图 2-12 特斯拉充电插孔

特斯拉充电主要采用移动通用插头、高功率壁挂插头和直流快充三种方式。移动通用插头适用于家庭电源，可以随时随地进行车辆补充充电，如图 2–13 所示。

高功率壁挂充电插头最大输入电压为交流 240 V，最大功率 20 kW，最大充电电流为 80 A，配备双充电器的可以每小时充电续驶 90 km，如图 2–14 所示。

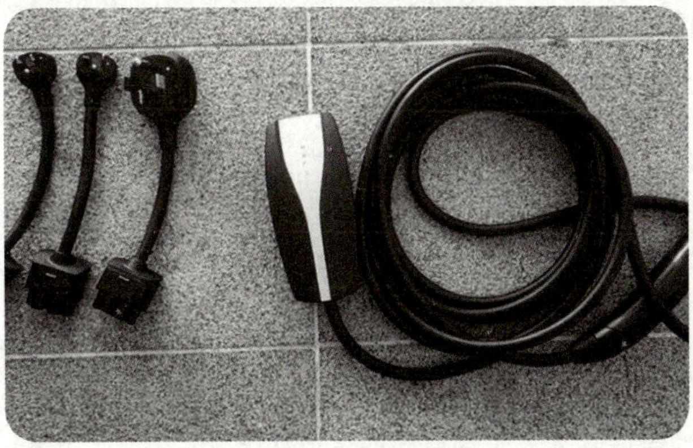

图 2–13　特斯拉移动通用插头

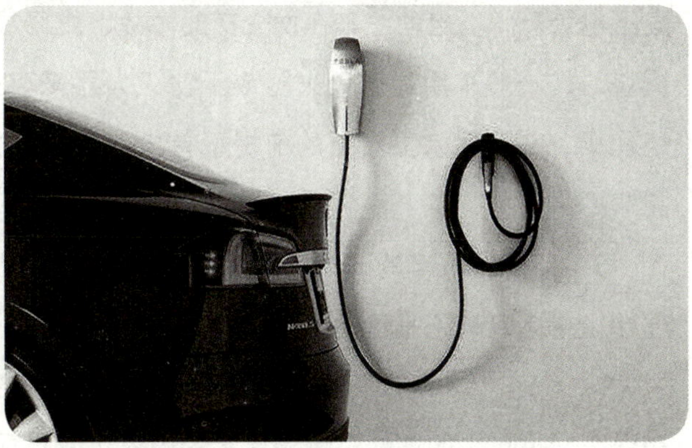

图 2–14　特斯拉高功率壁挂充电插头

特斯拉电动汽车在车辆的充电插孔上设有充电指示灯，不同的颜色表示不同的充电状态。如表 2–8 所示。

表 2–8　特斯拉充电状态说明

序号	充电指示灯	充电状态说明
1	白色	说明按下充电接口已准备就绪，但是还没有充电
2	蓝色	说明已接收到充电信号，充电接口锁止
3	绿色	闪烁表示正在充电，不闪烁表示充电完成
4	黄色闪烁	表示充电电流减小，通常是由于充电插头没有锁住
5	红色	说明充电系统有故障，无法进行充电，应立即检修

按照厂家要求，对车辆进行充电时必须关闭点火开关，但通常仪表会自动转换到当前充电信息显示界面，不同的车型仪表显示充电信息的内容和时长也各不相同。以特斯拉电动汽车为例，仪表显示的当前充电信息有充电率、充电后的增加里程、车辆可续驶里程、充电时间、充电电压以及充电电流等内容，如图 2–15 所示。

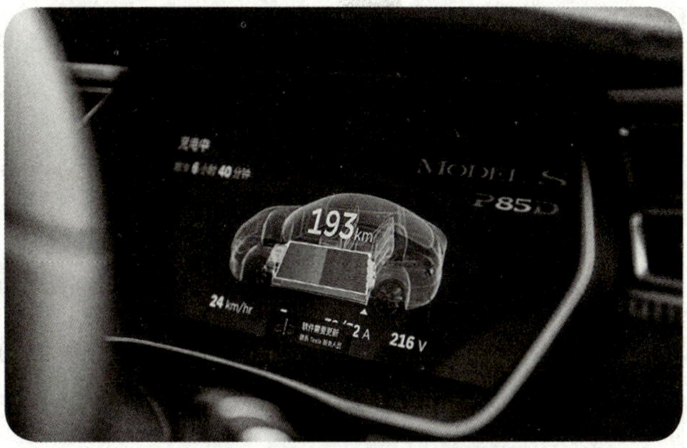

图 2–15　特斯拉充电信息仪表显示

本章小结

1. 按照人体呈现的状态，可以将人体通过的电流分为感知电流、摆脱电流、致命电流三个级别。能够引起人感觉到的最小电流值称为感知电流，交流为 1 mA，直流为 5 mA；人体触电后能自已摆脱的最大电流称为摆脱电流，交流为 10 mA，直流为 50 mA；在较短的时间内危及生命的电流称为致命电流，致命电流为 50 mA。在有防止触电保护装置的情况下，人体允许通过的电流一般为 30 mA。

2. 高压安全防护用品有：绝缘鞋、绝缘帽、护目镜、绝缘手套、绝缘地毯、绝缘工具、安全警示带、高压电警示牌。电动汽车在发生交通事故、维修或使用不当造成短路时，很容易引起火灾。电动汽车燃烧时，一般采用泡沫灭火器或干粉灭火器来灭火，但是这些灭火器都灭不了锂电池的火情。在燃烧现场，在确保人员安全的前提下首先应该把动力蓄电池与其他物品分开，让动力蓄电池自行燃烧完毕。

3. 新能源汽车的高压部件外壳上都有非常醒目的警示标志，严禁随意触摸带有高压警示标志的部件，或撕毁高压警示标志。

4. 汽车仪表是人与汽车的交互界面，为驾驶人提供所需的车辆运行参数、故障、里程等信息，是汽车必不可少的部件，仪表显示的内容可以直观地告诉驾驶人车辆当前的运行状况。

5. 电动汽车充电装置总体上可分为车载充电装置和非车载充电装置两种。车载充电装置是指安装在电动汽车上，采用地面交流电网对动力蓄电池组进行充电的装置。非车载充电装置即地面充电装置，也就是通常所说的充电桩，它可以满足多种电动汽车的充电需求。

通过本章的学习，能够帮助读者提升救护能力，更好地完成新能源汽车的充电操作。

课程思政

电动汽车传导充电连接装置国家标准正式启动修订

2021 年 12 月 31 日，国家标准化管理委员会正式下达工业和信息化部提出、全国汽车标准化技术委员会归口的《电动汽车传导充电用连接装置第 1 部分：通用要求》推荐性国家标准修订计划。

电动汽车传导充电连接装置是保障电动汽车和充电设施互联互通的基础部件。随着新能源汽车续驶里程增加、动力电池大倍率充电技术提升，消费者对车辆快速补充电能的需求日益强烈，“大功率充电”“V2 G（车辆到电网）”等新技术新业态不断涌现。本次标准修订将在我国现行直流充电接口技术方案基础上，进一步提高充电电流电压，优化完善控制导引电路、通信协议，拓展敏捷控制、即插即充、预约充电等功能，满足大功率充电技术发展和市场需求，有效保障新老充电接口通用兼容，为新能源汽车产业高质量发展创造良好环境。

（来源：装备工业一司）

思考练习

（一）填空题

1．根据____________可知，流经人体电流的大小与外加电压、人体电阻的大小有关。

2．能够引起人体感觉到的最小电流值称为____________。

3．____________是触电者心脏停止跳动后使心脏恢复跳动的急救方法，是每一个电气工作人员应该掌握的救护技能。

4．____________是发现设备缺陷，及时消除事故隐患的重要措施。

5．绝缘帽是指具备电绝缘性能要求的安全帽，通常在帽子上会有____________的字母标记。

6．绝缘手套又叫高压绝缘手套，是用天然橡胶制成的，主要用于电工作业。在维修新能源汽车时，通常要求所使用的绝缘手套绝缘等级在____________以上。

（二）简答题

1．简述安全防护眼镜的类型。

2．简述充电桩充电操作流程。

3．新能源汽车在涉水时应注意哪些事项？

实训任务

高压作业前的准备工作

一、实训目的

1. 了解常见的高压安全防护设备，能按照要求规范布置作业场地

2. 了解常见测量工具的参数，能根据作业需求进行合理的选用

二、实训内容

实训室一辆纯电动汽车出现故障需要检修，请同学布置维修场地并准备好绝缘万用表、放电工装和绝缘工具箱，需确保设备能正常使用。

三、实训器材

序号	名称	数量
1	隔离柱	4个
2	警戒线	若干
3	警示牌	4个
4	翼子板防护垫	1套
5	放电工装	1套
6	绝缘维修工具	1套
7	绝缘万用表	1个

四、实训步骤

1. 车辆维修工位场地布置与车辆防护。

①检查车辆停放位置是否合适。

②安装车内三件套。

③检查驻车制动器及档位位置。

⑤在维修工位周围布置警戒带。

⑥放置危险警示牌。

⑦铺设翼子板防护垫。

2. 检查并穿戴个人安全防护用具。

3. 维修工具检查。

①打开绝缘工具箱，检查绝缘工具。

②检查绝缘电压表各项性能指标。

第三章

动力蓄电池与管理系统

本章导读

新能源汽车的关键技术之一就是动力蓄电池，动力蓄电池的质量一方面决定着电动汽车的制造成本；另一方面也决定着电动汽车的动力性和续驶里程。影响汽车续驶里程的主要原因除了常见的车辆行驶路况、车辆负载以外，还有动力蓄电池性能、辅助系统能量消耗、环境温度等因素。

学习目标

1. 了解动力蓄电池分类与原理。
2. 了解动力蓄电池系统的基本结构。
3. 了解动力蓄电池管理系统的功能。
4. 了解车辆充电系统慢充、快充的工作原理。
5. 能够完成车载充电机的更换工作。

能力目标

完成汽车专业领域《职业技能等级证书标准》中工作安全

与作业准备工作任务，并具备熟练的新能源汽车电池系统诊断分析、检测维修、检查保养技术的职业技能。

第一节 动力蓄电池基础知识

动力蓄电池通常简称电池，是将化学能转化成电能的一种装置。电池内部的电化学特性决定了该电池是否可以充电。可充电电池内部结构之间所发生的化学反应是可逆的，也称二次电池，新能源汽车上的动力蓄电池均为二次电池。一次电池只能作为一次放电使用，例如日常生活中使用的干电池，内部结构简单且不支持这种变化。

一、镍氢电池

斯坦福·沃弗辛斯基是美国著名科学家、发明家，被誉为“太阳能光伏之父”，毕生拥有近400项专利，在他50年的工作生涯中，最著名的发明包括薄膜光电、太阳能电池板、光电制造器、镍氢电池和能够在汽车中安全储氢的固体氢燃料储存技术等。

在斯坦福所有的发明中，最优秀的是镍氢反应电池。这是一款可用来为混合动力汽车（HEV）充电的便携电池，同时它也非常环保。镍氢电池现在主要应用于混合动力汽车，2011年在HEV市场占56%，零售市场（包括遥控车、玩具、家用电器、数码摄像机）占24%，无绳电话占11%，其他市场为9%。镍氢电池主要由中国和日本企业生产，占全球产量的95%以上。

镍氢电池的诞生应该归功于储氢合金的发现。早在20世纪60年代末，人们就发现了一种新型功能材料——储氢合金，储氢合金在一定的温度和压力条件下可吸放大量的氢，因此被人们形象地称为“吸氢海绵”。其中有些储氢合金可以在强碱性电解质溶液中，反复充放电并长期稳定存在，从而为人们提供了一种新型负极材料，并在此基础上发明了镍氢电池。镍氢电池是20世纪90年代发展起来的一种新型绿色电池，具有高能量、长寿命、无污染等特点，因而成为世界各国竞相发展的高科技产品之一。

储氢合金的主要来源是稀土，中国的稀土资源占世界总储量的70%以上，发展镍氢电池具有得天独厚的优势，因此中国镍氢电池的研制与开发，受到国家863计划的大力支持，被列为“重中之重”的项目。在863计划的支持下，科研人员攻克了储氢合金制备等关键技术，取得了一大批创新性成果。

（一）镍氢电池结构

镍氢电池由氢离子和金属镍合成，电量储备比镍镉电池多30%，密度比镍镉电池小，使用寿命也更长，并且对环境无污染。镍氢电池的缺点是价格比镍镉电池要贵很多，性能比锂电池要差一些。

镍氢电池中的金属部分实际上是金属氢化物，用在镍氢电池的制造上，主要分为两大类。最常见的一类是AB5，A是稀土元素的混合物或者再加上钛Ti，B则是镍（Ni）、钴（Co）、锰（Mn），或者还有铝（Al）；另一类高容量电池含多种成分的电极主要由AB2构成，A则是钛（Ti）或钒（V），B则是锆（Zr）或镍（Ni），再加上一些铬（Cr）、钴（Co）、铁（Fe）和锰（Mn）。所有这些化合物扮演的都是相同的角色，可形成金属氢化物。镍氢电池结构图如图3–1所示。

（二）镍氢电池工作原理

镍氢电池是一种碱性电池，负极采用由储氢材料作为活性物质的氢化物电极，正极采用氢氧化镍即镍电极，电解质为氢氧化钾溶液。电池充电时氢氧化钾电解液中的氢离子会被释放出来，由这些化合物将它吸收，避免生成氢气，以保持电池内部的压力和体积。当电池放电时，这些氢离子便会经由相反的过程而回到原来的地方。

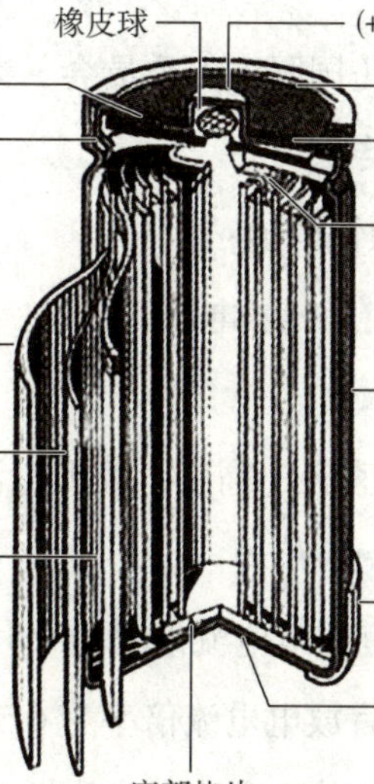

图3–1　镍氢电池结构图

镍镉/镍氢电池的充电过程非常相似，都要求恒流充电，以防止电池过充电。充电器对电池进行恒流充电，同时检测电池的电压和其他参数。为避免损坏电池，电池温度过低时不可快速充电，当电池温度低于10℃时，应转入涓流充电方式。当电池温度达到规定数值后，必须立即停止充电。

（三）镍氢电池型号

通常在电池体上看到的AAA、AA、C、D、N、F、SC等字母都是美规型号标识。在我国除了几种电池按号称呼之外，其他还是采用美国的命名方式。针对二次锂电池的型号表示方法是采用五位数（圆柱形）或六位数（方形），如14 500、103 450等。常见电池型号、尺寸对照如表3–1所示。

表3–1　常见电池型号、尺寸对照

序号	美国型号	中国型号	尺寸（平头）
1	AAAA	AAAA	高度（41.5 ± 0.5）mm，直径（8.1 ± 0.2）mm
2	AAA	7号	高度（43.6 ± 0.5）mm，直径（10.1 ± 0.2）mm
3	AA	5号	高度（48.0 ± 0.5）mm，直径（14.1 ± 0.2）mm
4	A	A	高度（49.0 ± 0.5）mm，直径（16.8 ± 0.2）mm
5	SC	SC	高度（42.0 ± 0.5）mm，直径（22.1 ± 0.2）mm
6	C	2号	高度（49.5 ± 0.5）mm，直径（25.3 ± 0.2）mm
7	D	1号	高度（59.0 ± 0.5）mm，直径（32.3 ± 0.2）mm
8	N	N	高度（28.5 ± 0.5）mm，直径（11.7 ± 0.2）mm
9	F	F	高度（89.0 ± 0.5）mm，直径（32.3 ± 0.2）mm

平头电池的正极是平的，没有突起，主要适用于做电池组点焊使用的电池芯。一般同等型号尖头的电池（可以用作单体电池供电的）在高度上就多了 0.5 mm，以此类推。有的电池在 AAA、AA、A、SC、C、D、N、F 这些主型号前面还有分数 1/3、2/3、1/2、3/2、4/5、5/4、7/5，这些分数表示的是电池体与标准型号相对应的高度。例如 2/3 AA 就是表示高度是一般 AA 电池的 2/3，4/5 A 就是表示高度是一般 A 电池的 4/5。

（四）IEC 镍氢 / 镍镉电池标识

根据 IEC（国际电工委员会）标准规定，镍镉和镍氢电池标志由五部分组成。

1. 电池类型

KR——镍镉电池；　　HF——方形镍氢电池；

HR——圆形镍氢电池。

2. 电池尺寸

圆形电池直径 / 高度，方形电池宽度 / 厚度 / 高度，数值之间用斜杠隔开，单位为 mm。

3. 放电特性符号

L——适宜放电电流倍率为 0.5 C 以内；

M——适宜放电电流倍率为 0.5 ～ 3.5 C；

H——适宜放电电流倍率为 3.5 ～ 7.0 C；

X——电池能在 7 ～ 15 C 高倍率的放电电流下工作。

4. 高温电池符号

高温电池符号用 T 表示。

5. 电池连接片表示

CF——无连接片；　　HH——电池带串联连接片；

HB——电池带并联连接片。

例如，HF18/07/49——方形镍氢电池、宽度为 18 mm、厚度为 7 mm、高度为 49 mm；KRMT33/62 HH——镍镉电池、放电电流倍率为 0.5 ～ 3.5 C、高温系列单体电池、带串联连接片、直径为 33 mm、高度为 62 mm。

（五）BYD 镍氢 / 镍铬电池标志

BYD 镍氢 / 镍铬电池标志通常也由五部分组成。

1. 电池类型

D——镍铬电池；　　H——镍氢电池。

2. 电池型号

电池型号分别为 A、AA、AAA、AAAA、SC、C、D、N 等多种型号。

3. 电池标称容量

4. 电池特性

A——尖头电池；　　B——平头电池；

H——高温电池；　　　　P——可用于大电流放电。

5. 代表组合电池的单体个数

例如，D AA 800 H×5，H SC 2 200 P×3，D AA 800 B×3。

（六）镍氢电池应用特性

大功率镍氢电池广泛用于油电混合动力汽车，最具代表性的例子就是丰田 Prius，该车使用了特别的充放电程序，使电池充放电寿命可足够车辆使用 10 年。虽然密度比锂离子电池低，但由于对安全保护、温度控制等要求更低，因此仍然有部分纯电动汽车使用镍氢电池。

就单体电池电压来看，镍氢与镍镉电池的标称电压都是 1.2 V，镍氢电池应用特性如表 3-2 所示。

表 3-2　镍氢电池应用特性

序号	应用特性
1	质量比功率高。目前商业化的镍氢功率型电池能达到 1 350 W·h/kg
2	循环次数多。目前应用在电动汽车上的镍氢动力蓄电池，80% 放电深度（DOD）循环可达 1 000 次，为铅酸电池的 3 倍以上。100%DOD 循环寿命也在 500 次以上在混合动力汽车中可使用 5 年以上
3	无污染，不含铅、镉等对人体有害的金属，为 21 世纪绿色环保电源
4	耐过充过放，无记忆效应
5	使用温度范围宽，正常使用温度范围为 -30 ～ 55℃，贮存温度范围为 -40 ～ 70℃
6	安全、可靠，在短路、挤压、针刺、安全阀工作能力、跌落、加热、耐振动等安全性和可靠性试验中无爆炸、燃烧现象

二、锂离子电池

（一）锂离子电池结构

锂离子电池主要由电芯和保护板两大模块组成。电芯相当于锂电池的心脏，保护板相当于锂电池的大脑。电芯主要由正极材料、负极材料、电解液、隔膜和外壳组成。保护板主要由保护芯片或管理芯片、MOS 场效应管、电阻、电容和印制电路板等元件组成。

锂离子电池的封装形式主要有圆柱形、方形和软包。

圆柱形锂离子电池分为磷酸铁锂、钴酸锂、锰酸锂、钴锰混合、三元材料不同体系，外壳分为钢壳和聚合物两种。不同材料体系电池有不同的优点，目前，圆柱主要以钢壳圆柱磷酸铁锂电池和三元材料为主，常见型号有 14650、17490、18650、21700、26650 等。

（1）圆柱形锂离子电池结构包括正极盖、安全阀、PTC 元件、电流切断机构、垫圈、正极、负极、隔膜、壳体，内部采用螺旋绕制结构，用一种非常精细而渗透性很强的聚乙烯、聚丙烯或聚乙烯与聚丙烯复合的薄膜隔离材料在正、负极间间隔而成，如图 3-2 所示。

（2）方形锂离子电池通常是指铝壳或钢壳方形电池，内部主要采用叠片形式，即在一正极上放置隔膜然后是负极，以此类推，叠加而成。电池内部充有电解质溶液，另外还设有安全阀和 PTC 元件（正温度系数热敏电阻），以便在电池不正常状态或输出端短路时保护电池不受损坏，如图 3-3 所示。

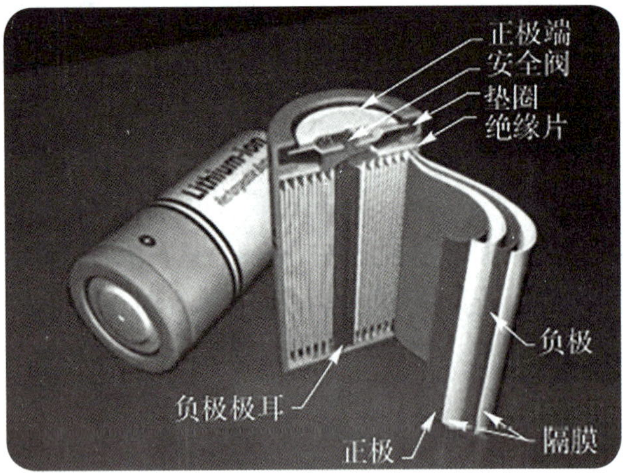

图 3-2 圆柱形锂离子电池结构

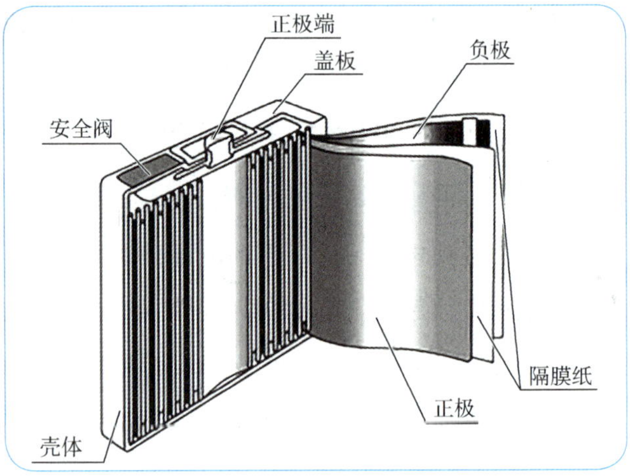

图 3-3 方形锂离子电池结构

（3）软包锂离子电池结构如图 3-4 所示，是液态锂离子电池套上一层聚合物外壳，与其他电池最大的不同之处在于软包装材料（铝塑复合膜），这也是软包锂离子电池中最关键、技术难度最高的材料。软包装材料通常分为三层，即外阻层（一般为尼龙 BOPA 或 PET 构成的外层保护层）、阻透层（中间层铝箔）和内层（多功能高阻隔层）。三元软包锂离子电池容量比同等尺寸规格的钢壳锂电池高 10% ～ 15%，比铝壳电池高 5% ～ 10%，而重量却比同等容量规格的钢壳电池和铝壳电池更轻，因此补贴新政对三元软包锂离子电池更有利。

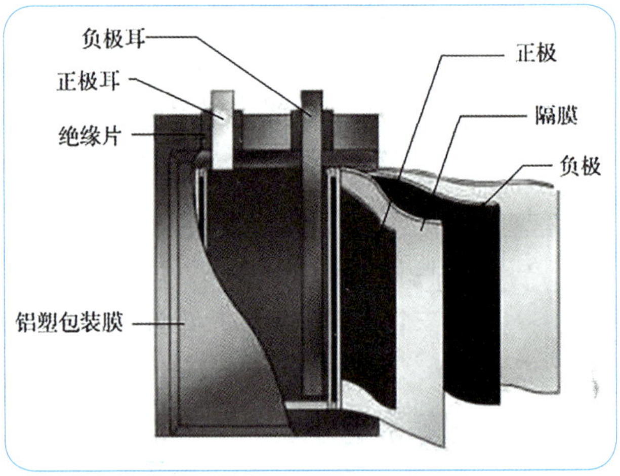

图 3-4 软包锂离子电池结构

锂离子电池正极应用材料和制作工艺不同，其性能参数也存在一定的差异。锂离子电池性能参数对比如表 3-3 所示。其中，钴酸锂电池由于稳定性较差，价格较高，很少用作动力蓄电池。

表 3-3 锂离子电池性能参数对比

序号	性能参数	钴酸锂	三元锂	锰酸锂	磷酸铁锂
1	电压平台	3.7 V	3.7 V	3.8 V	3.2 V
2	最高电压	4.2 V	4.2 V	4.2 V	3.7 V
3	最低电压	2.6 V	3.0 V	2.5 V	2.65 V
4	循环寿命	> 300 次	> 800 次	> 500 次	> 2 000 次
5	环保性能	含钴	含钴、镍	无毒	无毒
6	安全性能	差	较好	良好	优秀
7	适用领域	小电池	小电池、小型动力蓄电池	动力蓄电池	动力蓄电池、超大容量电源

（二）锂离子电池工作原理

充电时锂离子从正极材料中脱出，通过隔膜经电解质溶液向负极迁移，同时电子在外电路从正极流向负极，锂离子在负极得到电子后被还原成金属锂，嵌入负极品格中。放电时负极的锂会失去电子成为锂离子，通过隔膜经电解质溶液向正极迁移并进入正极材料中存储。正负极间不仅有锂离子在迁移，为保持电荷平衡，相同数量的电子经外电路也在正负两极之间传递，使正负极发生氧化还原反应，并保持一定电位。锂离子蓄电池就是因为锂离子在充放电时来回迁移而命名的，又被称作摇椅电池。

（三）锂离子电池型号

不同的锂电池厂家有不同的命名规则，但通用型电池厂家都遵循统一的标准，根据电池名称就可以知道电池的尺寸等信息。根据国际电工委员会规定，圆柱形和方形电池的型号规则如下。

（1）圆柱形电池用 3 个字母后跟 5 个数字表示。3 个字母的第一个字母表示负极材料，I——有内置的锂离子，L——锂金属或锂合金电极；第二个字母表示正极材料，C——钴，N——镍，M——锰，V——钒；第三个字母为 R 表示圆柱形。5 个数字中，前 2 个数字表示直径，后 2 个数字表示高度，单位都为 mm。

（2）方形电池用 3 个字母后跟 6 个数字表示。3 个字母中前两个字母的意义和圆柱形一样，后一个字母为 P 表示为方形。6 个数字中，前 2 个数字表示厚度，中间 2 个表示宽度，后面 2 个表示高度（长度），单位也为 mm。

例如，电动道路车辆用动力蓄电池分别为方形动力蓄电池和圆柱形动力蓄电池，型号中 I 代表了锂离子动力蓄电池，C——氧化钴锂正极，N——氧化镍锂正极，M——氧化锰锂正极，P——方形单体电池，R——圆柱形单体电池。ICR 18 650 电池就是直径为 18 mm、高度为 65 mm 的圆柱形动力蓄电池；ICP 053353 电池就是厚度为 5 mm、宽度为 33 mm、高度（长度）为 53 mm 的方形动力蓄电池。锂离子动力蓄电池实物如图 3–5 所示。

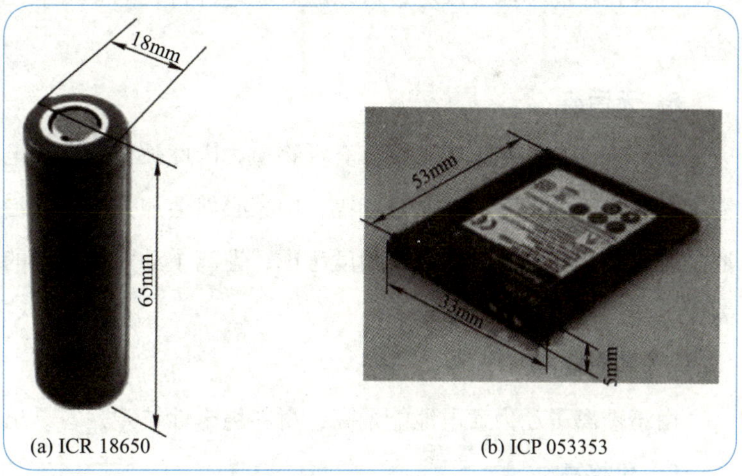

图 3–5　锂离子动力蓄电池实物

（四）锂离子电池应用特性

1. 电压高

锂离子电池单体电压由于使用的正极材料不同，其额定电压也有所不同，最高可达 3.8 V。锂离子电池电压是镍镉、镍氢电池的 3 倍，约是铅酸电池的 2 倍，这也是锂离子动力蓄电池比能量高的一个重要原因。

组成相同电压的动力蓄电池组时，锂离子动力蓄电池使用的串联数目会大大少于铅酸电池和镍氢电池。动力蓄电池中单体电池数量越多，电池组中单体电池的一致性要求就越高，寿命就越不好控制。在实际使用过程中，电池组有故障时，一般是其中一两个单体电池出问题，然后导致整组电池出现问题。因此不难理解为什么 48 V 的铅酸电池比 36 V 的铅酸电池故障反馈要高，从这个角度来讲锂电池更适合于动力蓄电池的使用。例如 36 V 的锂电池组只需要 10 个单体电池即可；而 36 V 铅酸电池则需要 18 个单体电池，即 3 个 12 V 的电池组，而 12 V 的铅酸电池又由 6 个单体电池组成。

2. 能量密度大

比能量大，高达 150 W · h/kg 以上，是镍氢电池的 2 倍，是铅酸电池的 4 倍，因此质量是相同能量铅酸电池的 1/4 ～ 1/3。从这个角度讲，锂电池消耗的资源就少，而且锰酸锂电池中所使用到的元素储量也比较多。体积小，能量密度高达 400 W · h/L，体积是相同能量铅酸电池的 1/3 ～ 1/2，这就提供了更合理的结构和更美观的外形设计条件、设计空间。

3. 寿命长

锂离子电池的循环次数可达 1 000 ～ 3 000 次。以容量保持在 70% 计算，电池组 100% 充放电循环次数可以达到 2 000 次，使用年限可达 5 ～ 8 年，寿命为铅酸电池 2 ～ 3 倍。随着技术的革新，电池寿命会越来越长，性价比会越来越高。

4. 应用范围宽

低温性能好，锂离子动力蓄电池可在 –40 ～ 55℃之间工作。而水溶液电池（比如铅酸电池、镍氢电池）在低温时，由于电解液流动性变差会导致性能大大降低。

5. 无记忆

每次充电前不需要放电，可以随时随地进行充电。电池充放电深度对电池寿命影响不大，可以全充全放。

6. 无污染

锂离子动力蓄电池中不存在有毒物质，因此被称为绿色电池，是国家重点扶持项目。而铅酸电池和镉镍电池由于存在有害物质铅和镉，国家必然会加强监管和治理，相应企业的成本也会增加。虽然锂电池没有污染，但从节约资源的角度考虑，锂离子动力蓄电池的回收、回收中的安全性以及回收成本也都需要综合考虑。

7. 安全隐患

由于锂离子动力蓄电池能量高，材料稳定性较差，容易出现安全问题。

8. 价格高

相同电压和相同容量的锂离子动力蓄电池价格是铅酸电池的 3 ～ 4 倍。随着锂离子动力蓄电池市场的扩大、成本的降低、性能的提高，以及铅酸电池价格的提高，锂离子动力蓄电池的性价比是有可能超过铅酸电池的。

三、动力蓄电池技术参数

新能源汽车动力蓄电池是确保车辆能够正常工作的基础，因此动力蓄电池性能好坏显得尤其重要。国家标准针对电动汽车动力蓄电池系统建立了一系列的相关标准，范围覆盖电芯、模组、动力蓄电池包和动力蓄电池管理系统，涉及的产品类型包括混合动力汽车、插电式 / 增程式混合动力汽车、纯电动乘用车和商用车，基本构成了一个完整的体系。常用动力蓄电池主要技术参数如表 3-4 所示。

（一）额定电压

动力蓄电池额定电压又称标称电压，额定电压 = 单体电芯额定电压 × 单体电芯串联数。动力蓄电池实际工作电压是随着不同使用条件而不断变化的，其电压状态主要有以下四种。

1. 开路电压

开路电压是指动力蓄电池在开路条件下的端电压。开路电压与动力蓄电池剩余能量有一定的联系，剩余电量显示利用的就是这个原理。

2. 工作电压

工作电压是指动力蓄电池在工作状态下，即电路中有电流通过时，动力蓄电池正负极之间的电势差。在动力蓄电池放电工作状态下，当电流流过动力蓄电池内部时，必须克服内阻，因此工作电压总是低于开路电压。

表 3-4　常用动力蓄电池主要技术参数

项目	SK-30.4 kW・h	PPST-25.6 kW・h
零部件号	E00008302	E00008417
额定电压	332 V	320 V
电芯容量	91.5 A・h	80
额定能量	30.4 kW・h	25.6 kW・h
链接方式	3 P91 S	IP100 S
电池系统供应商	BESK	PPST
电芯供应商	SKI	ATL
BMS 供应商	SK innovatino	E-power
总质量	291 kg	295 kg
总体积	240 L	240 L
工作电压范围	250 ～ 382 V	350 ～ 365 V
能量密度	104 W・h/kg	86 W・h/kg
体积比能量	127 W・h/L	107 W・h/L

3. 放电截止电压

放电截止电压是指动力蓄电池正常放电时允许达到的最低电压。

4. 充电限制电压

充电限制电压是指充电过程中由恒流变为恒压充电的电压。

（二）电芯容量

电芯容量是指动力蓄电池所能够储存的电量，是衡量电池性能的重要指标之一。动力蓄电池电芯容量 = 单体电芯容量 × 单体电芯并联数量。电芯容量是由电池电极活性物质决定的，主要取决于活性物质的数量、质量以及活性物质的利用率。

电芯容量用 C 表示，单位用 A · h 或 mA · h 表示。

公式：$C=It$，即电芯容量 C（A · h）= 放电电流 I（A）× 放电时间 t（h）。

（三）额定能量

额定能量是指室温下完全充电的动力蓄电池以 1 小时率电流放电，达到放电终止电压时放出的能量（W · h）。

额定能量是汽车厂商公布的电池储备电量大小的度量单位。1 kW · h 的物理意义是功率为 1 kW 的电器工作 1 h 所消耗的电能。

（四）连接方式

3 P91 S：3 并 91 串，表示由 3 个单体电池并联成一组，共有 91 组串联在一起。

1 P100 S：1 并 100 串，表示由 100 个单体电池串联而成。

（五）能量密度

能量密度是指从动力蓄电池的单位质量或单位体积所获取的电能，用 W · h/kg、W · h/L 来表示，也称作比能量。常见电池能量密度对比如表 3-5 所示。

表 3-5　常见电池能量密度对比

电池类别	铅酸电池	镍镉电池	镍氢电池	锂电池
质量能量密度 /（W · h · kg^{-1}）	30 ～ 50	50 ～ 60	60 ～ 70	130 ～ 150
体积能量密度 /（W · h · L^{-1}）	50 ～ 80	130 ～ 150	190 ～ 200	350 ～ 400

（六）动力蓄电池内阻

动力蓄电池内阻是指动力蓄电池在工作时，电流流过动力蓄电池内部所受到的阻力，它包括欧姆内阻和极化内阻。欧姆内阻主要是由电极材料、电解液、隔膜电阻及各部分零件的接触电阻组成的，与电池的尺寸、结构和装配等因素有关。

动力蓄电池内阻不是常数，在充放电过程中随时间不断变化。这是因为活性物质的组成，电解液的浓度和温度都在不断地改变。不同类型的动力蓄电池内阻不同，即便是相同类型的动力蓄电池，由于内部化学特性不一致，内阻也不一样。动力蓄电池内阻很小，一般用 mΩ 来衡量它。内阻是动力蓄电池性能的重要技术指标之一，正常情况下，内阻小的动力蓄电池大电流放电能力强，内阻大的动力蓄电池放电能力弱。

（七）荷电状态

荷电状态 SOC（stage-of-charge）也叫作剩余电量，是指当前动力蓄电池中按照规定放电条件可以释放的容量占可用容量的百分比。

（八）放电倍率

放电倍率也叫作倍率放电，是指动力蓄电池以 1 h 放电率电流值的倍数进行放电。

放电倍率 = 放电电流 / 额定容量。例如，额定容量为 100 A · h 的动力蓄电池用 20 A 放电时，其放电倍率为 0.2 C。动力蓄电池放电倍率的 1 C、2 C、0.2 C 是指电池的放电速率，表示放电快慢的一种量度。所有的容量 1 h 放电完毕，称为 1 C 放电；5 h 放电完毕，则称为 1/5=0.2 C 放电；对于 24 A · h 电池来说，2 C 放电电流为 48 A，0.5 C 放电电流为 12 A。

（九）放电深度

放电深度 DOD（depth of discharge）表示动力蓄电池放电状态的参数，等于实际放电容量与可用容量的百分比。二次电池的深度放电过大会导致电池的使用寿命变短，因此在使用时应尽量避免深度放电。

（十）动力蓄电池供应商

新能源汽车动力蓄电池种类繁多，供应商也各不相同。以北汽新能源纯电动乘用车配套动力蓄电池为例，其配套信息如表 3-6 所示。

表 3-6　新能源汽车动力蓄电池配套信息

车辆型号	电池类型	电池容量 /（$kW \cdot h^{-1}$）	续驶里程 /km	供货商
E150 EV	磷酸铁锂	25.6	150	普莱德 / 光宇
EV160	磷酸铁锂	25.6	150	普莱德
EV200	三元镍钴锰酸锂	30.4	200	爱思开
ES210	三元锂	38	210	爱思开
EU260	三元锂	41.4	260	普莱德 / 宁德时代
EX200	三元锂	30.4	200	爱思开
EX260	三元锂	38.6	260	孚能科技
EC180	三元锂	20.3	180	国轩高科

从北汽新能源相关车型的变迁来看，在北汽新能源的纯电动乘用车中，只有 2014 年早期的两款车型采用磷酸铁锂电池，自 2014 年 12 月之后推出的其余 8 款车型均采用三元电池。在目前更看重纯电动乘用车续驶里程的情况下，磷酸铁锂电池因能量密度低，体积较大，已经在乘用车领域逐步被三元电池所取代。三元锂电池以其能量密度高，体积较小等优点成为北汽新能源纯电动乘用车的黄金搭档。同样在业界以搭载磷酸铁锂电池为代表的比亚迪，在电动乘用车方面近两年也在向三元锂电池体系靠拢。可见，在没有更好的电池技术出现之前，三元锂电池已成为当下多数车企在纯电动乘用车上的主要选择。

第二节　动力蓄电池与管理系统认知

一、动力蓄电池系统基本组成

在新能源汽车中，动力蓄电池与管理系统、驱动电机及控制系统、整车控制器是三个最重要的核心部件，即通常所说的“三大电”。电控空调系统、电控转向系统、电控制动系统是新能源汽车的三个主要辅助系统，即“三小电”。这6个电气系统作为新能源汽车的关键部件，对整车的动力性、经济性、可靠性和安全性起着决定性的作用。

动力蓄电池与管理系统

电动汽车动力蓄电池系统主要包括动力蓄电池储能系统、动力蓄电池管理系统和动力蓄电池充电系统三大部分。动力蓄电池是新能源汽车的核心，为整车提供驱动车辆行驶的电能。动力蓄电池系统的很多零部件通常集成在一个密闭的箱体内，叫作动力蓄电池箱或动力蓄电池包，安装在车身底部的前后桥与两侧纵梁之间。将动力蓄电池安装在该位置具有较高的碰撞安全性，还可以降低车辆的重心，简化车身结构。

特斯拉主要采用的是ICR 18650型三元锂离子电池，这种电池曾一直用于笔记本电脑、数码相机等电子产品中。

特斯拉 Model S 的动力蓄电池总成质量大约为900 kg，上面标示着85 kW·h。动力蓄电池箱体由16个动力蓄电池模组组成，每个动力蓄电池模组里面有444节锂电池，其中每74节串联到一起，因此整个动力蓄电池箱体由7104节18650型锂电池组成。动力蓄电池箱体位于车辆底盘正下方，沉重的动力蓄电池箱体所带来的低重心让特斯拉行驶起来更加稳定，坚硬的动力蓄电池箱体外壳也给车辆的驾乘人员增加了一层保护措施。特斯拉动力蓄电池箱体如图3-6所示。

图3-6　特斯拉动力蓄电池箱体

（一）动力蓄电池箱

动力蓄电池箱主要包括动力蓄电池模组、动力蓄电池管理系统、辅助元器件以及动力蓄电池箱体等部件。动力蓄电池箱内部结构如图3-7所示。

动力蓄电池箱是用来支撑、固定和包围动力蓄电池系统组件，具有承载保护动力蓄电池模组及电气元件的作用。新能源汽车的动力蓄电池箱体大都是通过螺栓固定在车身底板下方，其防护等级为IP67。当进行整车维护时，需观察动力蓄电池箱体螺栓是否有松动，箱体是否有破损变形，密封法兰是否完整。动力蓄电池箱体表面不得有划痕、尖角、毛刺、焊缝等外观缺陷。

北汽EV200动力蓄电池内部结构如图3-8所示。

比亚迪e5动力蓄电池内部结构如图3-9所示。

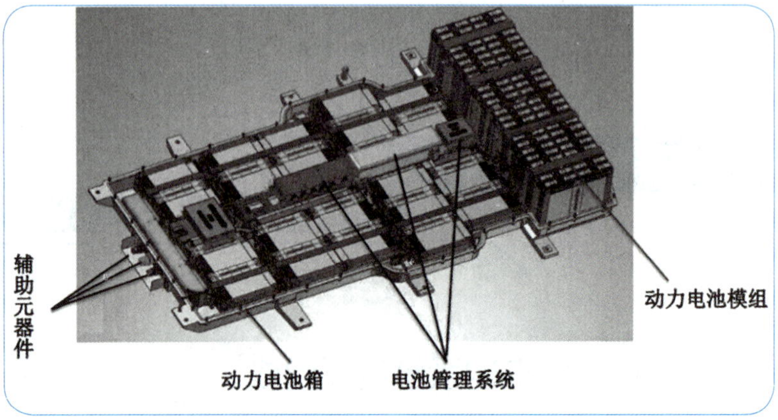

图3-7　动力蓄电池箱内部结构

长城 WEY P8 动力蓄电池内部结构如图 3-10 所示。

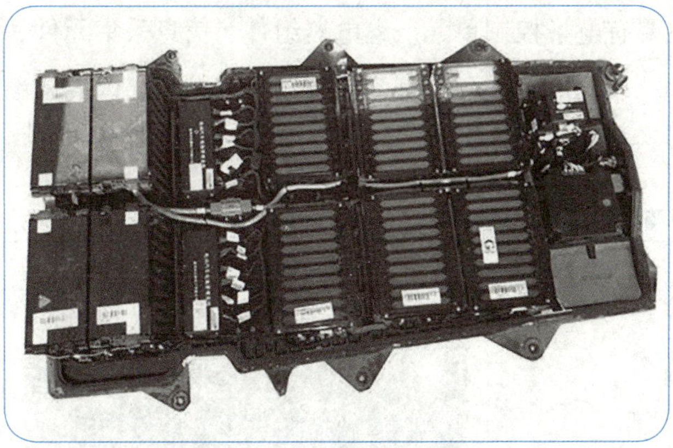

图 3-8　北汽 EV200 动力蓄电池内部结构

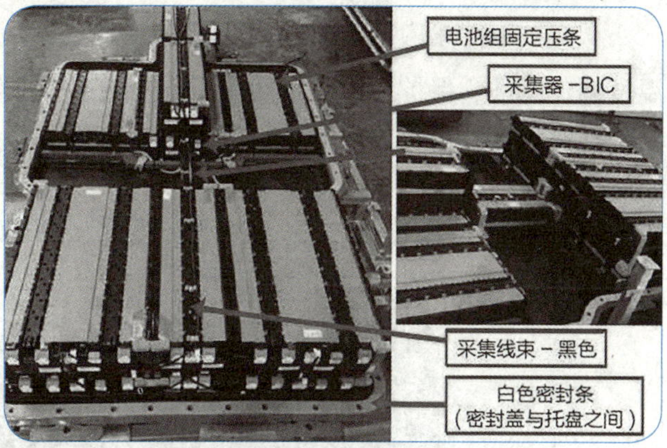

图 3-9　比亚迪 e5 动力蓄电池内部结构

（二）蓄电池单体

蓄电池单体即电芯，是构成动力蓄电池模组的最小单元。按正极材料来分，主要有钴酸锂、锰酸锂、磷酸铁锂以及镍钴锰酸锂三元材料等。常见的新能源汽车蓄电池单体有圆柱形和长方体形。根据壳体材料不同，又有金属外壳和软包外壳等类型。蓄电池单体如图 3-11 所示。

图 3-10　长城 WEY P8 动力蓄电池内部结构

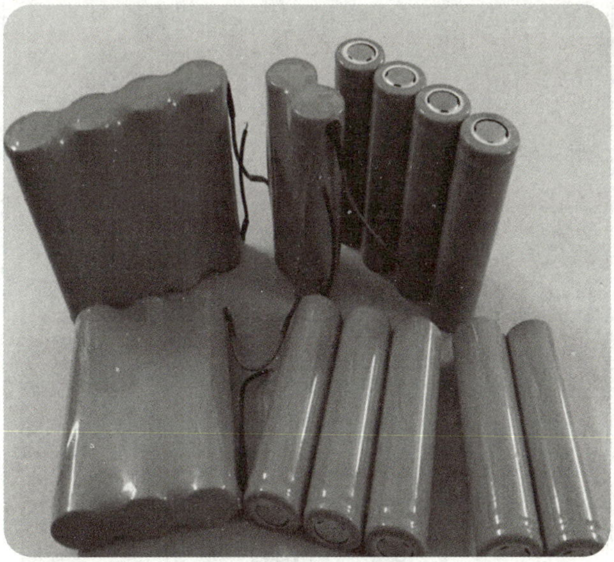

图 3-11　蓄电池单体

（三）动力蓄电池模组

由于蓄电池单体的容量有限，要想达到车辆的使用要求，往往对若干个蓄电池单体按照一定的规律进行组合，进而构成动力蓄电池模组。

图 3-12　动力蓄电池模组

动力蓄电池模组是指蓄电池单体经过串联或并联的方式进行组合，并设置保护线路板及外壳后能够直接提供电能的组合体，如图 3-12 所示。动力蓄电池模组的组合方法主要有先并联后串联、先串联后并联和混联三种，是组成动力蓄电池系统的次级结构之一。

（四）辅助元器件

动力蓄电池箱内的辅助元器件按照作用分类，主要有电子控制单元、继电器组件、信息采集元件、温度调节元件、保护装置以及高低压连接线束等部件。以北汽新能源车型为例，动力蓄电池箱内的辅助元器件如表 3–7 所示。

表 3–7　动力蓄电池箱内的辅助元器件

名称	图示	名称	图示
主控盒		从控盒	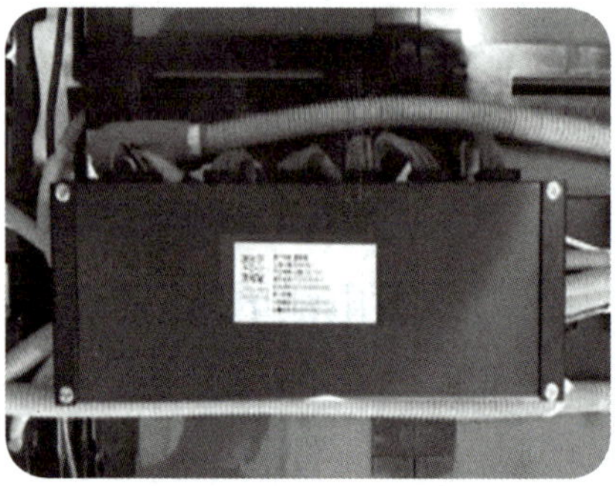
高压配电盒（高压盒）	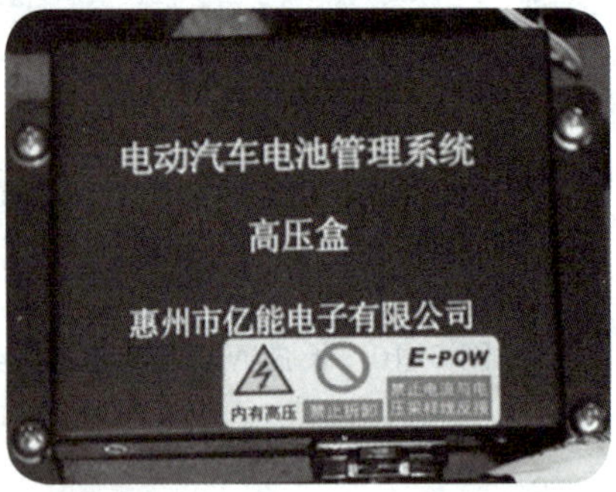	高压继电器	
维护插接器		高压断路器	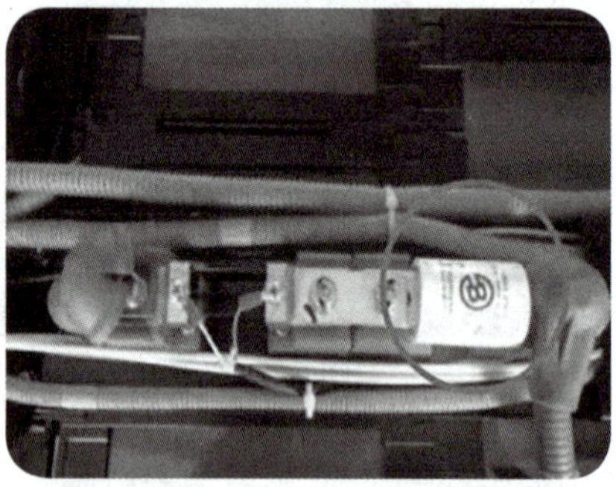
电加热膜	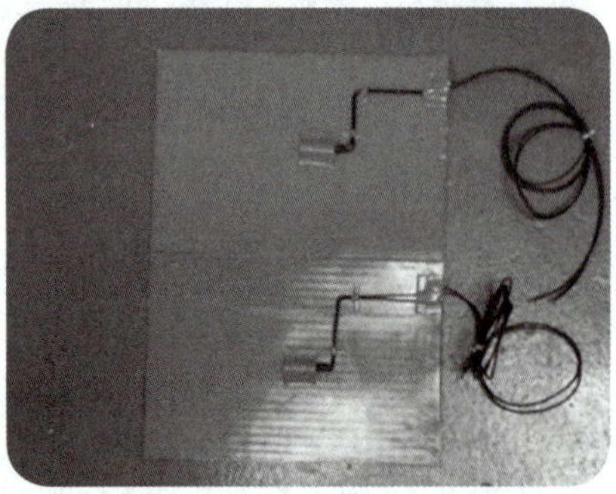	温度传感器	

表 3-7（续）

名称	图示	名称	图示
预充电阻	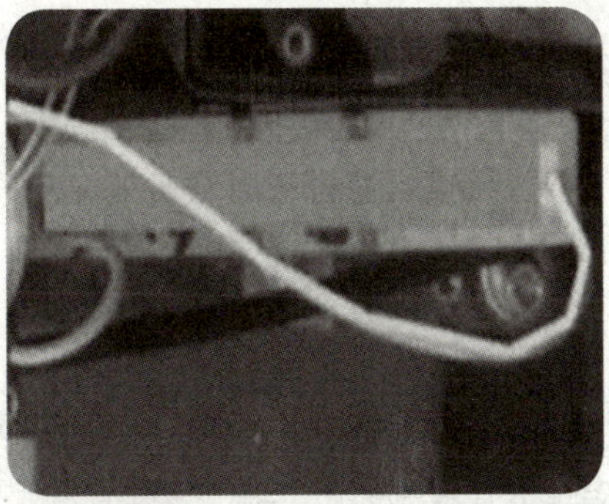	加热断路器	
分流器	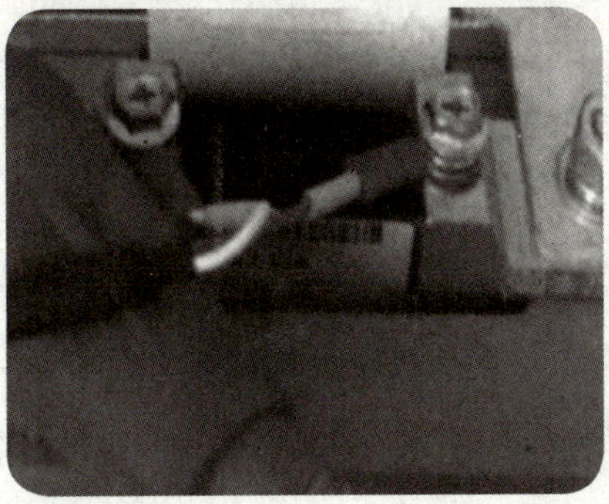	连接线束	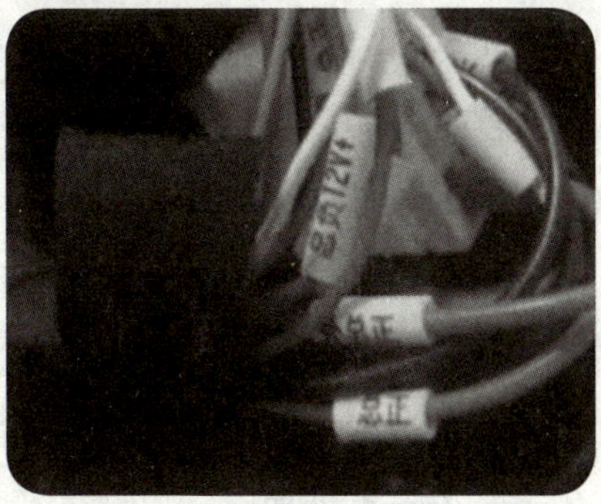

1. 主控盒

主控盒是动力蓄电池管理系统的控制中心，用来控制总正继电器、加热继电器以及预充继电器，还通过 CAN 总线与 VCU 进行通信。

2. 从控盒

从控盒用来分别采集左右动力蓄电池组的蓄电池单体电压和动力蓄电池模组温度，然后通过 CAN 总线将信息输送给主控盒。

3. 高压配电盒

高压配电盒的主要作用是采集总电压、电流，监测高压绝缘情况等，然后通过 CAN 总线将信息传输给主控盒。

4. 高压继电器

动力蓄电池包内通常设有多个高压继电器。动力蓄电池管理系统要完成对高压继电器的驱动与状态检测，通过与整车控制器通信协调后进行控制。动力蓄电池包内的高压继电器一般有总正继电器、总负继电器、预充继电器以及加热继电器等。

5. 维护插接器

维护插接器也叫作维修开关或紧急开关，在特定时刻能够实现高压系统的电气隔离，是保证电动汽车高压电气安全的关键部件。在车辆维修或存在漏电危险等特殊情况时，使用维修开关人工切断高压电路。

6. 高压断路器

高压断路器也叫作高压熔断器，是最简单的电器保护装置。它串联在被保护电路中，用来保护电气设备免受过载和短路电流的损害。当电路或电路中的设备过载发生故障时，熔件发热熔化，从而迅速切断电路，达到保护电路或电气设备的目的。

7. 电加热膜

动力蓄电池的电加热膜外表为一层绝缘硅胶，因此又称硅胶电热膜或硅橡胶电热片，是一种采用耐高温、高导热、绝缘性能好、强度高的硅橡胶和耐高温的纤维增强材料以及金属发热膜电路集合而成的软性电加热膜元件。当加热电路工作时，通过电加热膜对动力蓄电池进行加热。

8. 温度传感器

动力蓄电池的化学性能受环境温度的影响非常大，为了保证动力蓄电池的使用性能，必须使动力蓄电池工作在合理的温度范围之内。温度传感器用来检测动力蓄电池电芯温度。

9. 预充电阻

对于高于 60 V 的高压系统，其上电过程必须大于 100 ms。在上电过程中应该采用预充过程来缓解高压冲击，以提高整车的安全性能。

预充管理是新能源汽车必不可少的重要环节，其主要作用是对驱动电机控制器的大电容进行充电和缩小高压系统电压差，以减少高压继电器在接触时产生的火花拉弧，降低冲击，增加安全性。预充电阻与预充继电器配合工作，共同完成车辆的预充电过程。

10. 加热断路器

当动力蓄电池的加热电流过大时，加热断路器会熔断，以保护加热系统零部件。

11. 分流器

新能源汽车动力蓄电池工作电流的测量方案主要有霍尔式电流传感器和电阻分流器两种。分流器是一个能够通过极大电流的电阻，其阻值是严格设计好的，串接在直流电路里。当高压电流过分流器时，分流器两端产生毫伏级直流电压差值信号，该信号输送给动力蓄电池管理系统，用以计量该直流电路里的电流值。

12. 连接线束

动力蓄电池箱体内部连接线束主要分为高压电缆、低压电缆和 CAN 信号线。

二、动力蓄电池管理系统（BMS）

动力蓄电池管理系统（BMS）是保证动力蓄电池正常使用、行车安全、数据采集和提高电池寿命的一种关键技术。它能提升动力蓄电池的工作性能，预防个别单体蓄电池早期损坏，有利于电动汽车的顺利运行，并具有保护和警告功能。动力蓄电池管理系统相当于人的大脑，不仅要保证动力蓄电池系统安全可靠的使用，还要充分发挥动力蓄电池的性能并延长其使用寿命。动力蓄电池管理系统作为动力蓄电池和整车控制器（VCU）以及驾驶人沟通的桥梁，通过控制高压继电器的动作来控制动力蓄电池的充放电，并向整车控制器上报动力蓄电池系统的运行参数与故障信息。

动力蓄电池管理系统是动力蓄电池的核心部件，是集检测、控制与管理为一体的控制单元，主要由主控盒、从控盒、高压配电盒、温度调节装置以及信号采集单元等部件组成，如图 3–13 所示。

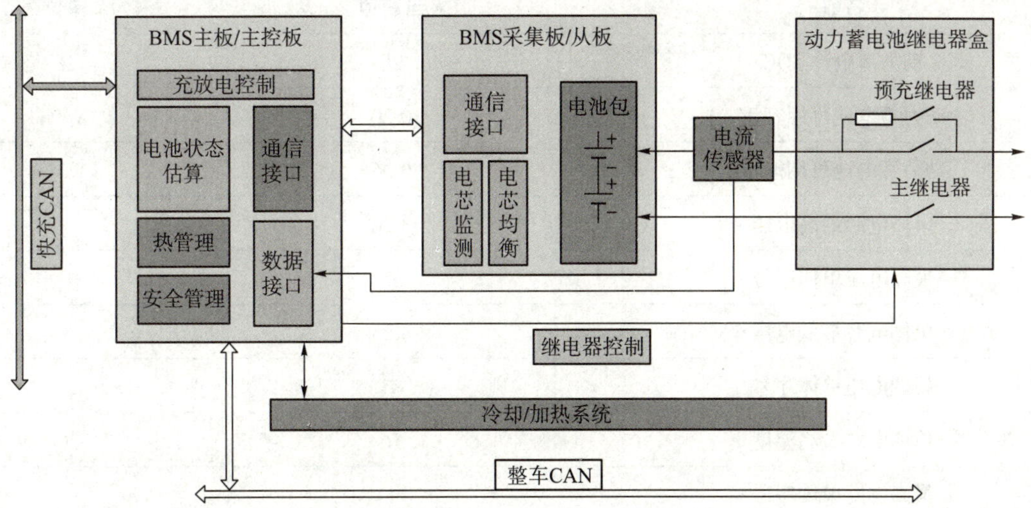

图 3-13　动力蓄电池管理系统架构

动力蓄电池管理系统具体任务有动力蓄电池状态估算、数据采集、温度管理、绝缘检测、安全管理、充放电管理、故障管理以及数据传输等项目。以北汽新能源车型为例，新能源汽车动力蓄电池系统实车运行数据如表 3-8 所示和如表 3-9 所示。

表 3-8　新能源汽车动力蓄电池系统实车运行数据

名称	当前值	单位
动力蓄电池内部总电压	326.20	V
动力蓄电池充放电电流	0.00	A
动力蓄电池外部总电压	326.20	V
整车状态机编码	30	
直流母线电压实际值	163.50	V
BMS 自检计数器	3	
动力蓄电池负端继电器当前状态	开启	
冷却风扇状态	开启	
动力蓄电池正端继电器当前状态	关闭	
动力蓄电池预充继电器当前状态	关闭	
正极对地绝缘电阻	2 000	kΩ
负极对地绝缘电阻	2 000	kΩ
动力蓄电池允许最大充电电流	0.0	A
动力蓄电池允许最高充电端电压	360.00	V
当前状态允许最大放电功率	70.00	kW
当前状态允许最大馈电功率	38.40	kW

表 3-9　新能源汽车动力蓄电池系统实车运行数据（2）

名称	当前值	单位
动力蓄电池 SOC	26	%
动力蓄电池可用容量	0.20	A・h
动力蓄电池可用能量	0.06	kW・h
单体电芯最高电压	3.26	V
最高电压单体序号	35	
单体电芯最低电压	3.25	V
最低电压单体序号	83	
单体电芯最高温度	16	℃
最高温度单体序号	1	
单体电芯最低温度	15	℃
最低温度单体序号	3	
1 号子板 EEPROM 故障状态	正常	
2 号子板 EEPROM 故障状态	正常	
3 号子板 EEPROM 故障状态	正常	
4 号子板 EEPROM 故障状态	正常	
5 号子板 EEPROM 故障状态	正常	

第三节　电池充电系统

一、动力蓄电池充电系统概述

动力蓄电池充电系统是新能源汽车的电能补给系统，主要分为常规充电（俗称慢充）和快速充电（俗称快充）两种方式。新能源汽车的充电系统包括慢充电插孔、快充电插孔、车载充电机、高压配电盒、充电连接线以及相关的控制单元等部件，如图 3-14 所示。

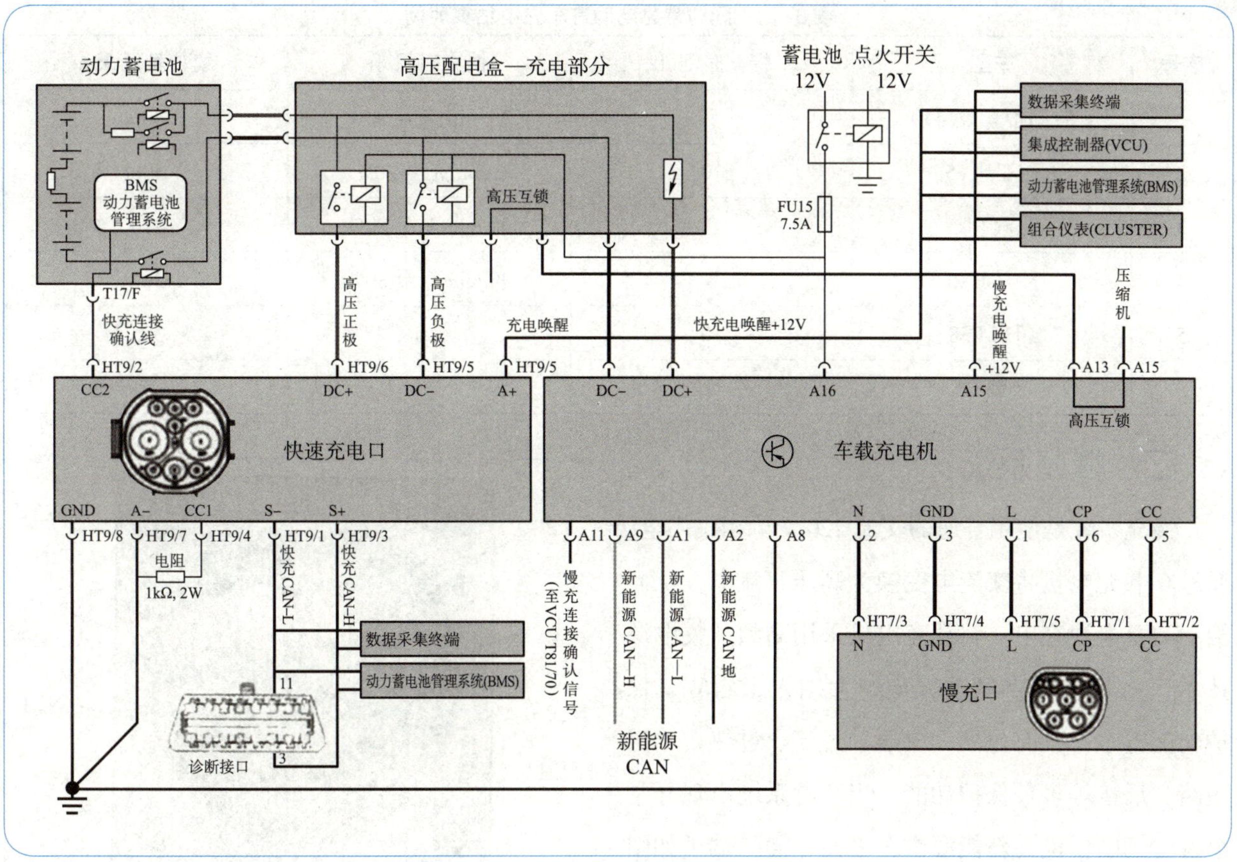

图 3-14　动力蓄电池充电系统

新能源汽车的充电控制策略通常为预充电→恒流充电→涓流充电（恒压）→结束，如图 3-15 所示。预充电过程不是每次充电时都有，以锂离子电池为例，通常当蓄电池单体电压低于 2.7 V 时，如果直接进入恒流充电会损害动力蓄电池，此时自动开启预充模式，电压升高至一定值以后转为恒流充电模式。恒流充电是指以恒定的电流充电至 70% ～ 80% 电池电量，此时电压达到最高限制电压，然后转为涓流充电模式。涓流充电是以 30% 的时间充入 10% 的电量，之后充电过程结束。

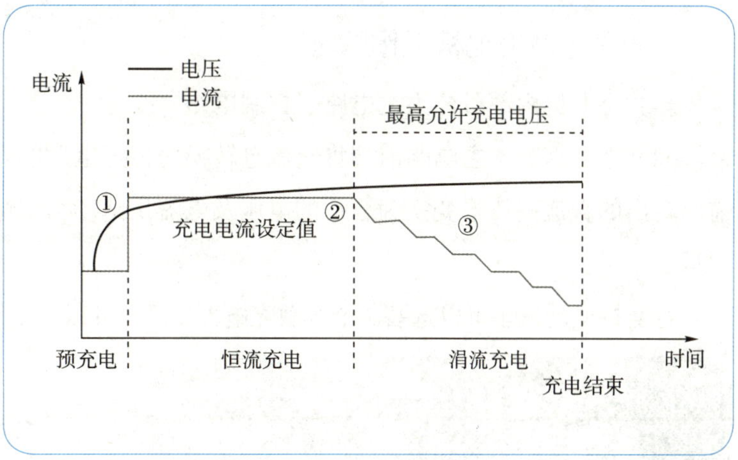

图 3-15　充电控制策略

快充和慢充是一个相对的概念。快充为大功率直流充电，通常 1 h 之内可以充满动力蓄电池容量的 80%；慢充是指交流充电，充电过程需 6 ～ 8 h。电动汽车充电快慢与充电机功率、动力蓄电池充电特性和温度等因素紧密相关。在当前动力蓄电池技术水平下，即使快充也需要 30 min 以上才能充到电池容量的 80%，超过 80% 以后为了保护动力蓄电池的安全，充电电流必须变小。国内常见电动汽车充电估算时间如表 3-10 所示（由于技术不断更新，充电设备功率和充电环境的差异，该表格内的充电预估时间仅供参考）。

表 3-10　国内常见电动汽车充电估算时间

序号	车型	慢充时间 /h	快充时间 /h	续驶里程 /km
1	吉利帝豪 EV450	9	30 min 充至 80%	400
2	比亚迪 e5	10	1.5 h 充至 80%	400
3	北汽 EU5	9	30 min 充至 80%	416
4	威马 EX5	8	30 min 充至 80%	400
5	蔚来 ES8	10	1.5	355
6	小鹏 G3	8	1	351

二、慢充系统

慢充系统是使用普通的交流 220 V 单相民用电，通过车载充电机将交流电变换为高压直流电，从而给动力蓄电池充电。车载充电机采用高频开关电源技术，由 BMS 控制智能充电，无须人工看守，保护功能齐全，具有过压、欠压、过流、过热、输出短路、反接等多种保护功能，当充电系统出现异常会及时切断供电。新能源汽车慢充电插孔端子如图 3-16 所示。充电功率取决于车载充电机功率，目前主流有 2 kW、3.3 kW、6.6 kW。

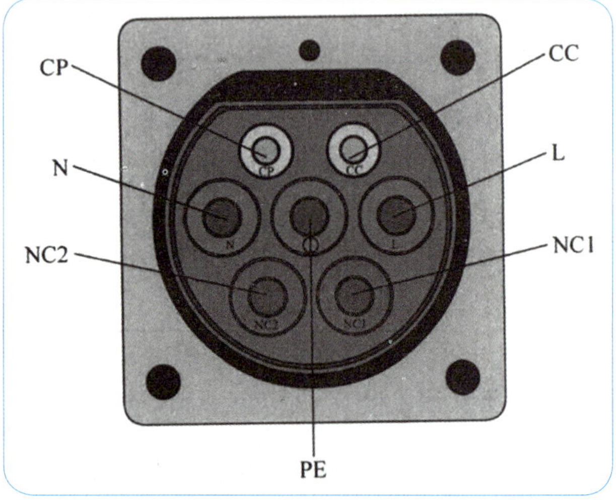

CP- 充电控制；CC- 充电连接确认；N- 中性线；L-A 相；PE- 地线；NC1-B 相；NC2-C 相。

图 3-16　慢充电插孔

（一）车载充电机工作原理

车载充电机内部可分为主电路、控制电路、线束及标准件三部分。主电路前端将交流电转换为恒定电压的直流电，主电路后端为 DC/DC 变换器，将前端转出的直流高压电变换为合适的电压及电流供给动力蓄电池。长城 WEY P8 车载充电机如图 3-17 所示。

特斯拉电动汽车可以选装 2 个车载充电器，这样可以有 2 倍最大交流电充电电流，如图 3-18 所示。

图 3-17　长城 WEY P8 车载充电机

图 3-18　特斯拉双充电器

新能源汽车的车载充电机控制电路具有控制场效应管开关，它与 BMS 之间进行通信，监测充电机工作状态以及与充电桩握手等。线束及标准件用于主电路与控制电路的连接，固定元器件及电路板。车载充电机工作原理如图 3-19 所示。

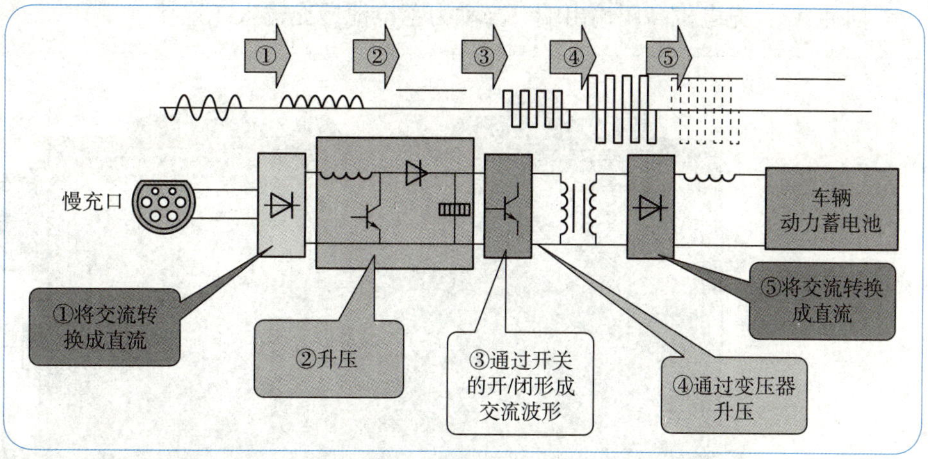

图 3-19　车载充电机工作原理

车载充电机的工作均由 BMS 发出指令进行控制，包括工作模式指令、动力蓄电池允许最大电压、充电允许最大电流、加热状态的电流值等。充电机通过 CAN 总线与车辆进行通信，通信内容包括蓄电池单体、模块和总成的相关技术参数，充电过程中动力蓄电池的状态参数，充电机工作状态参数以及车辆基本信息等。

充电前，系统会自动检测动力蓄电池箱体内部的动力蓄电池温度，若温度高于 55℃或低于 0℃时，动力蓄电池管理系统将自动切断充电回路，此时无法充电。若有低于 0℃的温度点，则启动加热模式，加热继电器闭合进行加热，待所有电芯温度点都高于 5℃时停止加热，然后启动充电程序，充电过程中充电桩电流显示为 12 ～ 13 A。

加热状态时，充电机停止充电，此时 BMS 闭合负极继电器和加热继电器，通过电热元件给动力蓄电池包内的电芯进行加热，加热电流由充电机向加热元件直接供电。

慢充状态时，动力蓄电池高压正负继电器闭合，车载充电机首先判断其输出端的电压值，当监测到电压值满足充电要求后，充电机将闭合其输出端继电器并开始工作。慢充工作流程如表 3-11 所示。

表 3-11　慢充工作流程

序号	车载充电机	动力蓄电池、BMS	VCU、仪表、数据终端
1	220 V 上电	待机	待机
2	12 V 低压供电并等待指令	唤醒	唤醒
3	接收指令并执行加热流程	BMS 监测动力蓄电池状态并发送加热指令	
4	接收指令并停止工作	BMS 监测动力蓄电池温度并发送停止指令	
5	接收指令并执行充电流程	BMS 待充电机反馈后发送充电指令	
6	接收指令并停止工作	BMS 监控动力蓄电池状态并发送完成指令	
7	完成充电后 1 min 内控制充电桩结算	待机	待机

（二）车载充电机接线端子识别

（1）奇瑞新能源 eQ1 车载充电机插件如图 3-20 所示。

插件 A1：充电机电源输入，交流 220 V。

插件 A2：充电机控制信号，与整车低压电缆连接。

插件 A3：充电机高压输出端，与动力蓄电池慢充输入线连接。

图 3-20　奇瑞新能源 eQ1 车载充电机插件

（2）北汽 EV200 车载充电机插件如图 3-21 所示。

（3）比亚迪 e6 车载充电机插件如图 3-22 所示。

三、快充系统

快充系统使用工业 380 V 三相电通过功率变换后，将直流高压大电流通过高压动力电缆直接向动力蓄电池进行充电，在快充过程中电流显示值通常在 13.2 ～ 46.2 A。快充系统主要部件包括快充桩、快充电插孔、车内高压线束、高压配电盒以及动力蓄电池等。新能源汽车快充插孔端子如图 3-23 所示。

图 3-21　北汽 EV200 车载充电机插件

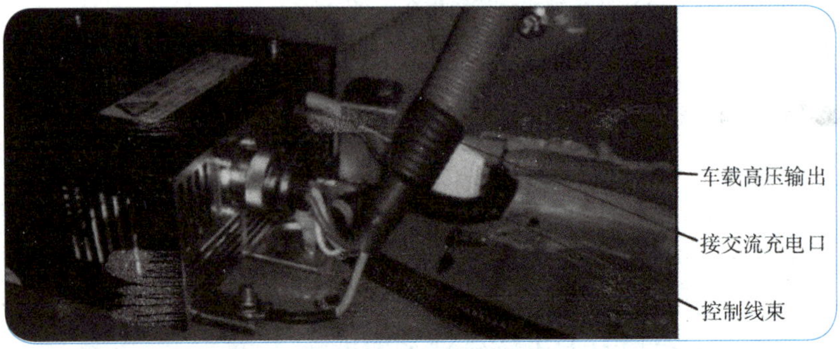

图 3-22　比亚迪 e6 车载充电机插件

快充桩安装在固定的充电场所，与 380 V 交流电源连接。电流经过 PFC 功率因数模块、DC/AC 变换器、高频变压器、AC/DC 变换器后，与电动汽车快充插孔相连接。快充桩工作原理如图 3-24 所示。

新能源汽车快充时的电流大小受动力蓄电池内部温度的影响，当动力蓄电池温度低于 5 ℃时停止充电，5 ～ 15 ℃时充电电流为 20 A 左右，15 ～ 45 ℃时充电电流为 50 A 左右，高于 45 ℃时停止充电。

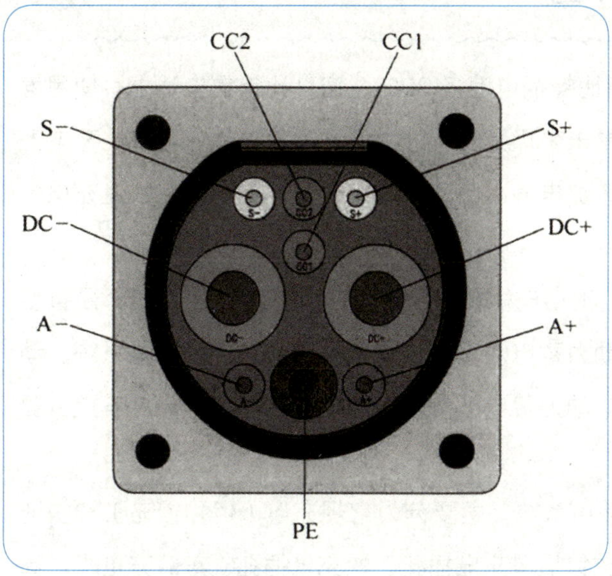

DC- －高压直流电源负极；DC+ －高压直流电源正极；
PE- 接地；A- －低压辅助电源负极；
A+ －低压辅助电源正极；CC1- 充电连接确认；
CC2- 充电连接确认；
S+ －充电通信 CAN-H；S- －充电通信 CAN-L。

图 3-23　新能源汽车快充插孔端子

当车辆充电时，起动钥匙位于 OFF 位，充电枪连接正常后，首先充电桩发出 12 V 低压电信号唤醒整车控制器（VCU），此时仪表充电插头指示灯点亮，表示充电枪连接正常。VCU 输出 12 V 低压电信号，唤醒动力蓄电池管理系统和 DC/DC 变换器，动力蓄电池内部自检合格后通过 CAN 线向充电桩发出充电请求信号并开始充电。

充电过程中，主控盒与从控盒采集的动力蓄电池电压和温度等信息通过 CAN 总线与 VCU 和充电机通信，充电机随时调节充电电流和电压，保证充电数据的安全合理。当充电结束拔出充电枪后，VCU 控制车辆的高压系统下电。

四、换电技术

目前，新能源汽车动力蓄电池的能量密度和续驶里程还不能满足大部分车主长途行驶的要求，而且每次充电的时间又太长，充电基础设施也不算很完善，使新能源汽车的使用和推广受到严重限制。因此，有些汽车厂商提出可以像更换手机电池那样快速地更换新能源汽车的动力蓄电池，使快速换电技术成为新能源汽车领域的一个研究热点。

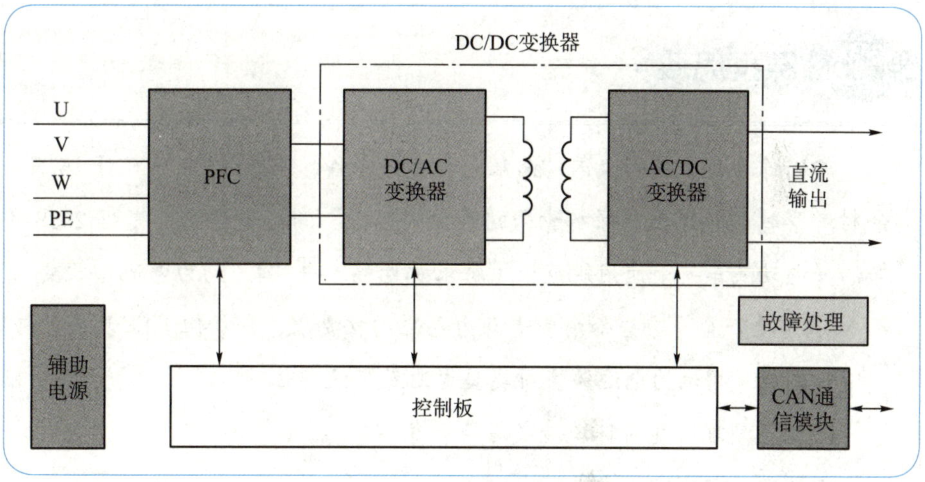

图 3-24　快充桩工作原理

换电技术可以在几分钟之内完成动力蓄电池更换作业，这一操作过程主要是利用专业设备自动完成的。虽然解决了充电慢的问题，但是动力蓄电池的结构设计和换电站建设也给广大汽车制造商增加了很大的成本。

具备快速换电功能的动力蓄电池采用模块化设计，具有通用性和互换性，方便安装与拆卸，可实现集中充电与快速更换的结合。动力蓄电池箱体外壳设有固定销锁止机构、螺栓锁止机构、导向机构、动力蓄电池电源线插座、动力蓄电池管理系统通信线插座以及位置传感器等部件。

本章小结

1. 镍氢电池由氢离子和金属镍合成，电量储备比镍镉电池多 30%，密度比镍镉电池小，使用寿命也更长，并且对环境无污染。锂离子电池被认为是未来极具发展潜力的动力蓄电池。与其他蓄电池比较，锂离子电池具有电压高、质量能量密度高、充放电寿命长、无记忆效应、无污染、快速充电、自放电率低、工作温度范围宽和安全可靠等优点。

2. 在新能源汽车中，动力蓄电池与管理系统、驱动电机及控制系统、整车控制器是三个最重要的核心部件，即通常所说的“三大电”。电动汽车动力蓄电池系统主要包括动力蓄电池储能系统、动力蓄电池管理系统和动力蓄电池充电系统三大部分。动力蓄电池是新能源汽车的核心，为整车提供驱动车辆行驶的电能。

3. 动力蓄电池充电系统是新能源汽车的电能补给系统，主要分为常规充电（俗称慢充）和快速充电（俗称快充）两种方式。新能源汽车的充电系统包括慢充电插孔、快充电插孔、车载充电机、高压配电盒、充电连接线以及相关的控制单元等部件。

通过本章的学习，读者应对动力蓄电池的基本结构和慢充、快充的工作原理有进一步的认识，并运用到实际操作中。

课程思政

中国作为负责任的大国，向来重视环保工作，早在 2005 年 8 月 15 日，习近平到安吉天荒坪镇余村考察时，就提出“绿水青山就是金山银山”的环保理念。根据 2018 年中国汽车工业协会，发布的《电动汽车安全使用规范》（征求意见稿）中“4.5 动力电池回收要求”规定如下：

4.5.1 生产企业应告知消费者动力电池回收要求，包括但不限于以下内容：

a) 车辆所用动力电池为哪种类型电池及安装部位；

b) 随意处理可能对环境造成污染和危害；

c) 约定的电池回收方式；

d) 公布的回收网点及联系电话等。

4.5.2 新能源汽车所有人在新能源汽车达到报废要求时，应将待报废车辆送至具有资质的报废汽车回收拆解企业拆卸动力电池。

4.5.3 动力电池所有人（车辆所有人、电池租赁企业、运营企业）应将废旧动力电池移交至新能源汽车生产单位指定的回收服务网点。

4.5.4 动力电池所有人将废旧动力电池移交给其他无资质的单位或个人，私自拆卸、拆解动力电池，以及由此导致环境污染或安全事故的，应承担相应法律责任。

（来自：中国汽车工业协会网站，2021.11.24）

思考练习

（一）填空题

1．可充电电池内部结构之间所发生的化学反应是可逆的，也叫作二次电池，新能源汽车上的动力蓄电池均为＿＿＿＿＿＿。

2．锂离子电池主要由＿＿＿＿＿＿和＿＿＿＿＿＿两大模块组成。

3．＿＿＿＿＿＿是用来支撑、固定和包围动力蓄电池系统的组件，具有承载保护动力蓄电池模组及电气元件的作用。

4．由于单体蓄电池的容量有限，要想达到车辆的使用要求，往往对若干个单体蓄电池按照一定的规律进行组合，进而构成＿＿＿＿＿＿。

5．＿＿＿＿＿＿是保证动力蓄电池正常使用、行车安全、数据采集和提高电池寿命的一种关键技术。

6．快充系统使用＿＿＿＿＿＿通过功率变换后，将直流高压大电流通过高压动力电缆直接向动力蓄电池进行充电。

（二）简答题

1．BMS的主要功能是什么？

2．锂离子电池应用特性有哪些？

实训任务

车载蓄电池的基础保养

一、实训目的

1. 了解蓄电池组成结构

2. 了解蓄电池保养项目

二、实训任务

对学校实训车辆的蓄电池进行基础保养

三、实训器材

序号	名称	数量
1	万用表	1个
2	维修工具	1套
3	记录表	若干
4	凡士林	若干
5	充电机	1台
6	抹布	1条
7	砂纸（800目）	若干

四、实训步骤

1. 清扫蓄电池及电池仓的灰尘；

2. 调整蓄电池电解液的液位，测量电池电压、蓄电池电解液相对密度并记录；

3. 调整蓄电池的浮充电流；

4. 对蓄电池进行均衡充电；

5. 处理蓄电池接线板的氧化层，并涂凡士林油；

6. 紧固蓄电池接线柱；

7. 处理已发现的蓄电池缺陷。

第四章

电动汽车电机驱动系统

本章导读

电机驱动系统是电动汽车的心脏，它由电动机、功率转换器、控制器、各种检测传感器和电源（动力蓄电池）组成，其任务是在驾驶员的控制下，高效率地将动力蓄电池的电量转化为车轮的动能，或者将车轮的动能反馈到蓄电池中。应用于电动汽车的驱动电动机可分为有换向器电动机、无换向器电动机和特种电机。有换向器电动机主要指传统的直流电动机，包括串励、并励、复励、他励和永磁（PM）励磁的直流电动机。

学习目标

1. 了解电动汽车电机驱动系统的性能指标。
2. 掌握直流电动机的基本工作原理。
3. 掌握交流感应电动机控制系统。
4. 能够应用开关磁阻电机的工作原理进行操作。
5. 掌握永磁同步电动机的结构与工作原理。
6. 掌握电动机和控制器的冷却。

能力目标

完成汽车专业领域《职业技能等级证书标准》中工作安全与作业准备工作任务，并具备熟练的新能源汽车电机驱动系统诊断分析、检测维修、检查保养技术的职业技能。

第一节 电动汽车电机驱动系统概述

一、电动汽车电机驱动系统的组成

电机驱动系统的基本组成框图如图 4–1 所示。电机驱动系统是电动汽车的心脏，它由电动机、功率转换器、控制器、各种检测传感器和电源（动力蓄电池）组成，其任务是在驾驶员的控制下，高效率地将动力蓄电池的电量转化为车轮的动能，或者将车轮的动能反馈到蓄电池中。

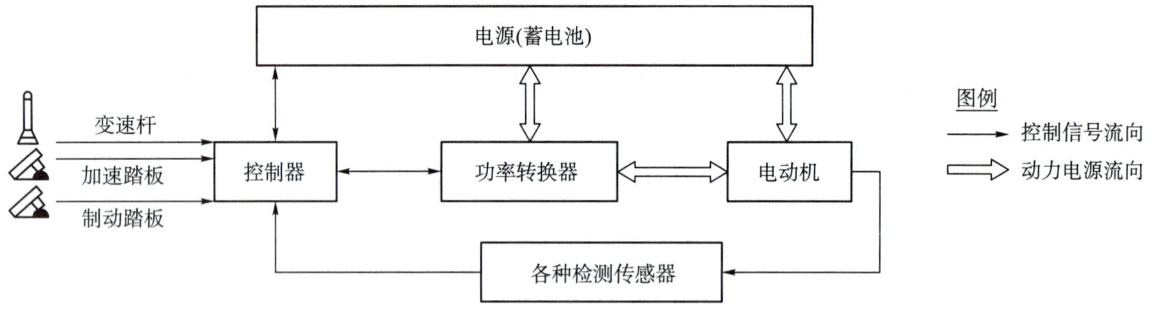

图 4–1　电机驱动系统的基本组成框图

早期的电动汽车主要采用直流电机系统，但直流电机有机械换向装置，必须经常维护。随着电力电子技术的发展，交流调速逐渐取代直流调速。

功率转换器按所选电机类型，有 DC/DC 功率转换器、DC/AC 功率转换器等形式，其作用是按所选电动机驱动电流的要求，将蓄电池的直流电转换为相应电压等级的直流、交流或脉冲电。

检测传感器主要对电压、电流、速度、转矩以及温度等进行检测，其作用是为了提高和改善电动机的调速特性。对于永磁无刷电动机或开关磁阻电动机还要求有电动机转角位置检测。

控制器是按驾驶员操纵变速杆、加速踏板和制动踏板等动作，相应输入的前进、倒退、起步、加速、制动等信号，以及各种检测传感器反馈的信号，通过运算、逻辑判断、分析比较等适时向功率转换器发出相应的指令，使整个驱动系统有效运行。

电动汽车电机驱动系统概述

二、电动汽车电机驱动系统的主要性能指标

（1）额定电压。在额定工况运行时，电机定子绕组应输入的线电压值。

（2）额定电流。在额定电压下，电机轴上输出的机械功率为额定功率时，电机定子绕组通过的线

电流值。

（3）额定转速。在额定电压输入下，以额定功率输出时对应的电机最低转速。

（4）额定功率。在额定条件下，电机轴上输出的机械功率。

（5）峰值功率。在规定的时间内，电机允许输出的最大输出功率。

（6）最高工作转速。相应于电动汽车最高设计车速的电机转速。

（7）最高转速。在无带载条件下，电机允许旋转的最高转速。

（8）额定转矩。电机在额定功率和额定转速下的输出转矩。

（9）峰值转矩。电机在规定的持续时间内允许输出的最大转矩。

（10）堵转转矩。电机转子在所有角位堵住时所产生的转矩最小测得值。

（11）机械效率。在额定运行时电机轴上输出的机械功率与电机在额定运行时电源输入到电机定子绕组上的功率之比值。

（12）电机及控制器整体效率。电机转轴输出功率除以控制器输入功率。

（13）温升。电机在运行时允许升高的最高温度。

电动汽车最早采用的是直流电动机。随着电子技术和自动控制技术的发展以及电动汽车技术要求的提高，无刷直流电动机、交流异步电动机、永磁同步电动机和开关磁阻式电动机等显示出比直流电动机更为优越的性能，在电动汽车中应用越来越广泛。

三、电动汽车电动机的类型

应用于电动汽车的驱动电动机可分为有换向器电动机、无换向器电动机和特种电动机，如图 4–2 所示。

由于技术成熟和控制简单，直流电动机驱动一直在电机驱动系统中占有突出的地位。最近，随着技术的发展，无换向器电动机达到了一个应用的新阶段。与有刷直流电动机相比，无换向器电动机的优点包括高效率、高功率密度、低运行成本、高可靠性以及免维护。无换向器的异步电动机在电动汽车上得到了广泛应用。开关磁阻电动机（SRM）已被公认在电动汽车应用中具有很大的潜力。

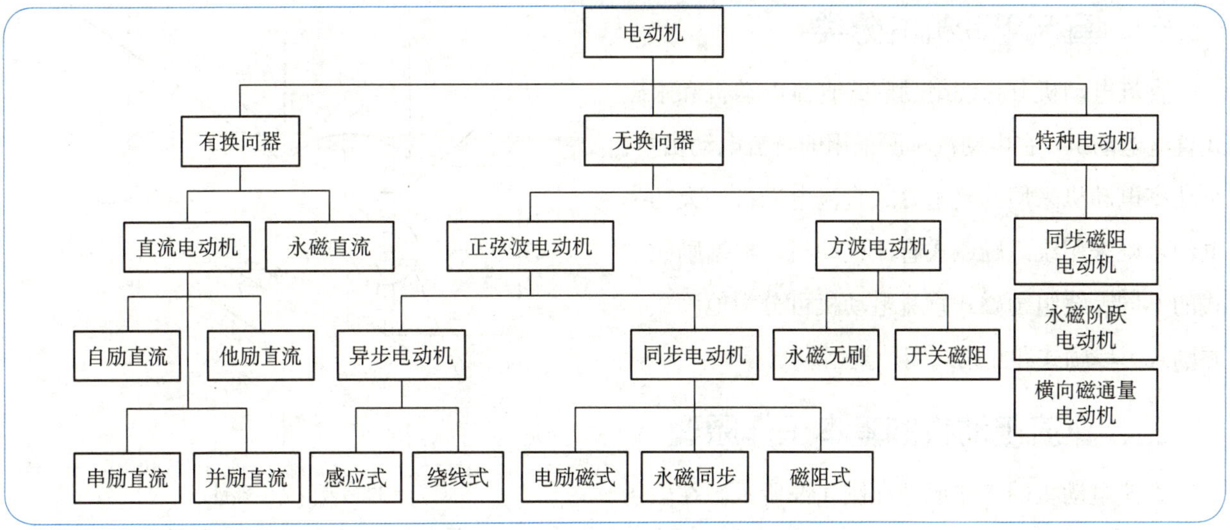

图 4–2 现代电动汽车电动机的基本类型

如表 4–1 所示为现代电动汽车所采用的典型电动机的基本性能比较。

表 4–1　典型各种电动机的基本性能比较

项目	直流电动机	感应式电动机	永磁式电动机	开关磁阻式电动机
比功率	低	中	高	较高
过载能力 / %	200	300 ～ 500	300	300 ～ 500
峰值效率 / %	85 ～ 89	94 ～ 95	95 ～ 97	90
负荷效率 / %	80 ～ 87	90 ～ 92	97 ～ 85	78 ～ 86
功率因数 / %	—	82 ～ 85	90 ～ 93	60 ～ 65
恒功率区	—	1 ： 5	1 ： 2.25	1 ： 3
转速范围 / （$r \cdot min^{-1}$）	4 000 ～ 6 000	12 000 ～ 20 000	4 000 ～ 10 000	可以 >15 000
可靠性	一般	好	优	良好
结构的坚固性	差	好	一般	优良
电动机外廓	大	中	小	小
电动机质量	大	中	小	小
控制操作性能	最好	好	好	好
控制器成本	低	高	高	一般
注：只作各种电动机之间的定性比较				

第二节　直流电机驱动系统

一、直流电动机的分类

直流电动机分为绕组励磁式直流电动机和永磁式直流电动机。在电动汽车所采用的直流电动机中，小功率电动机采用的是永磁式直流电动机，大功率电动机则采用绕组励磁式直流电动机。根据励磁方式的不同，绕组励磁式直流电动机可分为他励式、并励式、串励式和复励式四种类型。

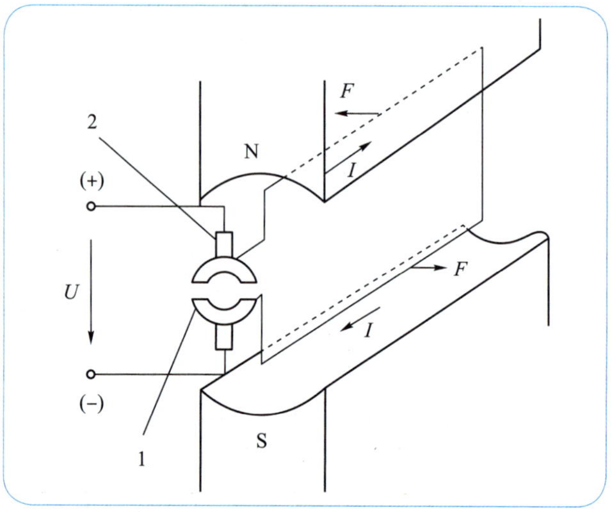

1– 换向片；2– 电刷。

图 4–3　直流电动机的工作原理

二、直流电动机的基本工作原理

直流电动机的工作原理如图 4–3 所示。在磁场 N 极和 S 极之间，装有一个可以转动的线圈（电枢绕组），线圈的首末两端分别接到两片圆弧形的换向片（铜片）上，两个换向片之间、换向片与转轴（与线圈一起旋转）之间均相互绝缘，为了把电枢绕组和外电路接通，在换向器上安置了两个固定不动的电刷。由于电刷和电源固定连接，因此无论线圈怎样转动，总是上半边的电流向里，下半边的电流向外，由电磁感应原理可知，通电线圈在磁场中收到逆时针方向的力矩作用。虽然电流方向是交替变化的，但所受电磁力的方向不改变，因而线圈可以连续地按逆时针方向转动。

三、直流电动机的结构

直流电动机由定子与转子两大部分构成，定子和转子之间的间隙称为气隙，直流电动机的结构图如图 4–4 所示。

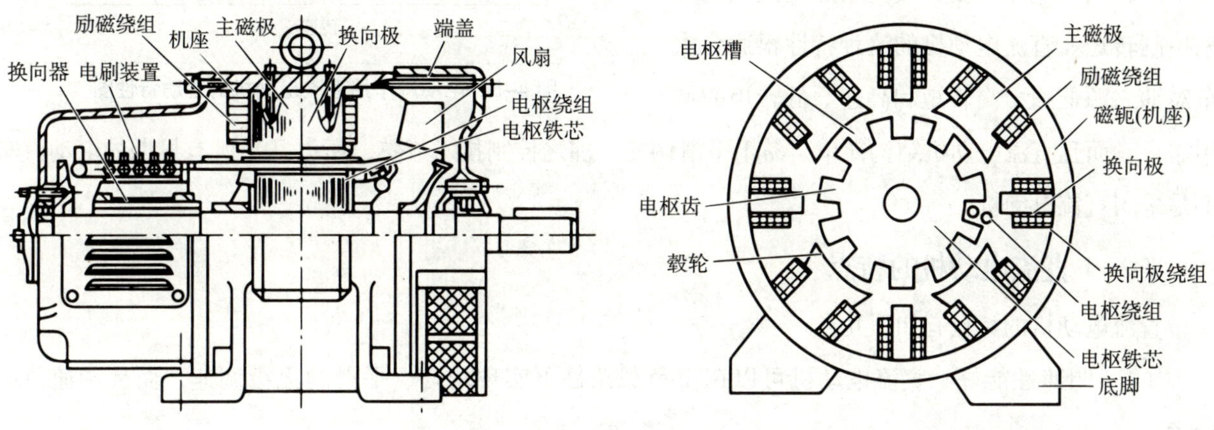

图 4–4 直流电动机的结构图

（一）定子部分

定子的主要作用是产生气隙磁场。直流电动机定子主要由主磁极、机座、换向极和电刷装置等组成。

主磁极的作用是建立主磁场，它由主极铁芯和套装在铁芯上的励磁绕组构成。主极铁芯一般由 1 ~ 1.5 mm 的低碳钢板冲压成一定形状叠装固定而成，是主磁路的一部分。励磁绕组用扁铜线或圆铜线绕制而成，产生励磁磁动势。

机座用铸钢或厚钢板焊接而成，它既是主磁路的一部分，又是电动机的结构框架。

换向极的作用是：改善直流电动机的换向情况，使直流电动机运行时不产生有害的火花。它由换向极铁芯和套装在铁芯上的换向极绕组构成。

电刷装置由电刷、刷握、刷杆、汇流排等组成，用于电枢电路的引入或引出。

（二）转子部分

转子部分包括电枢铁芯、电枢绕组、换向器等。

电枢铁芯既是主磁路的组成部分，又是电枢绕组的支撑部分，电枢绕组嵌放在电枢铁芯的槽内。电枢铁芯一般用 0.55 mm 厚的硅钢片叠压而成。

电枢绕组由扁铜线或圆铜线按一定规律绕制而成，它是直流电动机的电路部分，也是产生电动势和电磁转矩进行机电能量转换的部分。

换向器由冷拉梯形铜排和绝缘材料等构成，用于电枢电流的换向。

四、直流电动机的驱动特性

电动汽车用直流电动机的驱动特性图如图 4-5 所示。

基本转速 nb，以下为恒转矩区，基本转速 nb 以上为恒功率区。在恒转矩区，励磁电流保持不变，改变电枢电压来控制转矩。在高速恒功率区，电枢电压不变，改变励磁电流或弱磁来控制转矩。直流电动机的这种特性很适合汽车对动力源低速、高转矩和高速、低转矩的使用需求，而且直流电动机结构简单，易于平滑调速，加之控制技术成熟，所以几乎所有早期的电动汽车都是采用直流电动机。

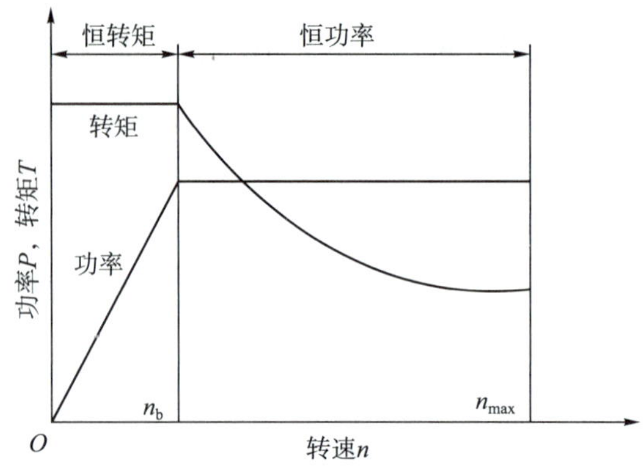

图 4-5　电动汽车用直流电动机的驱动特性图

（一）直流电动机的特点

直流电动机的特点有如下几点。

（1）调速性能好。直流电动机可以在重负载条件下实现均匀、平滑的无级调速，而且调速范围较宽。

（2）起动转矩大。在重负载下起动或要求均匀调节转速的机械。

（3）控制简单。直流电动机一般用斩波器控制，它具有高效率、控制灵活、重量轻、体积小、响应快等优点。

（4）有易损件。由于存在电刷、换向器等易损零件，所以直流电动机必须进行定期维护或更换零件。

（二）直流电动机的应用

电动汽车用直流电动机主要是他励式直流电动机（包括永磁直流电动机）、串励式直流电动机、复励式直流电动机三种类型。小功率（小于 10 kW）的电动机多采用小型高效的永磁式直流电动机，一般应用在小型、低速的专用车辆上。中等功率（10～100 kW）的电动机采用他励、串励或复励式直流电动机，可以用在结构简单、转矩较大的电动货车上。大功率（大于 100 kW）的电动机采用串励式直流电动机，可用在要求低速、高转矩的大型专用电动汽车上。

但是，直流电机驱动系统和其他电机驱动系统相比已大大处于劣势。

第三节 交流感应电机驱动系统

一、交流电动机分类

交流电动机可分为同步电动机和异步电动机两类。如果电动机转子的转速 n 与定子旋转磁场的转速 n1 相等，则转子与定子旋转磁场在空间同步地旋转，这种电动机就被称为同步电动机。如果 n 不等于 n1，则转子与定子旋转磁场在空间旋转时不同步，则称为异步电动机。三相异步电动机有笼型异步感应电动机和绕线式异步感应电动机两种。由于绕线式异步感应电动机成本高、需要维护。缺乏坚固性，因而没有笼型异步感应电动机应用广泛，特别是在电动汽车的电力驱动中。

二、交流感应电动机的结构与工作原理

交流感应电动机主要由定子和转子两大部分组成，定子和转子之间是气隙，如图 4-6 和图 4-7 所示。

图 4-6　交流感应电动机的结构

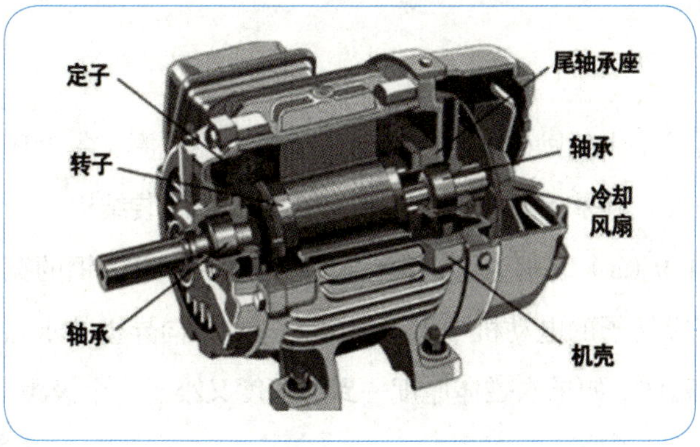

1- 定子铁芯；2- 定子导体；3- 转子轴；4- 转子导体；5- 转子端环；6- 转子铁芯。

图 4-7　交流感应电动机横断面

定子是用来产生旋转磁场的，它由机座、定子铁芯、定子绕组、铁芯外壳、支撑转子轴的轴承等组成。转子由转子铁芯、转子绕组和转子轴等组成。转子铁芯和定子铁芯由薄硅钢片叠加而成，以减少铁损。笼型转子采用铜条减少线圈损失，定子铁芯采用 C 级绝缘，可直接用低黏度的油来冷却，采用铸铝机座来减小电动机总质量。

在电动机定子上有三相对称的交流绕组各相差 120°，如图 4-8 所示，三相对称交流绕组流入三

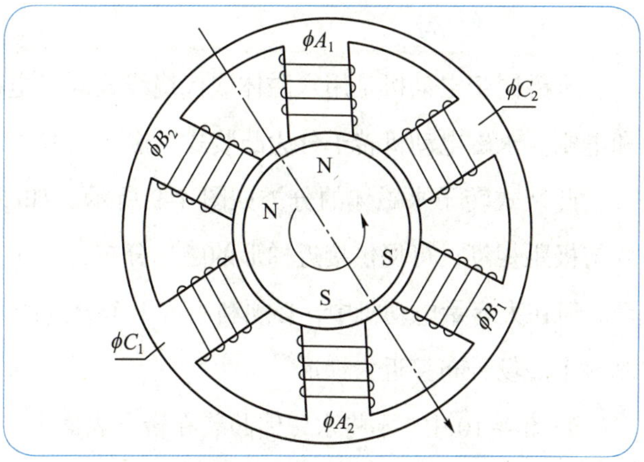

图 4-8　空间对称分布的三相定子绕组

相对称交流电流时，将在电动机气隙空间产生旋转磁场，转子绕组的导体处于旋转磁场中，转子导体切割磁力线，并产生感应电动势。由于转子导体通过端环自成闭路，在感应电动势的作用下，转子导体中将产生与感应电动势方向基本一致的感应电流。感应电流与旋转磁场相互作用产生电磁力，电磁力作用在转子上产生电磁转矩，驱动转子旋转。

第四节 永磁电机驱动系统

一、永磁驱动电动机的分类

永磁电动机的分类方法很多，根据输入电动机接线端波形的不同可分为永磁直流电动机和永磁交流电动机。

由于永磁交流电动机没有电刷、换向器或集电环，因此也称为永磁无刷电动机。根据输入电动机接线端的交流波形，永磁无刷电动机可分为永磁同步电动机（permanent magent synchronous motor，PMSW）和永磁无刷直流电动机（brushless DC motor，BLDCM）。输入永磁同步电动机的是交流正弦波或近似正弦波，采用连续转子位置反馈信号来控制换向；而永磁无刷直流电动机输入的是交流方波，采用离散转子位置反馈信号控制换向。由于方波磁场与方波电流之间相互作用而产生的转矩比正弦波大，所以，永磁无刷直流电动机的功率密度大，但是由功率器件的换向电流引起的转矩脉动也大，而正弦波产生的转矩基本是恒转矩或平稳转矩，这与绕线转子同步电动机相同。

现有的永磁电动机可分为永磁直流电动机、永磁同步电动机、永磁无刷直流电动机和永磁混合式电动机四类。其中，后三类没有传统直流电动机的电刷和换向器，故统称为永磁无刷电动机。在电动汽车中，永磁同步电动机应用广泛。

二、永磁同步电动机的结构与工作原理

（一）结构

永磁同步电动机是用永磁体取代绕线式同步电机转子中的励磁绕组，从而省去了励磁线圈、集电环和电刷。永磁电动机转子分为凸装式、嵌入式和内埋式三种基本结构，前两种形式又称为外装结构。

凸装式转子永磁体的分类如图 4–9 所示。如图 4–9（a）所示为圆套筒型整体磁钢，每极磁钢的宽度与极距相等，可提供接近梯形的磁场分布，在小直径转子的电动机中，可以采用这种径向异极的永磁环，但在大容量电动机中，必须利用若干个分离的永磁体。如果永磁体厚度一致，宽度又小于一个极距，则整个磁场分布接近为梯形。

在图 4–10 中，不将永磁体凸装在转子表面上，而是嵌于转子表面下，永磁体的宽度小于一个极距，这种结构称为嵌入式。对于凸装式和嵌入式转子，一般是用环氧树脂将永磁体直接粘在转轴上，这两种

结构可使转子直径小，惯量小，电感也较小，有利于改善电动机的动态性能。

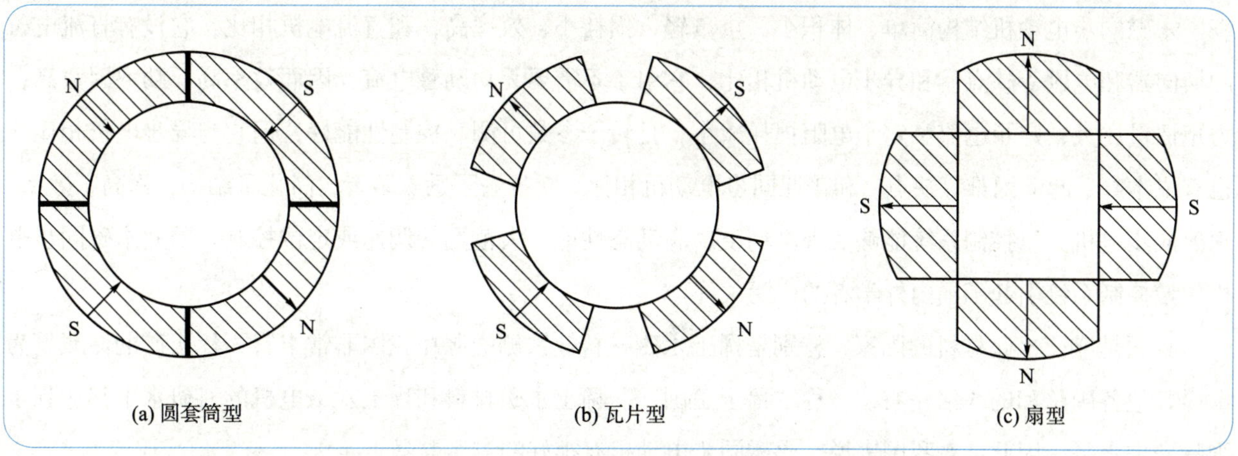

图 4-9 凸装式转子永磁体的分类

内埋式永磁转子的结构如图 4-11 所示，它是将永磁体埋装在转子铁芯内部，每个永磁体都被铁芯包着，称为内埋式永磁同步机。这种结构机械强度高，磁路气隙小，与外装式转子相比，更适用于弱磁。

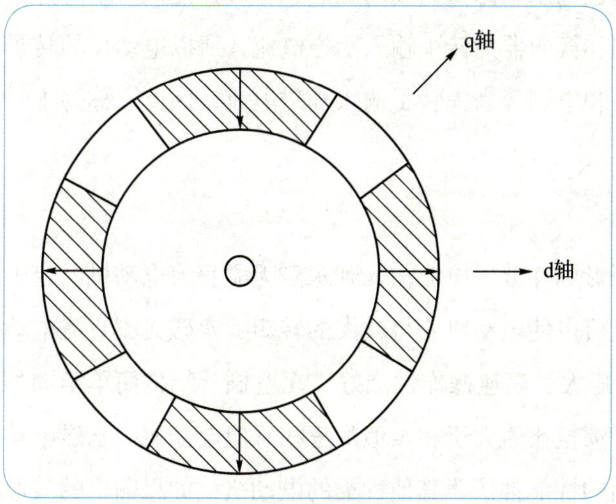

图 4-10 嵌入式永磁转子

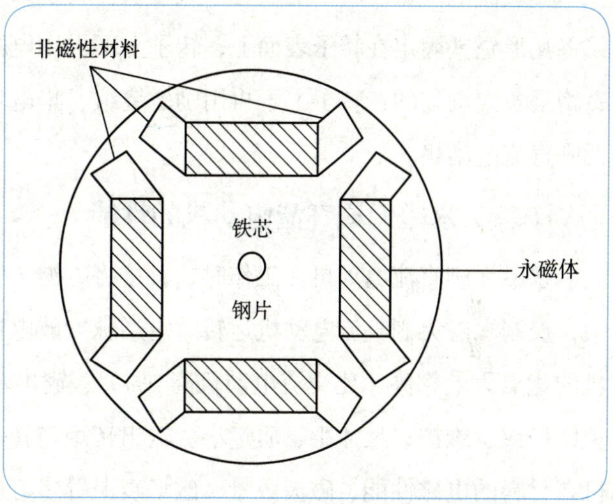

图 4-11 内埋式永磁转子

（二）工作原理

永磁同步电动机是用永磁体取代绕线式同步电动机转子中的励磁绕组，从而省去了励磁线圈、集电环和电刷，定子中通入三相对称交流电。永磁同步电动机模型如图 4-12 所示，由于电动机定子三相绕组接入三相对称交流电而产生旋转磁场，用旋转磁极 S、N 来模拟。根据磁极异性相吸、同性相斥的原理，不论定子旋转磁极与永磁转子起始时相对位置如何，定子的旋转磁极总会由于磁拉力拖着转子同步旋转。

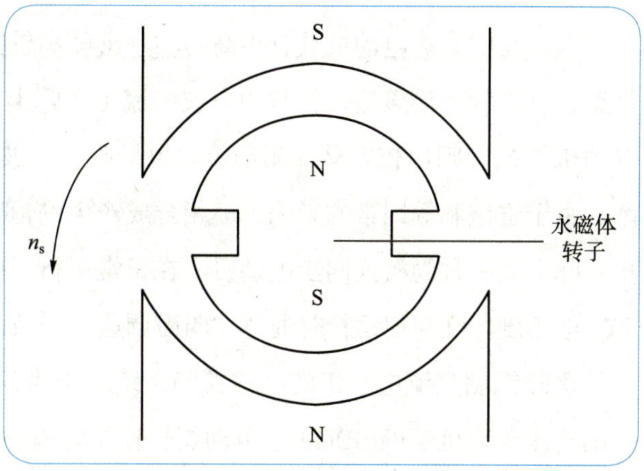

图 4-12 永磁同步电动机模型

（三）永磁同步电动机的特点

永磁同步电动机结构简单、体积小、重量轻、损耗小、效率高，和直流电机相比，它没有直流电机的换向器和电刷等缺点。和异步电动机相比，它由于不需要无功励磁电流，因而效率高，功率因数高，力矩惯量比大，定子电流和定子电阻损耗减小，且转子参数可测、控制性能好；但它与异步电机相比，也有成本高、起动困难等缺点。和普通同步电动机相比，它省去了励磁装置，简化了结构，提高了效率。永磁同步电机矢量控制系统能够实现高精度、高动态性能、大范围的调速或定位控制，因此永磁同步电机矢量控制系统引起了国内外学者的广泛关注。

我国是盛产永磁材料的国家，特别是稀土永磁材料钕铁硼资源在我国非常丰富，稀土矿的储藏量为世界其他各国总和的 4 倍左右，号称“稀土王国”。稀土永磁材料和稀土永磁电机的科研水平都达到了国际先进水平。因此，对我国来说，永磁同步电动机有很好的应用前景。

三、永磁无刷直流电动机

（一）永磁无刷直流电动机的结构

在直流电动机的转子上装置永久磁铁，转子采用径向永久磁铁制成的磁极，将磁铁插入转子内部，或将瓦形磁铁固定在转子表面上，转子上不再用电刷和换向器为转子输入励磁电流，所以电动机的转子磁路是各向均匀的，转子上不再用励磁绕组、集电环和电刷等来为转子输入励磁电流，因此，称为永磁无刷直流电动机。

（二）永磁无刷直流电动机的性能

永磁无刷直流电动机在工作时，直接将方波（矩形脉冲波）电流输入到永磁无刷直流电动机的定子中，控制永磁无刷直流电动机运转。矩形脉冲波电流可以使电动机获得较大的转矩，永磁无刷直流电动机的优点为效率高（比交流电动机高 6%）、输出转矩大、高速操作性能好、无电刷、结构简单牢固、免维护或少维护、尺寸小、质量小。输出转矩与转动惯量比值大于相类似的三相感应电动机。永磁电动机在材料的电磁性能、磁极数量、磁场衰退等多方面的性能都优于其他种类的电动机。如果输出的波形不好，会发生较大的脉动转矩和冲击力，影响电动机的低速性能，电流损耗大，工作噪声大。

（三）永磁无刷直流电动机的控制系统

永磁无刷直流电动机具有很高的功率密度和较宽的调速范围。永磁无刷直流电动机的控制系统较为复杂，有多种控制策略，在采用方波电流（实际上方波为顶宽不小于 120° 的矩形波）的永磁无刷直流电动机的控制则比较容易，驱动效率也最高。方波电动机可以比正弦波电动机产生大 15% 左右的电功率，由于磁饱和等因素的影响，三相合成产生的恒定电磁转矩是一种脉动电磁转矩。永磁无刷直流电动机实际上是一种隐极式同步电动机，在正常运行时电枢电流磁动势与永磁磁极的磁动势在空间位置相差 90° 电角度。在高速运行时通过“弱磁调速”的技术来升速。

永磁无刷直流电动机的基本控制系统，由直流电源、电容器、绝缘栅双极晶体管（IGBT）、永磁无刷直流电动机（PMBDC）、电动机转轴位置检测器（PS）、逻辑控制单元 120° 导通型脉宽调制信号发生器（PWM）驱动电路和其他一些电子器件共同组成。

转轴位置检测器检测转轴位置的信号，并经过位置信号处理，将信号输送到逻辑控制单元。码盘检测电动机的转速，经过速度反馈单元、速度调节器，对电动机的运行状态进行判别，将信号输送到逻辑控制单元。经过逻辑控制单元计算后，将控制信号传送到 PWM 发生器。

电流检测器按照闭环控制方式，将反馈电流进行综合，经过电流调节器调控，也将电流信号输入 PWM 发生器。

由转轴位置检测器根据转角 θ 和速度调节器，对电动机的运行状态进行判别，共同发出转子位置的信号，以及电流检测器对电流的调控信号，共同输入 PWM 发生器后，产生脉宽调制的信号（导通相位及相电流大小），自动换流来改变向定子绕组的供电频率和电流的大小，控制逆变器的功率开关元件的导通规律。如图 4-13 所示，逆变器的功率开关由上半桥开关元件 S1 ～ S3 和下半桥开关元件 S4 ～ S6 组成，在同一时刻只有处于不同桥臂上的一个开关元件被导通（例如 S1 及 S3），电动机的电磁转矩 T 与开关元件导通的电流成正比。

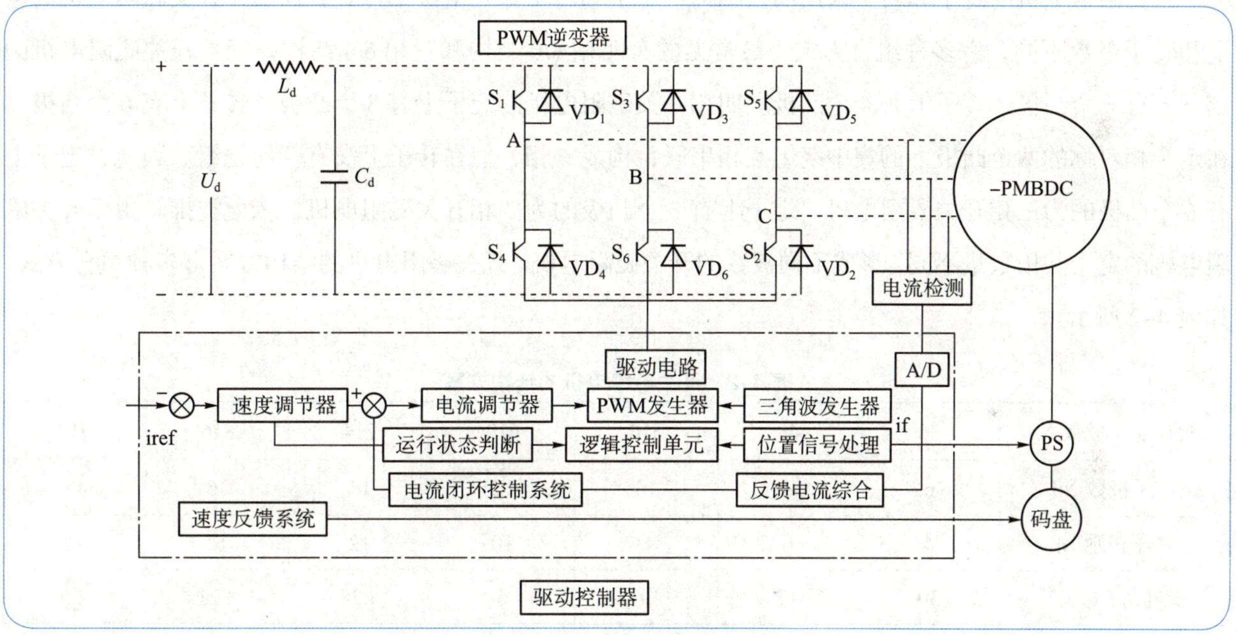

图 4-13　永磁无刷直流电动机控制策略

第五节　开关磁阻电机驱动系统

一、开关磁阻电机驱动系统的组成

开关磁阻电机驱动系统是高性能机电一体化系统，主要由开关磁阻电机、功率转换器、传感器和控制器四部分组成，如图 4-14 所示。其中，开关磁阻电机为系统主要组成部分，用于实现电能向机械能的转换。功率转换器是连接电源和电机的开关器件，用于提供开关磁阻电机所需的电能，功率转换器的结构形式一般与供电电压、电机相数以及主开关器件种类有关。传感器主要用来反馈位置及电流信号，并传送给控制器。控制器是系统的中枢，起决策和指挥作用，主要针对传感器提供的转子位置、速度和电流反馈信息以及外部输入的指令，实时加以分析和处理，进而采取相应的控制决策，控制功率转换器中主开关器件的工作状态，实现对开关磁阻电机运行状态的控制。

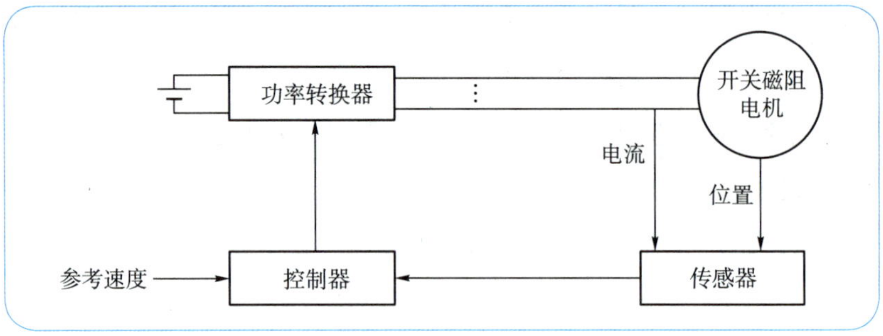

图 4-14　开关磁阻电机驱动系统的基本构成

二、开关磁阻电机的结构

开关磁阻电机的定子和转子采用凸极结构，定子和转子都是由硅钢片叠压而成，开关磁阻电机的定子和转子极数不同，有多种组合方式，最常见的有四相 8/6 结构和三相 6/4 结构。三相开关磁阻电机的定子上有 6 个凸极，转子上有 4 个凸极。四相开关磁阻电机的定子上有 8 个凸极，转子上有 6 个凸极。在定子相对称的两个凸极上的集中绕组互相串联，构成一相，但在转子上没有任何绕组。因此，定子上有 6 个凸极的为三相开关磁阻电机，定子上有 8 个凸极的为四相开关磁阻电机，依此类推。由于开关磁阻电机的定子凸极数量不同，形成不同极数的开关磁阻电机。开关磁阻电机的结构方案有多种组合方式，如表 4-2 所示。

表 4-2　开关磁阻电机的结构方案

相数定子极数 NS	36	48	510	612	714	816	918
定子极数 NS	6	8	10	12	14	16	18
转子极数 Nr	4	6	8	10	12	14	16
步进角 / (°)	30	15	9	6	4.28	3.21	2.5

如图 4-15（a）所示为三相 6/4 凸极结构的开关磁阻电机的定子和转子结构剖面示意图；如图 4-15（b）所示为三相 12/8 凸极（双绕组）结构的开关磁阻电机的定子和转子结构剖面示意图；如图 4-15（c）为四相 8/6 凸极结构的开关磁阻电机的定子和转子结构剖面示意。

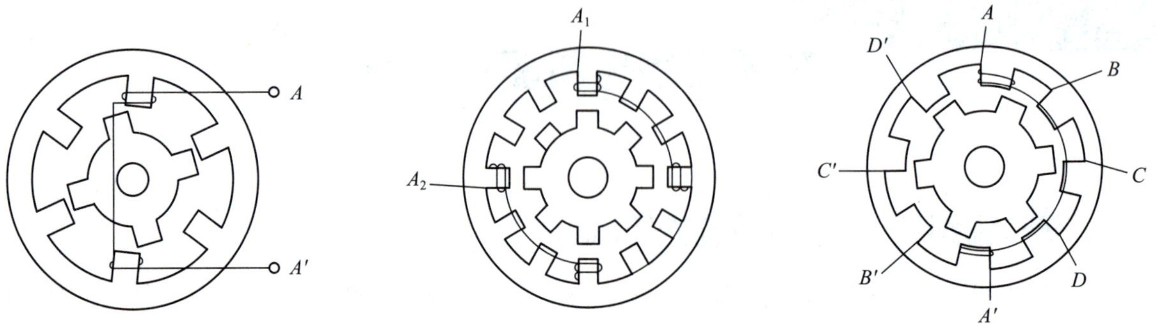

(a) 三相6/4凸极单绕组结构　(b) 三相12/8凸极双绕组结构　(c) 四相8/6凸极单绕组结构

图 4-15　不同的凸极开关磁阻电机的结构

三、开关磁阻电机的工作原理

如图 4–16 所示为三相开关磁阻电动机的剖面。从图 4–16 中可以看出，如果按 A、B、C、A 的顺序向定子绕组轮流通电时，定子便产生按顺序变换的磁场，电机的转子即连续不断逆时针地转动。如果反过来按 A′、C′、B′、A′ 改变定子绕组通电顺序时，就可以改变开关磁阻电机转子转动的方向。图 4–16 中的三相开关磁阻电机定子的凸极数为 6 个，转子的凸极数为 4 个，当 A、B、C 三相轮流通电一次时，转子共转 π/2 步进角。如果改变电流的大小，则可改变电机转矩的大小进而改变电机的转速。如果控制在转子极离开定子极通电，即可产生与转子旋转方向相反的制动转矩。

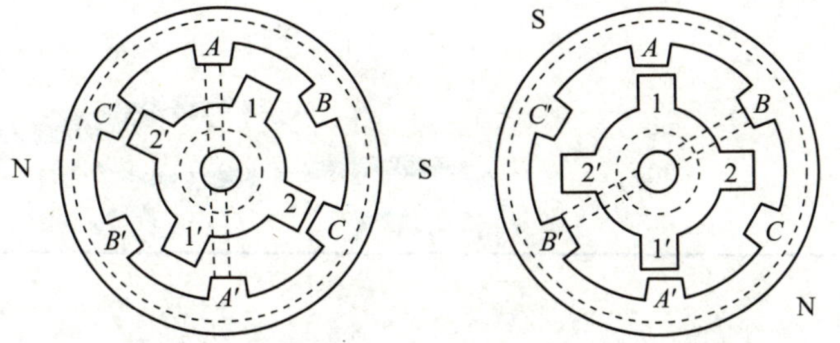

图 4–16 三相开关磁阻电动机的剖面

四、开关磁阻电机的特点

（一）开关磁阻电机的优点

（1）调速范围宽、控制灵活，易于实现各种特殊要求的转矩——速度特性。开关磁阻电机启动转矩大、低速性能好，无异步电机在启动时所出现的冲击电流现象。在恒转矩区，由于电机转速较低，电机的反电动势小，因此需要采用对电流进行斩波限幅，即电流斩波控制方式，也可采用调节相绕组外加电压有效值的电压 PWM 控制方式。在恒功率区，通过调解主开关的开通角取得恒功率的特性，即角度位置控制方式。

（2）制造和维护方便。

（3）运转效率高。由于开关磁阻控制灵活，易在很宽的转速范围内实现高效节能控制。

（4）可四象限运行，具有较强的再生制动能力。

（5）结构简单、成本低，制造工艺也相对简单。其转子绕组，可工作于很高的速度；定子为集中绕组，嵌放容易，端部短而牢固并且工作可靠，适用于各种恶劣、高温甚至强振动环境。

（6）转矩方向与电流方向无关，从而减少了功率转换器的开关器件数，降低了成本。同时出现故障的概率减小，控制可靠方便，可四象限运行，容易实现正转、反转和启动、制动等需要的调节控制。

（7）损耗小。损耗主要产生在定子，电机易于冷却。电机转子不存在励磁及转差损耗，并且由于功率变换元器件少，相应的损耗也小。

（8）可控参数多、调速性能好。可控参数有主开关开通角、主开关关断角、相电流幅值和直流电源电压。

（9）适于频繁启动、停止以及正反转运行。

（二）开关磁阻电机的缺点

（1）虽然结构简单，但其设计和控制较复杂。

（2）由于开关磁阻电机磁极端部的严重磁饱和以及与沟槽的边缘效应，使得开关磁阻电机设计和控制要求非常高。

（3）开关磁阻电机噪声较大。

第六节 其他电机

一、轮毂电机

轮毂电机技术又称为车轮内装式电机技术，是一种将电动机、传动系统和制动系统融为一体的轮毂装置技术。各大汽车厂商都投入了大量资金进行研发。轮毂电机驱动式电动汽车的应用越来越广泛，轮毂电机驱动技术具有广阔的发展前景。

（一）轮毂电机结构形式

轮毂电机驱动系统通常由电动机、减速机构、制动器与散热系统等组成。轮毂电机驱动系统根据电机的转子形式主要分成内转子型和外转子型两种结构形式。如图 4–17 所示为两种形式轮毂电机的结构简图。通常，外转子型采用低速外转子电机，电机的最高转速为 1 000 ～ 1 500 r/min，无任何减速装置，电机的外转子与车轮的轮辋固定或者集成在一起，车轮的转速与电机相同。内转子型则采用高速内转子电机，同时装备固定传动比的减速器。为了获得较高的功率密度，电机的转速通常高达 10 000 r/min。减速结构通常采用传动比为 10：1 左右的

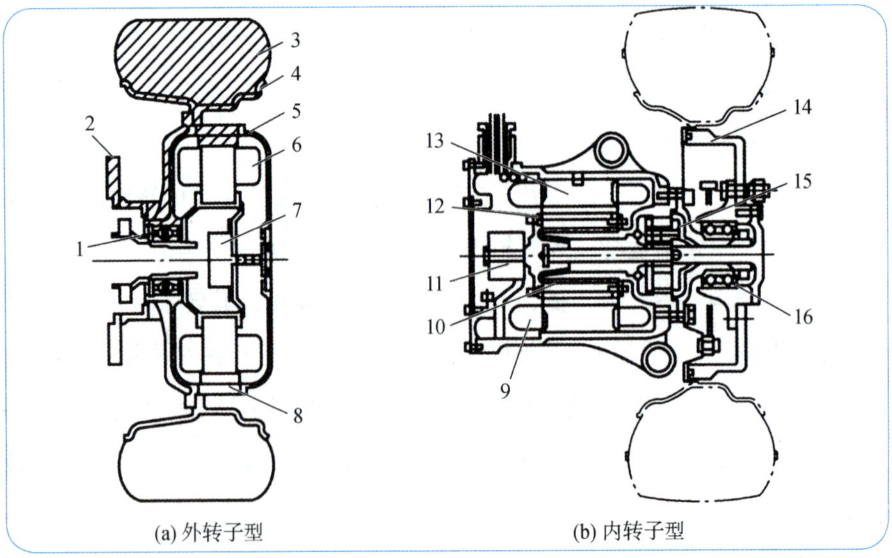

1、16– 轴承；2、14– 制动鼓；3– 轮胎；4– 轮辋；5、12– 永磁体；6、9– 定子绕组；7、11– 位置传感器；8– 外转子；10– 内转子；13– 外定子；15– 行星齿轮。

图 4–17　两种形式轮毂电机的结构简图

行星齿轮减速装置，车轮的转速为 1 000 r/min 左右。

高速内转子的轮毂电机的优点是：具有较高的比功率，质量轻、体积小、效率高、噪声小、成本低；缺点是必须采用减速装置，使效率降低，非簧载质量增大，电机的最高转速受线圈损耗、摩擦损耗以及变速机构的承受能力等因素的限制。低速外转子电机的优点是结构简单、轴向尺寸小、比功率高，能在很宽的速度范围内控制转矩，且响应速度快，外转子直接和车轮相连，没有减速机构，因此效率高。缺点是：如要获得较大的转矩，必须增大电机体积和质量，因而成本高，加速时效率低，噪声大。这两种结构在目前的电动车中都有应用，但是随着紧凑的行星齿轮变速机构的出现，高速内转子式驱动系统在功率密度方面比低速外转子式更具竞争力。

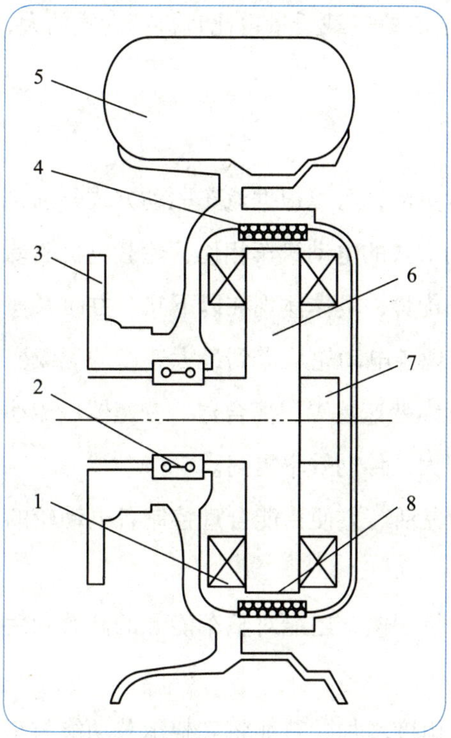

1- 绕组；2- 轴承；3- 制动盘；4- 转子磁钢；5- 轮胎；6- 定子铁芯；7- 轴承；8- 气隙。

图 4-18　轮毂电机直接驱动方式

需要附加机械制动系统。轮毂电机系统中的制动器可以根据结构采用鼓式或者盘式制动器。由于电动机电制动容量的存在，往往可以使制动器的设计容量适当减小。大多数的轮毂电机系统采用风冷方式进行冷却，也可采用水冷和油冷的方式对电机、制动器等的发热部件进行散热降温，但结构比较复杂。

（二）轮毂电机驱动方式

轮毂电机的驱动方式可以分为直接驱动和减速驱动两种基本形式。

轮毂电机直接驱动方式如图 4-18 所示，采用低速外转子电机，轮毂电机与车轮组成一个完整部件总成，电机布置在车轮内部，直接驱动车轮带动汽车行驶。其主要优点是：体积小、质量轻、成本低、系统传动效率高、结构紧凑，既有利于整车结构布置和车身设计，也便于改型设计。这种驱动方式直接将外转子安装在车轮的轮辋上驱动车轮转动。由于电动汽车在起步时需要较大的转矩，所以安装在直接驱动型电动轮中的电机必须能在低速时提供大转矩；承载大转矩时需要大电流，易损坏电池和永磁体；电机效率峰值区域很小，负载电流超过一定值后效率急剧下降。为了使汽车能够有较好的动力性，电机还必须具有很宽的转矩和转速调节范围。由于电机工作产生一定的冲击和振动，要求车轮轮辋和车轮支撑必须坚固、可靠；同时，由于非簧载质量大，要保证汽车的舒适性，要求对悬架系统进行优化设计。此方式适用于平路或负载小的场合。

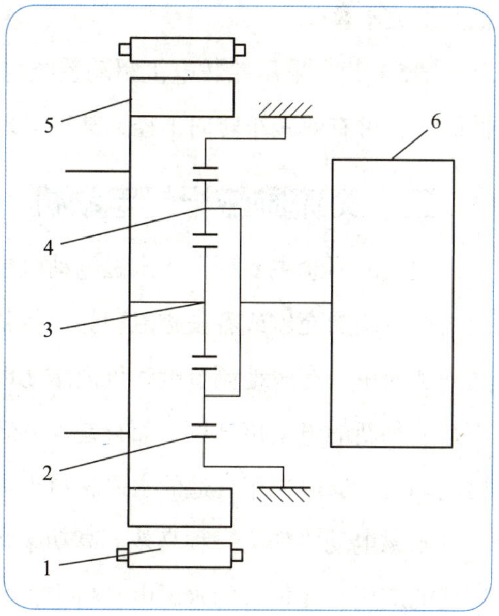

1- 定子；2- 齿圈；3- 太阳轮；4- 行星轮；5- 转子；6- 车轮。

图 4-19　轮毂电机减速驱动方式

轮毂电机减速驱动方式如图 4-19 所示，采用高速内转子电机，适合现代高性能电动汽车的运行要求。

这种电动轮采用高速内转子电机，其目的是为了获得较高的功率。减速机构布置在电机和车轮之间，起减速和增矩的作用，保证电动汽车在低速时能够获得足够大的转矩。电机输出轴通过减速机构与车轮驱动轴连接，使电机轴承不直接承受车轮与路面的载荷作用，改善了轴承的工作条件；采用固定速比行星齿轮减速器，使系统具有较大的调速范围和输出转矩，消除了车轮尺寸对电机输出转矩和功率的影响。但轮毂电机内齿轮的工作噪声比较大，并且润滑方面存在很多问题；其非簧载质量也比直接驱动式的大，对电机及系统内部的结构设计要求更高。

（三）轮毂电机驱动系统的特点

轮毂电机驱动系统作为一种新兴的电机驱动形式，其布置非常灵活，可以根据汽车驱动方式分别布置在电动汽车的两前轮、两后轮或四个车轮的轮毂中。和其他驱动形式的电动汽车相比，轮毂电机驱动式电动汽车在动力源配置、底盘结构等方面有其独特的技术特征和优势，具体体现在以下几个方面。

（1）动力控制由硬连接改为软连接。通过电子线控技术，实现各电动轮从零到最大速度的无级变速和各电动轮间的差速要求，从而省略了传统汽车所需的机械式操纵变速装置、离合器、变速器、传动轴和机械差速器等，使驱动系统和整车结构简洁，有效可利用空间大，传动效率提高。

（2）各电动轮的驱动力直接独立可控，使其动力学控制更为灵活、方便；能合理控制各电动轮的驱动力，从而提高恶劣路面条件下的行驶性能。

（3）容易实现各电动轮的电气制动、机电复合制动和制动能量回馈，还能对整车能源的高效利用实施最优化控制和管理，节约能源。

（4）底架结构大为简化，使整车总布置和车身造型设计的自由度增加，若能将底架承载功能与车身功能分离，则可实现相同底盘不同车身造型的产品多样化和系列化，从而缩短新车型的开发周期，降低开发成本。

（5）若在采用轮毂电机驱动系统的四轮电动汽车上导入线控四轮转向技术，实现车辆转向行驶高性能化，可有效减小转向半径，甚至实现零转向半径，大大增加了转向灵便性。

二、交流励磁记忆电动机

记忆的概念主要源自于永磁电动机中所用永磁材料的特性，即材料本身的磁化程度能够在很短的时间内通过施加充磁或者去磁磁动势而得到改变，并且充、去磁之后其磁化程度也能被保留记忆住，从而达到了简单、有效地调节电动机内磁场以及气隙磁通密度的目的。从这个概念可以看出，记忆电动机并不是一种新的电动机结构，而只是一种新的电动机概念。理论上，任何一种以永磁体为主要励磁源的永磁电动机，通过采用合适的永磁材料再加以合适的电动机制造工艺，都能成为记忆电动机。

永磁电动机作为一种高效、高功率密度的电动机，在各种工业领域，特别是电动汽车领域，得到了广泛的应用。在传统的永磁电动机中，永磁材料的磁性能一般比较稳定，当需要弱磁时，通常采用施加持续弱磁电流的方法来达到，这必然导致较大的励磁损耗。而另一方面，永磁体在外磁场特别是电枢反应磁场的作用下，有可能发生不可逆去磁，从而导致电动机性能下降，甚至无法使用。记忆电动机的出现，正是为了在拓展永磁电动机调速范围的同时，避免产生额外的励磁损耗，归根结底，这是一种新的、简单、高效的弱磁控制技术。

记忆电动机又称为磁通可控永磁电动机，由德国的 Vlado Ostovic 在 2001 年最早提出。他所提出的记忆电动机的结构，既能做成变磁通形式，又能做成变极数形式。在这两种电动机结构中，通过在短时间内通过电动机定子电枢绕组中的充、去磁脉冲电流，转子上永磁体的磁化状态能有效地改变并且记住，因此极大地减少了传统永磁电动机励磁时所需的持续功率损耗。

三、外转子型双励磁永磁无刷电动机

双励磁永磁无刷电动机通常是指由电励磁和永磁体相互作用而产生磁场的无刷电动机。电励磁通常是由直流励磁构成，因为电励磁具有灵活的可调性，因此这种双励磁永磁无刷电动机既继承了普通永磁无刷电动机的优点，又克服了普通永磁无刷电动机所具有的磁场调节的复杂性和局限性。

外转子型双励磁永磁无刷电动机是双励磁永磁电动机的一种，该电动机在结构上突破了传统混合励磁的冗余和复杂，性能优越、控制简单灵活。

四、电动机和控制器的冷却

（一）电动机冷却方式

电动机常见的冷却方式有风冷和液冷。采用风冷方式较为常见，如一些小型电动机、交流电动机、开关磁阻电动机、异步电动机等；液冷方式主要用在一些永磁电动机。从理论上讲，几乎所有的电动机既可以采用风冷也可以采用液冷，最大的区别主要体现在电动机的设计用途和功率密度上。

如果车辆安装空间自由度较大，通风情况良好，电动机的重量要求不是很苛刻，可以采用风冷电动机。为了节约车辆空间，缩小电动机的体积，降低电动机的质量，提高电动机的功率，可采用液冷方式。

多数电动汽车尤其是大功率电动汽车一般采用液冷电动机。液冷电动机需要增设额外的电动水泵和散热器等装置来为电动机提供冷却。这增加了额外功耗，使结构较为复杂，且布置和安装要求较高。

（二）主电动机控制器冷却方式

主电动机控制器与电动机的冷却方式一样，也有风冷和液冷之分。在外观上，风冷的控制器体积要较液冷的控制器体积大，风冷控制器一般需要装备多个强制散热风扇，进行强制通风。车载电动机控制器的冷却方式主要取决于电动机的冷却方式。一般情况下，这两者均可采用相同的冷却方式进行冷却。

（三）其他控制装置

系统控制器除了有主电动机控制器（简称控制器）外，还有若干小功率的 DC/DC 或者 DC/AC 逆变器。其中 DC/DC 将高压直流转变为低压直流，为低压电路供电或者为低压蓄电池充电；DC/AC 逆变器则产生交流电来驱动空调压缩泵电动机、动力转向泵电动机、制动泵电动机和冷却泵电动机。控制装置一般允许最高温度为 60 ～ 70℃，而最佳工作环境温度在 40 ～ 50℃。周围环境的温度较高时，很容易达到其允许温度限值。因此，这些装置都要有自身附带的散热设备，对其温度进行控制，需要做的就是选择合适的安装位置，并预留必要散热空间。

（四）电动机和控制器的冷却要求

电动机和控制器的最高允许温度和冷却方式有所不同，因而冷却要求略有差别。对于风冷电动机及控制器来说，只能从本身的设计上进行改善，如增加散热面积、增加必要的强制通风设备等，这些要求在电动机设计的时候就被提出。在安装时，设备必须安装在开放位置或者通风良好的环境下。

而对于液冷的电动机和控制器来说，需要对电动机和控制器进行合理的设计和安装，采用匹配的散热系统，方能满足使用要求。电动机的热源来自电动机内部，即电流流过定子绕组时产生的铜损耗，在铁芯内当磁通变化时所产生的铁损耗，轴承摩擦所产生的机械损耗及附加损耗。电动机产生的热量，首先通过传导方式传送到电动机的外表面，然后借辐射和对流作用将热量从电动机外表面散发到周围冷却介质中去。电动机的冷却情况决定了电动机的温升，温升又直接影响电动机的使用寿命和额定容量。电动机的冷却介质一般选用水、防冻液或油等。

为了保证冷却效果，电动机和控制器的安装位置尤为重要，为保证冷却液的顺畅，通常会将电动机安装设计成有一定的倾角的布置方式，位置较低的水口作为进水口，位置较高的水口为出水口。而控制器内部由于设计较为特殊，为了避免散热不均对内部产生影响，一般采用控制器生产厂家要求的安装方式，一般采用水平安装，图 4-20 所示为某大型电动客车电动机及控制器布局图。

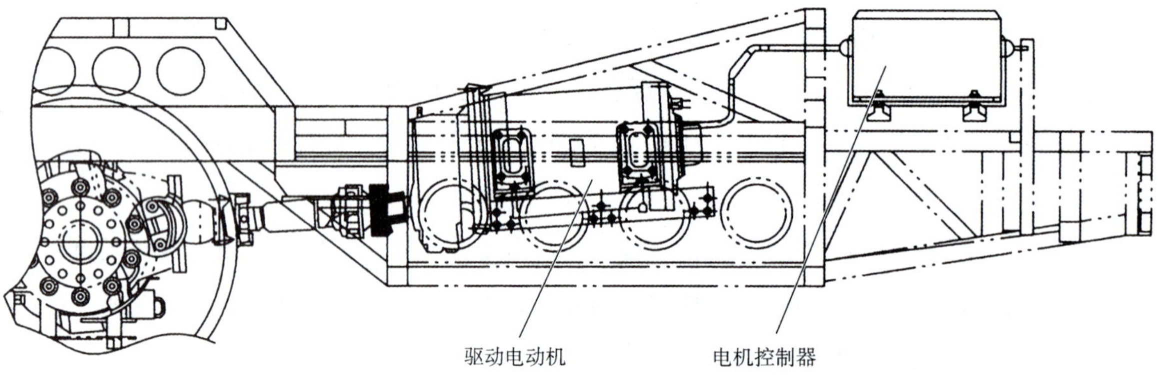

图 4-20　某大型电动客车电动机及控制器布局图

由于电动汽车采用一套液冷设备，因此，对于电动机和控制器而言，要想获得最佳的冷却效果，冷却液的流向十分重要。如图 4-21 所示，冷却液的流向是从散热水箱下部出来后，经水泵后先冷却电动机控制器，从电动机控制器流出的冷却液进入电动机的低位进水口，然后回流到散热水箱的上回流口。这样一个循环下来，保证了控制器的冷却需求，使电动机控制器得到整个系统最低温度的冷却液。

为了保证整个系统的冷却效果和可靠性，上述循环系统的水泵需要在车辆的整个运行期间内连续工作，同时为了节约车载能源，散热水箱的风扇可采用温控风扇，能够根据冷却液的温度控制转速。当冷却液温度较低时，可以关闭散热风扇以节约电能；当循环水温度稍高时，以一个较低的风扇转速对散热水箱进行冷却；当循环水的温度高时，散热风扇全速运行，以获得较大的散热量，维护散热系统的温度不过高。

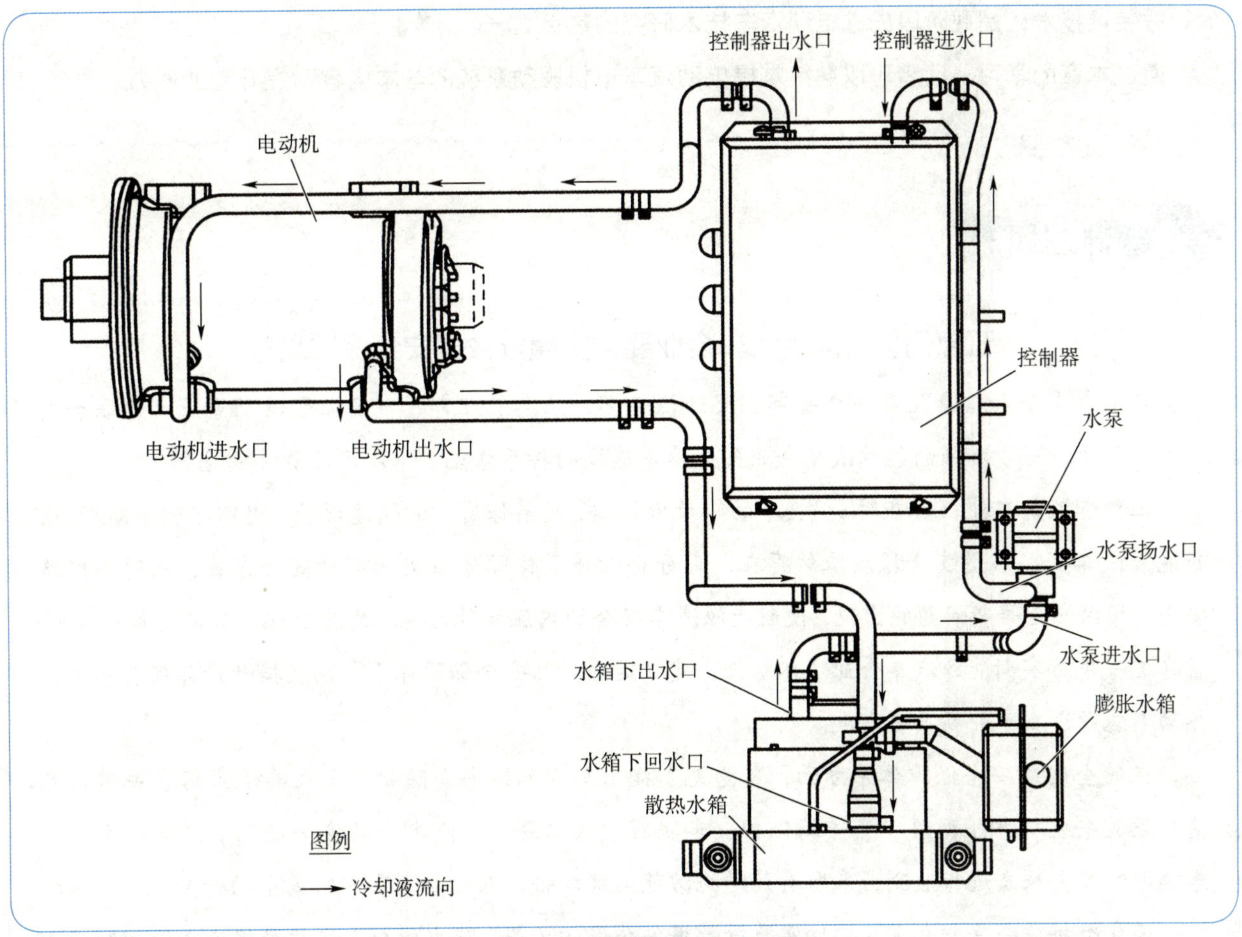

图 4-21　某电动汽车循环水路布置图

本章小结

1. 电机驱动系统是电动汽车的心脏，它由电动机、功率转换器、控制器、各种检测传感器和电源（动力蓄电池）组成，其任务是在驾驶员的控制下，高效率地将动力蓄电池的电量转化为车轮的动能，或者将车轮的动能反馈到蓄电池中。

2. 直流电动机分为绕组励磁式直流电动机和永磁式直流电动机。本书重点介绍了直流电动机的结构和工作原理。

3. 交流电动机可分为同步电动机和异步电动机两类。交流感应电动机主要由定子和转子两大部分组成。交流感应电动机控制系统的主要作用是为电机提供变压、变频电源，同时其电压和频率能够按照一定的控制策略进行调节，以使驱动系统具有良好的转矩——转速特性。

4. 永磁电动机的分类方法很多，根据输入电动机接线端波形的不同可分为永磁直流电动机和永磁交流电动机。本书分别介绍了其特点、结构和原理。

5. 开关磁阻电机驱动系统是高性能机电一体化系统，主要由开关磁阻电机、功率转换器、传感器和控制器四部分组成。开关磁阻电机具有一定的优点。

6. 轮毂电机技术又称为车轮内装式电机技术，是一种将电动机、传动系统和制动系统融为一体的轮毂装置技术，是现阶段先进电动汽车技术研究的热点之一。

通过本章的学习，读者可以熟练掌握电动汽车电机驱动系统的基本内容，提升专业能力。

课程思政

五部门：新能源汽车企业要切实履行数据安全保护义务

日前，工业和信息化部、公安部、交通运输部、应急管理部、市场监管总局等五部门联合发布了《关于进一步加强新能源汽车企业安全体系建设的指导意见》（以下简称《意见》）。

工信部装备工业一司在对《意见》的解读中指出，随着保有量的快速增长、老旧车辆不断增多，新能源汽车产品质量安全风险依然存在，部分企业质量保障体系仍然有待健全完善；同时，网络安全、数据安全等新问题的出现，使新能源汽车安全的内涵和外延也在发生变化。制定发布《意见》旨在进一步压实新能源汽车企业主体责任，建立健全产品安全保障体系，切实提升产品安全水平，推动新能源汽车产业高质量发展。

在健全网络安全保障体系方面，《意见》提出加强网络安全防护。企业要依法落实关键信息基础设施安全保护、网络安全等级保护、车联网卡实名登记、汽车产品安全漏洞管理等要求。对车辆网络安全状态进行监测，采取有效措施防范网络攻击、入侵等危害网络安全的行为。

强化数据安全保护。企业要切实履行数据安全保护义务，建立健全全流程数据安全管理制度，采取相应的技术措施和其他必要措施，保障数据安全。企业要按照法律、行政法规的有关规定进行数据收集、存储、使用、加工、传输、提供、公开等处理活动，以及数据出境安全管理。

落实个人信息安全防护。企业要按照《个人信息保护法》以及相关法律法规的规定处理个人信息，制定内部管理和操作规程，对个人信息实行分类管理，并采取相应的加密、去标识化等安全技术措施，防止未经授权的访问以及个人信息泄露、篡改、丢失。

（来源：中国高新技术产业导报）

思考练习

（一）填空题

1．电机驱动系统是电动汽车的心脏，它由__________、__________、__________、各种检测传感器和电源（动力蓄电池）组成。

2．直流电动机分为__________式直流电动机和__________直流电动机。

3．交流电动机可分为__________电动机和__________电动机两类。

4．开关磁阻电机驱动系统主要由__________、功率转换器、__________和控制器四部分组成。

5. 轮毂电机驱动系统通常由电机、＿＿＿＿＿＿、制动器与＿＿＿＿＿＿等组成。

6. 永磁同步电动机是用＿＿＿＿＿＿取代绕线式同步电机转子中的＿＿＿＿＿＿，从而省去了励磁线圈、＿＿＿＿＿＿和电刷。

（二）简答题

1. 电动机控制器冷却方式是什么？

2. 永磁同步电动机的特点是什么？

3. 开关磁阻电机的优点有哪些？

实训任务

电动机的常见故障判断和检修

一、实训目的

1. 了解电动机的工作原理和基本结构

2. 了解电动机常见故障的排除方法

二、实训内容

排查电动机出现的故障并分析原因。

三、实训器材

序号	名称	数量
1	万用表	1个
2	绝缘胶带	若干
3	维修工具套装	1套
4	尖嘴钳	1把

四、实训步骤

1. 电机接通后不能起动

原因及处理方法：

（1）定子绕组接线错误——检查接线，纠正错误。

（2）定子绕组断路，短路接地，绕绕转子电动动机绕组断路——找出故障点，排除故障。

（3）负载过重或传动机构被卡住——检查传动机构和负载。

（4）绕线转子电动机转子回路开路（电刷与滑环接触不良，变阻器断路，引线接触不良等）——找出断路点，加以修复。

（5）电源电压过低——检查原因并排除。

（6）电源缺相——检查线路，恢复三相

2. 电动机温升过高或冒烟

原因及处理方法：

（1）负载过重或起动过于频繁——减轻负载，减少起动次数。

（2）运行过程中缺相——检查线路，恢复三相。

（3）定子绕组接线错误——检查接线，加以纠正。

（4）定子绕组接地，匝间或相间发生短路——查出接地或短路部位，加以修复。

（5）笼型转子绕组断条——更换转子。

（6）绕线转子绕组缺相运行——找出故障点，加以修复。

（7）定子与转子相擦——检查轴承，转子是否变形，进行修理或更换。

（8）通风不良——检查风通是否畅通。

（9）电压过高或过低——检查原因并排除。

3. 电动机振动过大

原因及处理方法：

（1）转子不平衡——校平平衡

（2）带轮不平衡或轴伸弯曲——检查并校正

（3）电动机与负载轴线不对齐——检查调整机组的轴线

（4）电动机安装不妥——检查安装情况及底脚螺丝

（5）负载突然过重——减轻负载

4. 运行时有异声

原因及处理方法：

（1）定子与转子相擦——检查轴承，转子是否变形，进行修理或更换

（2）轴承损坏或润滑不良——更换轴承，清洗轴承

（3）电动机缺相运行——检查断路点并加以修复

（4）风叶碰机壳——检查并消除故障

5. 电动机带负载时转速过低

原因及处理方法：

（1）电源电压过低——检查电源电压

（2）负载过大——核对负载

（2）笼形转子绕组断条——更换转子

（3）绕线转子线组一相接触不良或断开——检查电刷压力，电刷与滑环接触情况及转子绕组，

6. 电动机外壳带电

原因及处理方法：

（1）接地不良或接地电阻太大——按规定接好地线，排除接地不良故障

（2）绕组受潮——进行烘干处理

（3）绝缘损坏，引线碰壳——浸漆修补绝缘，重接引线。

第五章

混合动力汽车构造与检修

本章导读

丰田普锐斯混合动力系统由汽油发动机和电动机等组成，采用丰田汽车公司自行开发的 THS（toyota hybrid system）混合动力系统。丰田普锐斯混合动力汽车动力传动系统有两个电动机/发电机：MG1 和 MG2，普锐斯混合动力汽车采用带行星齿轮组的无级变速机构来达到平稳运行的目的。

学习目标

1. 掌握混合动力控制系统维修相关理论。
2. 了解普锐斯混合动力控制系统电路及主要部件位置。
3. 能够对普锐斯混合动力系统进行检查。
4. 能够对动力控制系统进行故障诊断。
5. 能够对混合动力电池系统进行维修。

能力目标

完成汽车专业领域《职业技能等级证书标准》中工作安全

与作业准备工作任务，并具备熟练的新能源汽车一般维修和汽车动力系统检测维修的职业技能。

第一节 混合动力系统

一、普锐斯混合动力汽车技术特点

丰田公司于1997年开始销售普锐斯混合动力汽车，目前已经发展到第四代插电式混合动力汽车。普锐斯是世界上第一款大批量生产的混合动力车型，第三代普锐斯（常规混合动力）现在已在中国生产并上市。

丰田普锐斯混合动力系统由汽油发动机和电动机等组成，采用丰田汽车公司自行开发的THS（Toyota Hybrid System）混合动力系统。THS的核心是用行星齿轮组组成的动力组合器，用于协调发动机和电动机的运动和动力传递。THS已有多种变型产品，例如在THS基础上改进的THS-Ⅱ，在THS基础上增加无级变速器的THS-C（C代表无级变速器），在THS-Ⅱ基础上增加电气式四轮驱动系统（E-Four）的THS-Ⅱ+E-Four等，其基本原理非常相似。

丰田普锐斯混合动力汽车采用了大量的先进技术，例如采用“线控（by-wire）”技术、全电动空调等。

（一）Atkinson循环发动机

丰田普锐斯汽车汽油机工作循环为Atkinson循环，其热效率高，膨胀比大。Atkinson循环的汽油机采用延迟进气门关闭时刻的方法，增大膨胀比。在压缩冲程的起始阶段（当活塞开始上行时），部分进入气缸的空气回流到进气歧管，有效地延迟了压缩起始点，故膨胀比增大，而实际的压缩比并没有增大。由于用这种方法能增大节气门开度，在部分负荷时可减小进气管负压，从而减小进气损失。

（二）“线控（by-wire）”技术

“线控（by-wire）”技术起源于航空工业，即某些操纵机构采用电子控制、电动执行来取代机械或液力控制。具有响应快、重量轻、占地小的特点。在普锐斯混合动力汽车上，节气门、制动、换挡杆、牵引力控制和车辆稳定性控制（VSC+）都采用了“线控（by-wire）”技术，提高了操纵性。

（三）电控无级变速器

普锐斯混合动力汽车并不是一般意义上的无级变速器（CVT），但其变速理论与无级变速器的变速理论相同。普锐斯混合动力汽车的动力分配装置将发动机和电动机的力矩分配给驱动轮或发电机，通过选择性地控制动力源（驱动电动机、发动机和发电机）的转速，模拟变速器传动比的连续变化，工作起来像普通的无级变速器（CVT）一样。

（四）电动牵引力控制

普锐斯混合动力汽车是世界上第一辆采用电动机施力的牵引力控制系统，各组成部件之间信息传递快，提高了整车的主动安全性。如果防滑控制单元（ECU）检测到车轮打滑时，电动牵引力控制系统会立即切断电动机传到车轮的驱动力矩，而不是像传统牵引力控制系统那样切断来自发动机的动力。此外电控制动系统可采取制动。

（五）电子换挡杆

电子换挡杆安装在仪表盘上，比传统的换挡杆使用起来更加方便、灵活，还可以用指尖点动。换挡杆每次动作后，总是回到原来位置。换挡杆有照明灯，方便夜间使用。换挡杆有N（空挡）、D（驱动）、R（倒挡）、B（发动机制动）等四个挡位。驻车开关安装在换挡杆的上方，与传统自动变速器换挡操纵手柄处于“P”位置的作用相同，如图5-1所示。

（六）电控制动系统（ECB）

普锐斯混合动力汽车采用独特的线控制动系统。踩动制动踏板会触动停车的控制电路，电控制动系统（ECB）响应迅速，可与其他主动安全系统（如VSC+）互相配合。ECB也用于提高再生制动系统的效率，将车辆制动时的动能回收。ECB有备用电源，以防备车辆电源系统发生故障。

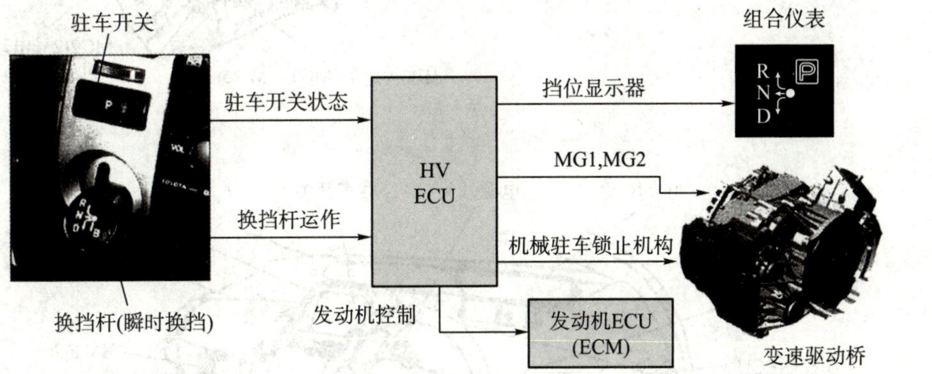

图5-1 电子换挡示意图

（七）全电动空调系统

传统空调系统的压缩机由曲轴通过传动带驱动，而普锐斯混合动力汽车的空调压缩机由空调变频器驱动。普锐斯混合动力汽车空调系统不依靠发动机的运转，有下列优点。

（1）即使发动机熄火，空调也能发挥最大效率。

（2）空调与发动机的运转各自独立，空调的运转不会降低汽车的行驶性能。

（3）电动水泵能够在发动机熄火时向加热器供热。

普锐斯混合动力汽车的电动压缩机比传统的压缩机小40%，轻50%，可直接安装到发动机上。

二、丰田混合动力系统的组成

丰田混合动力汽车的动力核心是丰田混合动力系统THS（toyota hybrid system），它使用汽油发动机和电动机两种动力，通过串联与并联相结合即混联的方式进行工作，达到了低排放的效果。2003年，丰田公司又推出了采用 THS- Ⅱ（第二代丰田混合动力系统）的普锐斯混合动力汽车。

丰田混合动力系统的主要部件在车上的位置如图 5-2 所示。

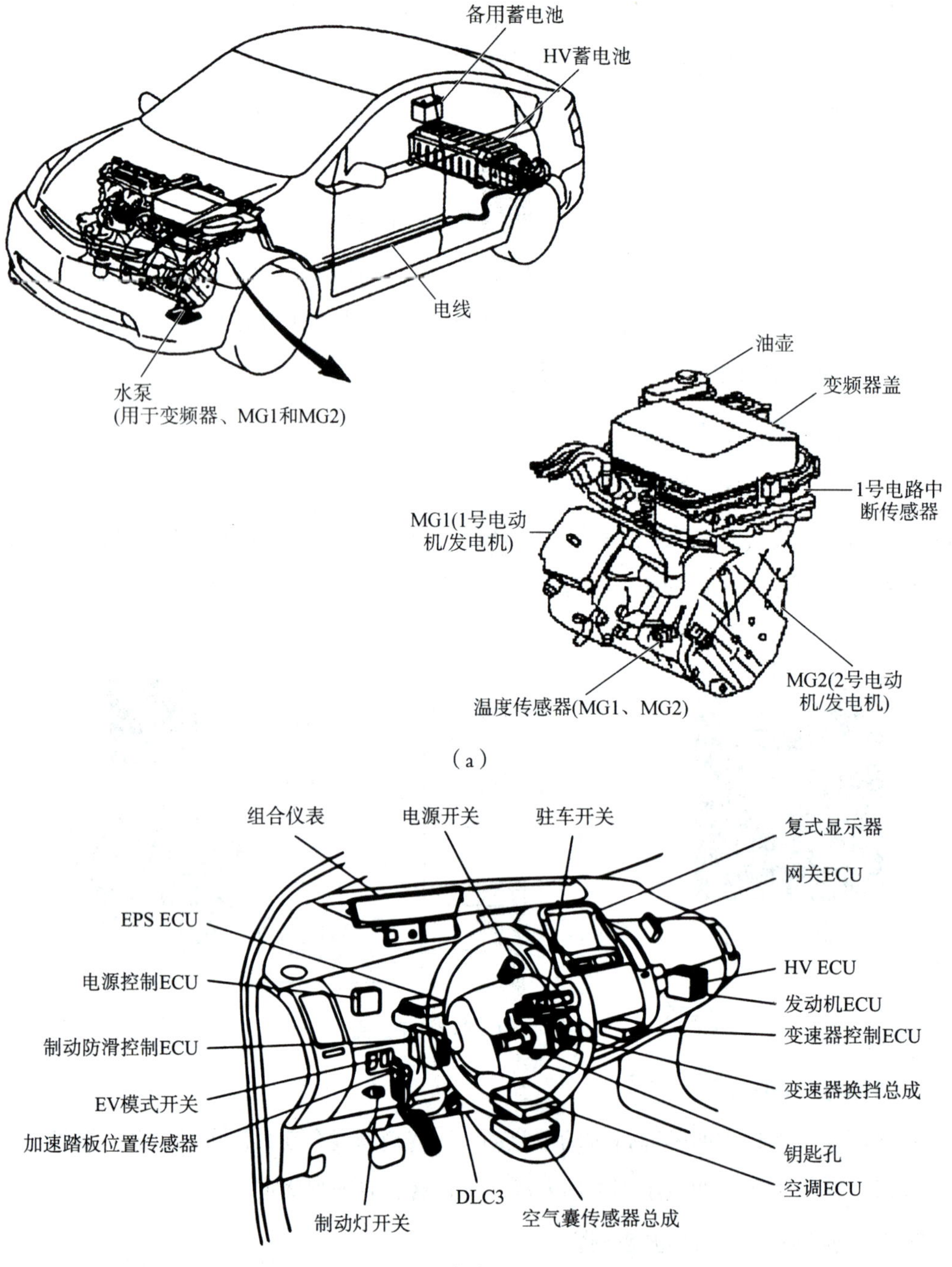

图 5-2　丰田混合动力系统主要部件的位置

（一）HV（混合动力汽车）变速驱动桥

混合动力汽车（HV）变速驱动桥由发电机（MG1）、电动机（MG2）和行星齿轮组组成。

1. 发电机（MG1）

发电机（MG1）由发动机带动旋转产生高压电以操作电动机（MG2）或为 HV 蓄电池充电。同时，它还可以作为起动机起动发动机，其技术参数如表 5–1 所示。

表 5–1 发电机（MG1）技术参数

项目	新车型	旧车型
类型	永磁电动机	永磁电动机
功能	发电机、发动机的起动机	发电机、发动机的起动机
最高电压 / V	AC500	AC273.6
冷却系统	水冷	水冷

2. 电动机（MG2）

由发电机（MG1）或 HV 蓄电池的电能驱动，产生车辆动力。制动期间或松开加速踏板时，它产生电能为 HV 蓄电池再次充电（再生制动控制），其技术参数如表 5–2 所示。

表 5–2 电动机（MG2）技术参数

项目	新车型	旧车型
类型	永磁电动机	永磁电动机
功能	发电机、驱动车轮	发电机、驱动车轮
最高电压 / V	AC500	AC273.6
最大输出功率 / kW	50/（1 200 ～ 1 540 r/min）	33/（1 040 ～ 5 600 r/min）
最大转矩 / （N · m）	400/（0 ～ 1 200 r/min）	350/（0 ～ 1 200 r/min）
冷却系统	水冷	水冷

发电机（MG1）和电动机（MG2）结构紧凑、质量轻、高效，总成为交流永磁铁同步型电动机 / 发电机，如图 5–3 所示。

在必要时，电动机 / 发电机（MG1）作为辅助动力源为发动机提供辅助动力，使车辆达到优良的动态性能，其中包括平稳起步和加速。启动再生制动后，电动机 / 发电机（MG2）将车辆的动能转换为电能并储存在 HV 蓄电池中。

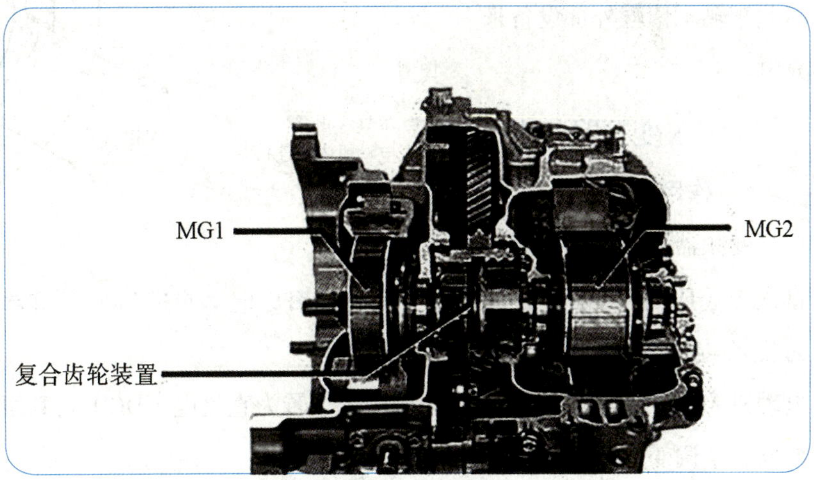

图 5–3 MG1 和 MG2

电动机 / 发电机（MG1）为 HV 蓄电池重新充电并为电动机 / 发电机（MG2）供电。此外，通过调节发电量（改变发电机的转速），电动机 / 发电机（MG1）有效地控制变速驱动桥的连续可变变速器的功能。电动机 / 发电机（MG1）同样作为起动机起动发动机。

发电机（MG1）和电动机（MG2）的电路图如图 5–4 所示。

发电机（MG1）和电动机（MG2）为永磁电动机，其三相交流电经过定子线圈的三相绕组时，电动机内产生旋转磁场。发电机（MG1）和电动机（MG2）的工作原理如图 5-5 所示。通过以转子的旋转位置和转速控制旋转磁场从而使转子的永磁铁受到旋转磁场的吸引产生转矩，产生的转矩可用于与电流相匹配的所有用途，而转速由交流电的频率控制。此外，通过对旋转磁场和转子磁铁的角度作适当的调整，可以产生较大的转矩和较高的转速。

3. 行星齿轮组

以适当的比例分配发动机驱动力来直接驱动车辆和发电机。

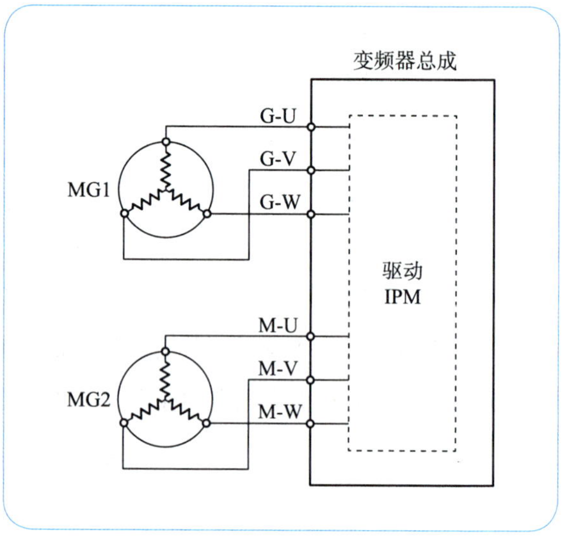

图 5-4　发电机（MG1）和电动机（MC2）电路图

（二）HV 蓄电池

在起步、加速和上坡时，将电能提供给电动机 / 发电机。

普锐斯采用镍氢（Ni-MH）蓄电池作为 HV 蓄电池，其位于行李舱内后排座位下。该 HV 蓄电池具有高能、重量轻、配合 THS- Ⅱ系统特性使用时间较长等特点。车辆正常工作时，由于 THS- Ⅱ系统通过充电 / 放电来保持 HV 蓄电池 SOC（荷电状态）为恒定数值，因此车辆不依赖外部设备来充电。

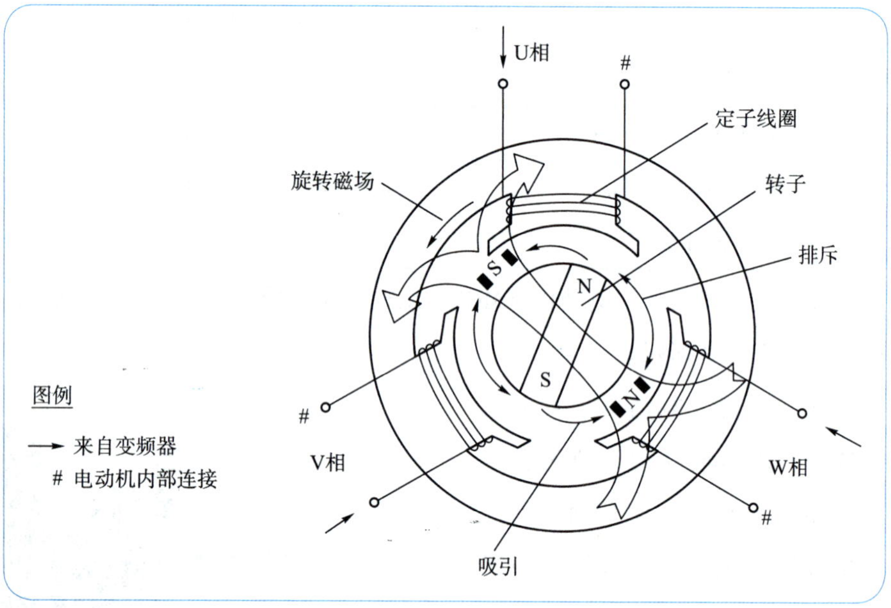

图 5-5　发电机（MG1）和电动机（MC2）的工作原理

（三）变频器总成

1. 作用及组成

变频器总成用于将高压直流电（HV 蓄电池）转换为交流电（发电机 MG1 和电动机 MG2）；反之亦可，交流电（AC）转为直流电（DC）。其组成部件包括增压转换器、DC/DC 转换器和空调变频器。

（1）增压转换器。将 HV 蓄电池的最高电压从 DC201.6 V 增加到 DC500 V；反之亦可，从 DC500 V 降到 DC201.6 V。

（2）DC/DC 转换器。将最高电压从 DC201.6 V 降到 DC12 V，为车身电气组件供电以及为备用蓄电池再次充电（DC12 V）。

（3）空调变频器。将 HV 蓄电池的额定电压 DC201.6 V 转换为 AC201.6 V，为空调系统中的电动变频压缩机供电。

2. 变频器总成的工作原理

变频器将HV蓄电池的高压直流电转换为三相交流电来驱动发电机（MG1）和电动机（MG2）。功率晶体管的启动由HV ECU控制。此外，变频器将用于电流控制（如输出电流或电压）的信息传输到HV ECU。变频器和发电机（MG1）、电动机（MG2）一起，由发动机冷却系统分离的专用散热器冷却。如果车辆发生碰撞，安装在变速器内部的断路器传感器会检测到碰撞信号从而关停系统。

变频器总成中的增压转换器将HV蓄电池DC201.6 V的额定电压提升到DC500 V，提升电压后，变频器将直流电转换为交流电。

发电机（MG1）、电动机（MG2）桥电路和信号处理/保护功能处理器已集成在IPM（智能功率模块）中（变频器电路图如图5-6所示），以提高车辆性能。变频器总成中的空调变频器为空调系统中的电动变频压缩机供电。将变频器散热器和发动机散热器集成为一体，更加合理地利用了发动机舱内的空间。

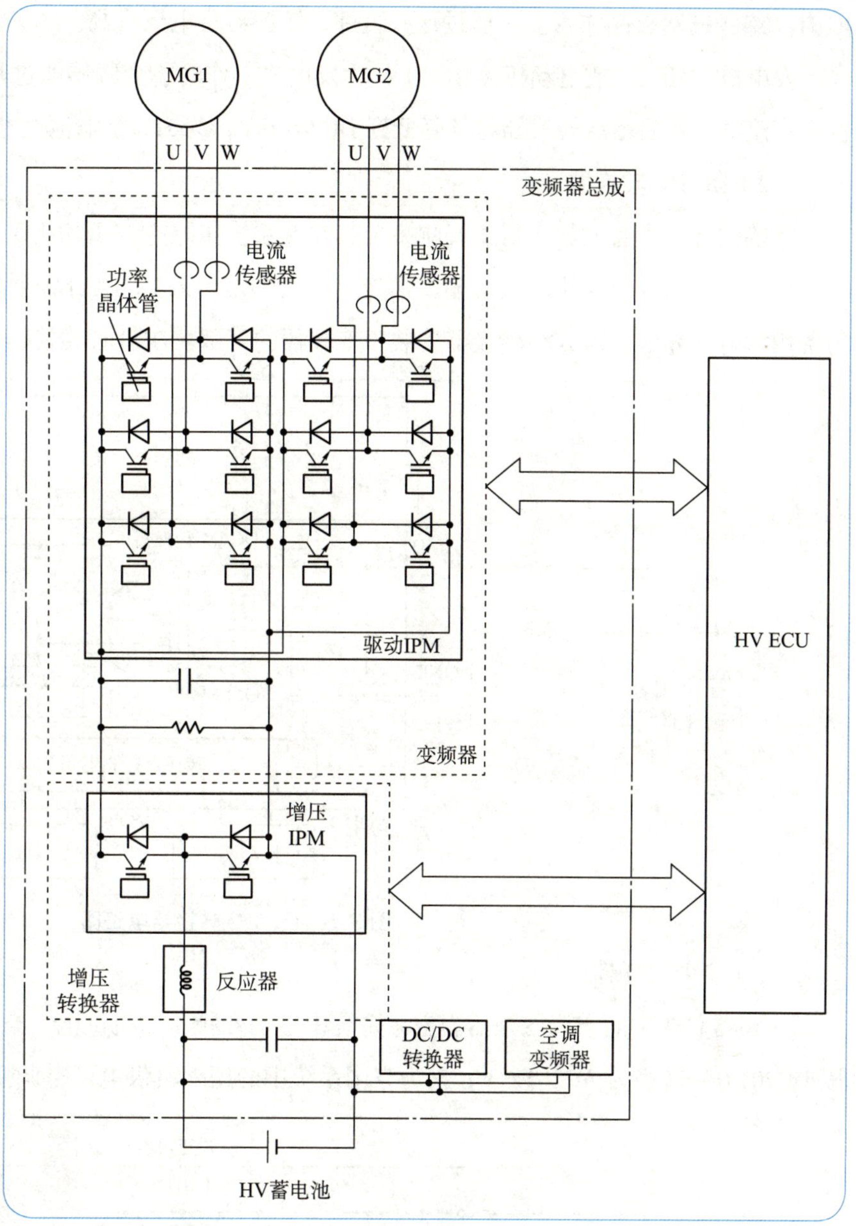

图5-6　变频器电路图

（1）增压转换器。

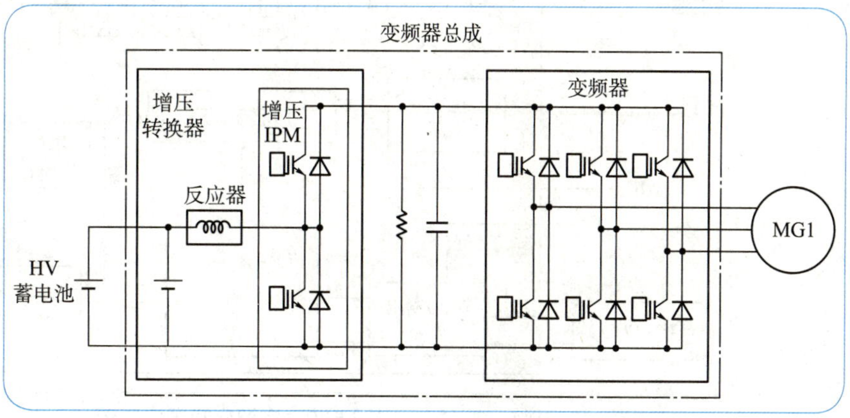

图5-7　增压转换器电路图

增压转换器将HV蓄电池输出的额定电压DC201.6 V增压到DC500 V的最高电压（增压转换器电路图如图5-7所示）。转换器包括增压IPM（智能功率模块）、

IGBT（绝缘栅双极晶体管）。通过这些组件，转换器将电压升高。

发电机（MG1）或电动机（MG2）作为发电机工作时，变频器通过其将交流电（201.6 ～ 500 V）转换为直流电，然后增压转换器将其降低到 DC201.6 V，为 HV 蓄电池充电。

（2）DC/DC 转换器。

车辆的辅助设备，如车灯、音响系统、空调系统（除空调压缩机）和 ECU，它们由 DC12 V 的供电系统供电。由于 THS- Ⅱ发电机输出额定电压为 DC201.6 V，因此需要转换器将电压降低到 DC12 V 来为备用蓄电池充电。DC/DC 转换器安装于变频器的下部。DC/DC 转换器电路图如图 5-8 所示。

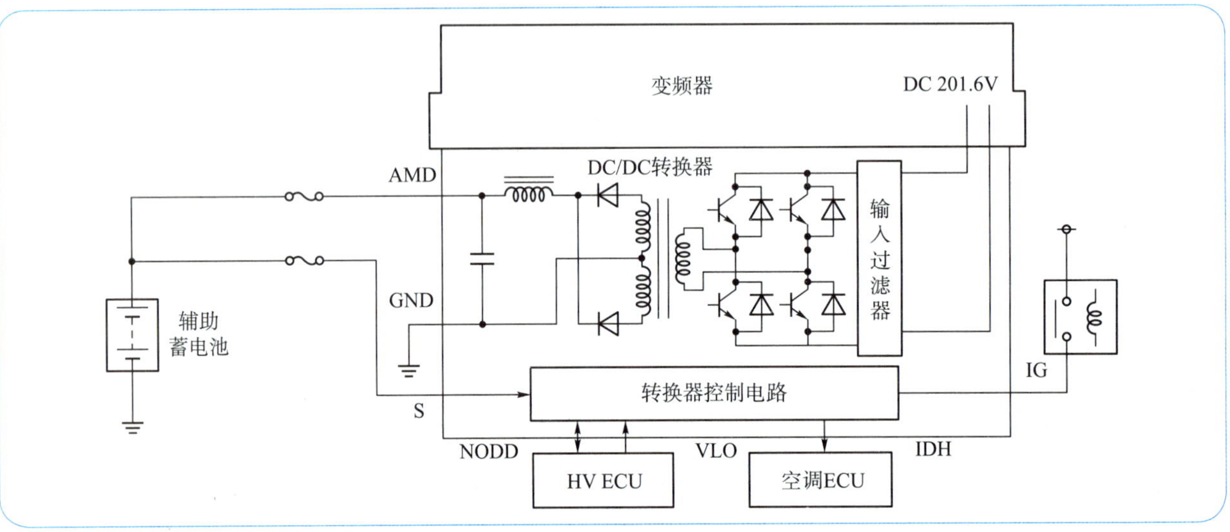

图 5-8　DC/DC 转换器电路图

（3）空调变频器。

变频器总成中的空调变频器为空调系统中电动变频压缩机供电。空调变频器将 HV 蓄电池的额定电压 DC201.6 V 转换为 AC201.6 V，来为空调系统中的压缩机供电。空调变频器电路图如图 5-9 所示。

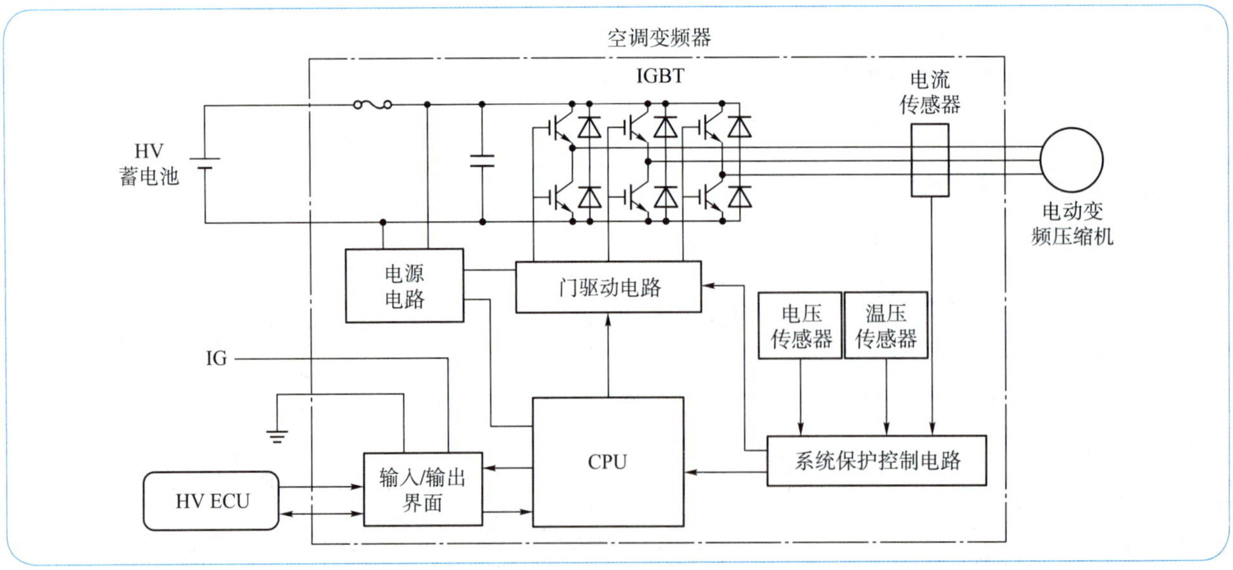

图 5-9　空调变频器电路图

（4）冷却系统。

汽车采用了配备有水泵的发电机（MG1）和电动机（MG2）冷却系统，而且将其与发动机冷却系统分开。冷却系统的散热器集成在发动机的散热器中，这样，散热器的结构得到简化，空间也得到有效利用。冷却系统参数如表 5–3 所示。

表 5–3　变频器、发电机（MG1）和电动机（MG2）的冷却系统参数

水泵	流量 /（L/min^{-1}）		10 或者更高（65℃）
冷却液	容量 / L		2.7
	类别		丰田纯牌超级长效冷却液（SLLC）或同等品
	颜色		粉红
	维护间隔	第一次	160 000 km
		以后	每 80 000 km ①

注：①仅在车辆使用 SLLC（粉红色）时，如果使用 LLC（红色），维护间隔应变为 40 000 km 或 24 个月（以先到为准）。

②更换 SLLC 时，应该用混合动力变速驱动桥下部的排放塞排尽里面的旧冷却液。如在维护时将非 SLLC 的冷却液注入车辆，则上述维护间隔不再有效。如果车辆最初使用 LLC（红色），而后用 SLLC（粉红）更换时，可调整维护间隔为 80 000 km。

（四）HV ECU

接收每个传感器及 ECU（发动机 ECU、蓄电池 ECU、制动防滑控制 ECU 和 EPS ECU）的信息，根据此信息计算所需的转矩和输出功率。

HV ECU 将计算结果发送给发动机 ECU、变频器总成、蓄电池 ECU 和制动防滑控制 ECU。

（五）发动机 ECU

根据接收来自 HV ECU 的目标发动机转速和所需的发动机动力启动 ETCS–i（智能电子节气门）。

（六）蓄电池 ECU

监控 HV 蓄电池的充电状态。

（七）制动防滑控制 ECU

控制电动机 / 发电机产生的再生制动以及控制液压制动，使总制动力等于仅配备液压制动的传统车辆。同样，制动防滑控制 ECU 照常进行制动系统控制（带 EBD 的 ABS、制动辅助和 VSC+）。

（八）加速踏板位置传感器

将加速踏板角度转换为电信号并输出到 HV ECU。

加速踏板受到大小不一的力时，安装在加速踏板臂基部的传感器的磁轭以不同的速度围绕传感器的霍尔 IC 旋转，这时，磁通的变化量由霍尔 IC 转换为电信号并输出给 HV ECU，显示加速踏板受力的大小。

（九）挡位传感器

将挡位转换为电信号并输出到 HV ECU。

（十）SMR（系统主继电器）

用来自 HV ECU 的信号连接或断开蓄电池和变频器总成间的高压电路。

（十一）互锁开关（用于变频器盖和检修塞）

确认变频器盖和检修塞均已安装完毕。

（十二）断路器传感器

如果检测到车辆发生碰撞，则切断高压电路。

（十三）检修塞

在检查或维修车辆时，要拆下此塞，关闭 HV 蓄电池高压电路。

（十四）电线

电线将变频器与 HV 蓄电池、发电机（MG1）、电动机（MG2）以及空调压缩机等部件相连，以传输高电压、高电流。电线一端接在行李舱中 HV 蓄电池的左前连接器上，而另一端从后排座椅下经过，穿过地板沿着地板下加强件一直连接到发动机室中的变频器。这种屏蔽电线可减少电磁干涉。辅助蓄电池的 DC12 V 配线排布与上述电线相同。高压动力线被屏蔽，以减小电磁干扰。高压线束和接头采用橙色，以与普通低压线束区别。

三、丰田混合动力系统工作状态与原理

（一）工作状态

根据行驶条件的不同，汽车在稳定运行过程中，可能处于不同的工作状态，最大限度地适应车辆的行驶状况。

（1）HV 蓄电池向电动机（MG2）供电，以驱动车辆。

（2）发动机通过行星齿轮机构驱动车辆时，发电机（MG1）由发动机通过行星齿轮机构带动旋转，为电动机 / 发电机提供电能。

（3）发电机（MG1）由发动机通过行星齿轮机构带动旋转，为 HV 蓄电池充电。

（4）车辆减速时，车轮的动能被回收并转化为电能，并通过电动机 / 发电机为 HV 蓄电池再次充电。

HV ECU 根据车辆工作状态（1）、（2）、（3）、（1）+（2）+（3）或（4）工作模式间转换。但是，HV 蓄电池的 SOC（荷电状态）较低时，发动机带动电动机 / 发电机（MG1）为 HV 蓄电池充电。

THS- Ⅱ（第二代丰田混合动力系统）使用发动机和电动机（MG2）提供的两种动力，并使用 MG1 作为发电机。系统根据车辆各种行驶状况优化组合这两种动力。

HV ECU 始终监视 SOC 状态、蓄电池温度、水温和电载荷状况。在“READY”指示灯亮，车辆处于“P”挡或车辆倒车时，如果监视项目符合条件，HV ECU 发出指令，起动发动机，驱动发电机（MG1），并为 HV 蓄电池充电。

（二）工作原理

图 5-10 反映了车辆的常见行驶状况。图 5-10 中，A 阶段仪表板上“READY”灯亮；B 阶段车辆起步；C 阶段发动机微加速；D 阶段小负荷巡航；E 阶段节气门全开加速；F 阶段减速行驶；G 阶段倒车。

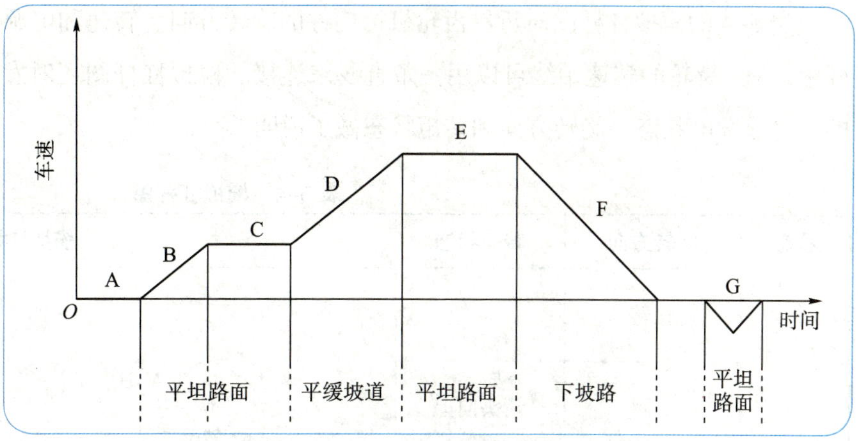

图 5-10　车辆行驶状况

图 5-11 是行星齿轮组与发动机、MG1 和 MG2 连接关系图。发动机连接行星架，MG1 连接太阳轮，MG2 连接环齿轮。根据相对运动关系可以非常方便地用模拟杠杆来表示行星齿轮机构（组）各部件的转速关系如图 5-12 所示和如图 5-13 所示。杠杆的 3 个节点的相对位置由太阳齿轮（MG1）与环齿轮（MG2）的齿数确定，相对于水平基准位置，同侧表示运转方向相同、异侧表示运转方向相反，相对于基准位置的高度（垂直位移）相似于转速。

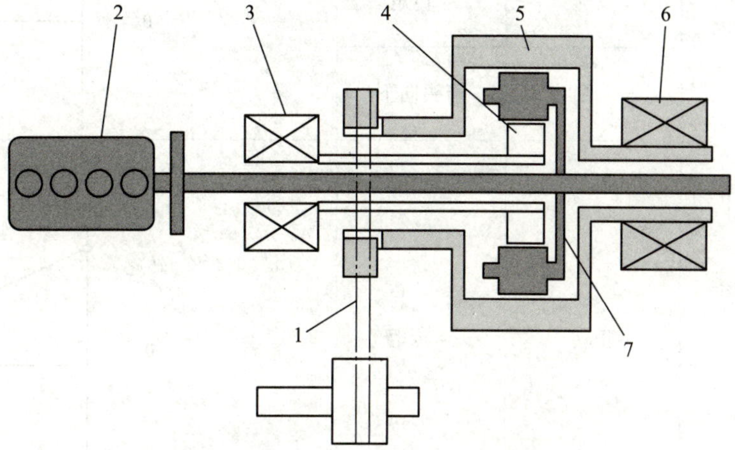

1- 驱动链条；2- 发动机；3-MG1；4- 太阳轮；5- 环齿轮；6- MG2；7- 行星架。

图 5-11　行星齿轮组与发动机、MG1 和 MG2 连接关系

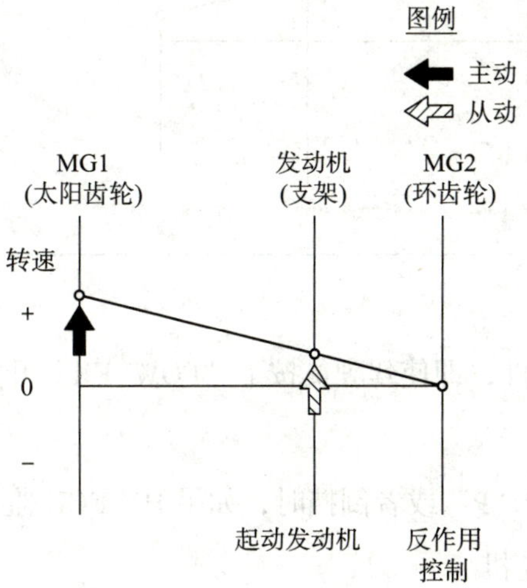

图 5-12　表示行星轮系角速度关系的模拟杠杆

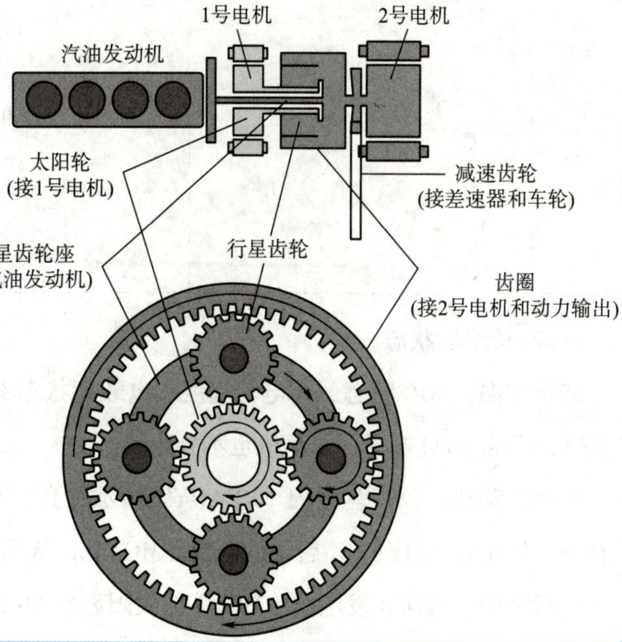

图 5-13　普锐斯用的行星齿轮机组

表 5-4 的模拟杠杆图对行星齿轮机构构件的旋转方向、转速和电源平衡进行了直观表示。此模拟杠杆中，3 个齿轮的转速始终可以用一条直线来连接。模拟杠杆图还对发电机（MG1）或电动机（MG2）的充电或发电状态、旋转方向和转矩状态做了说明。

表 5-4　模拟杠杆图

状态	旋转方向	转矩状态	模拟杠杆例图
放电	正转	+ 转矩	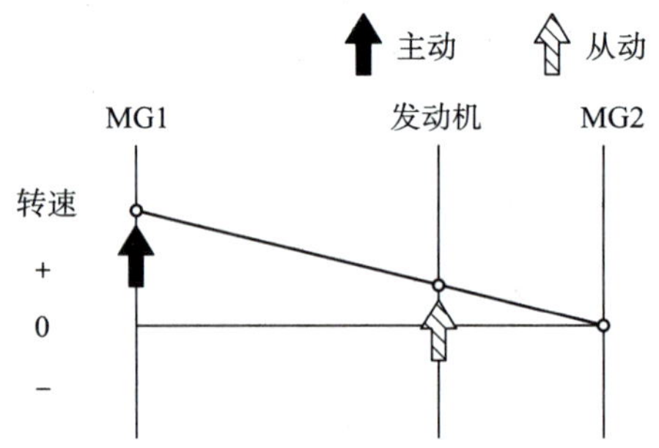
	+ 侧	箭头向上	
	反转	− 转矩	
	− 侧	箭头向下	
发电	正转	− 转矩	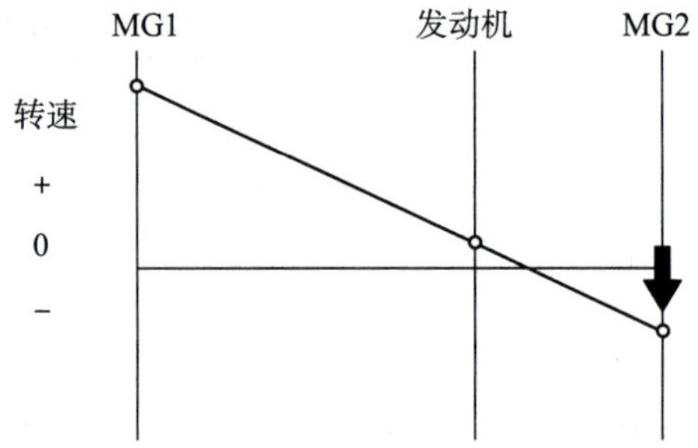
	+ 侧	箭头向下	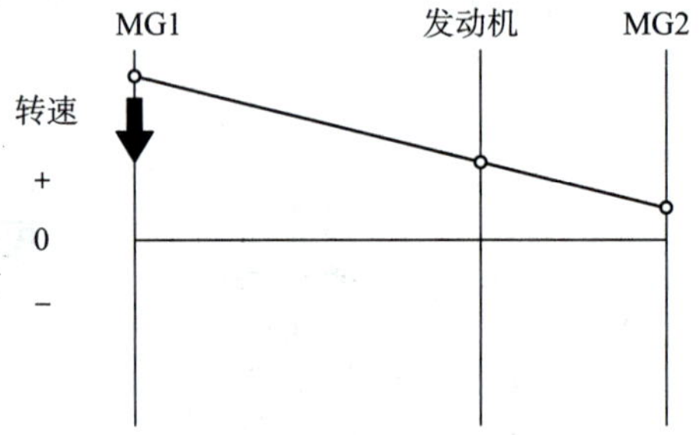

1. 准备起动状态

如果水温、SOC 状态、蓄电池温度和电载荷状态不满足条件，即使驾驶员按下“POW-ER”开关，“READY”指示灯打开，发动机也不会运转。

起动发动机：仪表盘上的“READY”指示灯亮、车辆处于“P”或者倒挡时，如果 HV ECU 监视的所有项目均正常，HV ECU 启动发电机（MG1），从而起动发动机。

运行期间，为防止发电机（MG1）的太阳齿轮的反作用力转动电动机（MG2）的环齿轮并驱动车轮，电动机（MG2）接收电流，施加制动如图 5-14 所示和如图 5-15 所示，这个功能称为“反作用控制”。

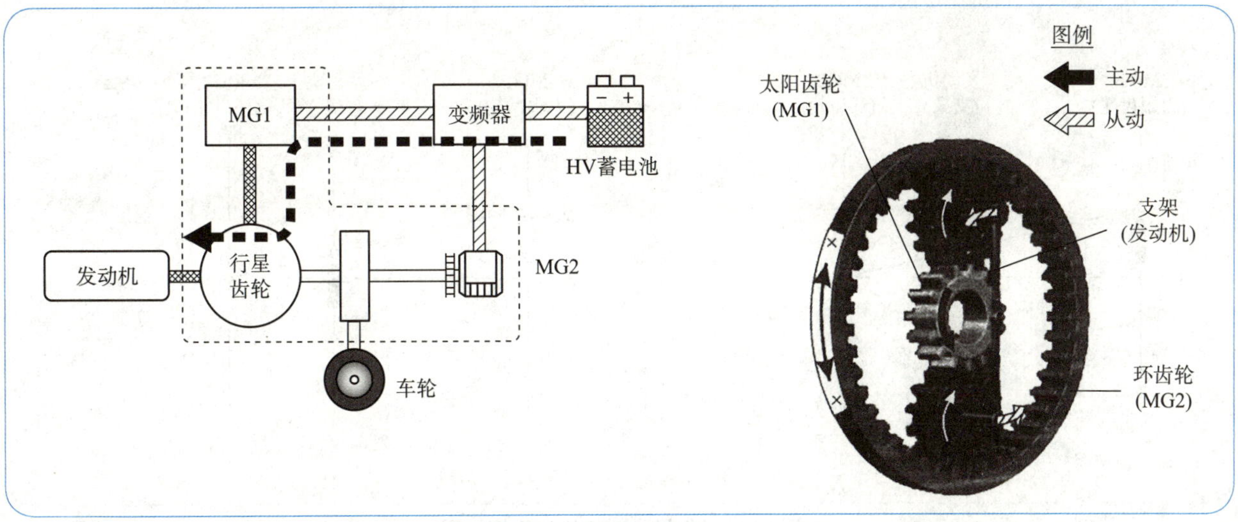

图 5-14　准备起动状态

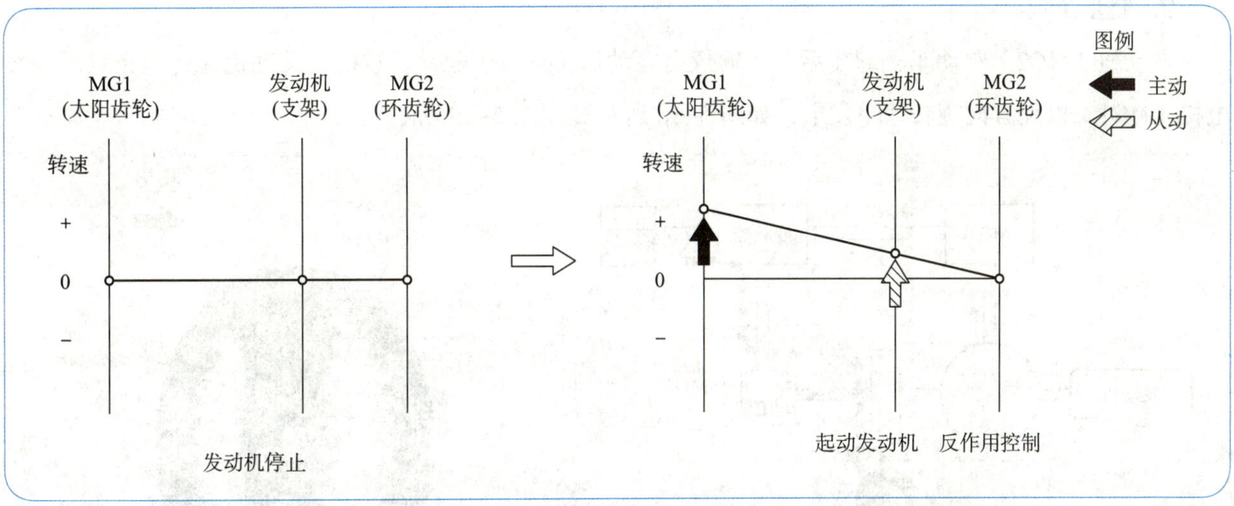

图 5-15　行星齿轮机构模拟杠杆图

在随后状态中，运转中的发动机驱动发电机（MG1），为 HV 蓄电池充电，如图 5-16 所示和如图 5-17 所示。

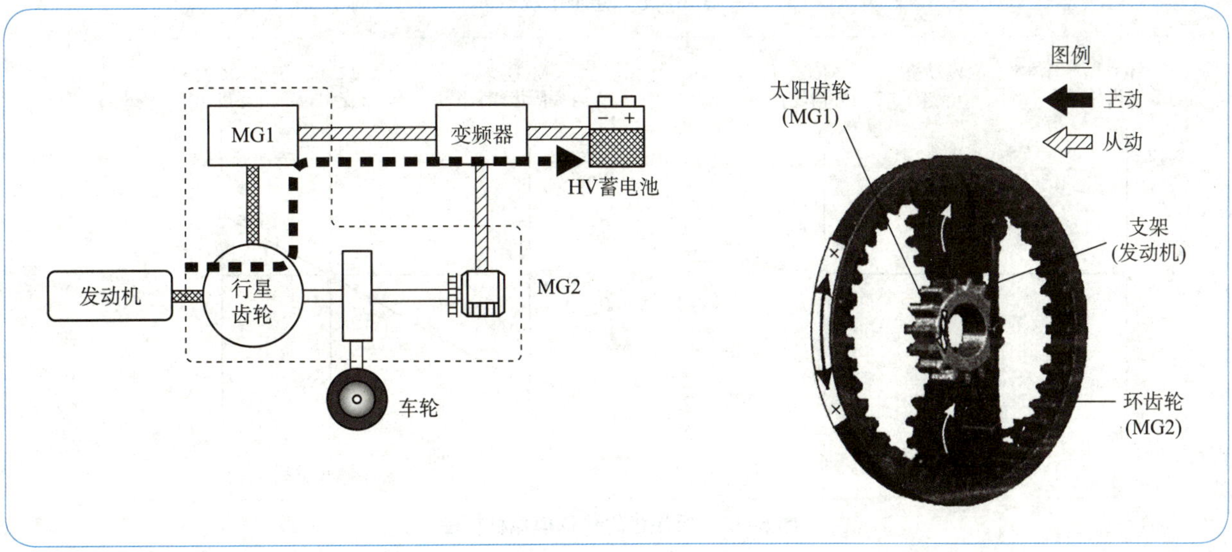

图 5-16　蓄电池充电

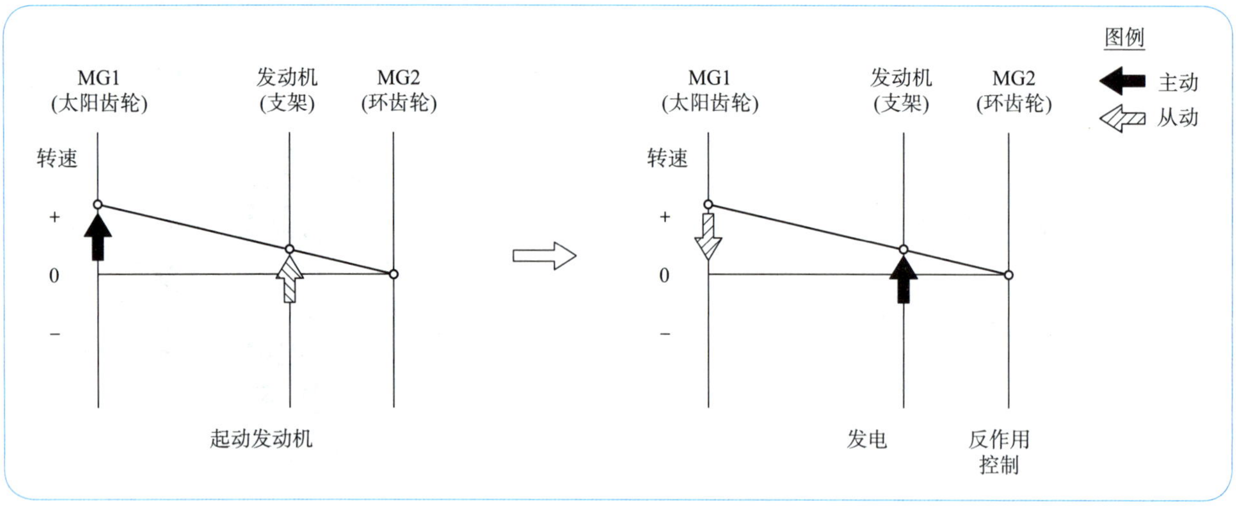

图 5-17　行星齿轮机构模拟杠杆图

2. 起步工况

电动机（MG2）驱动车辆起步后，车辆仅由电动机（MG2）驱动。这时，发动机保持停止状态，发电机（MG1）以反方向旋转而不发电，如图 5-18 所示和如图 5-19 所示。

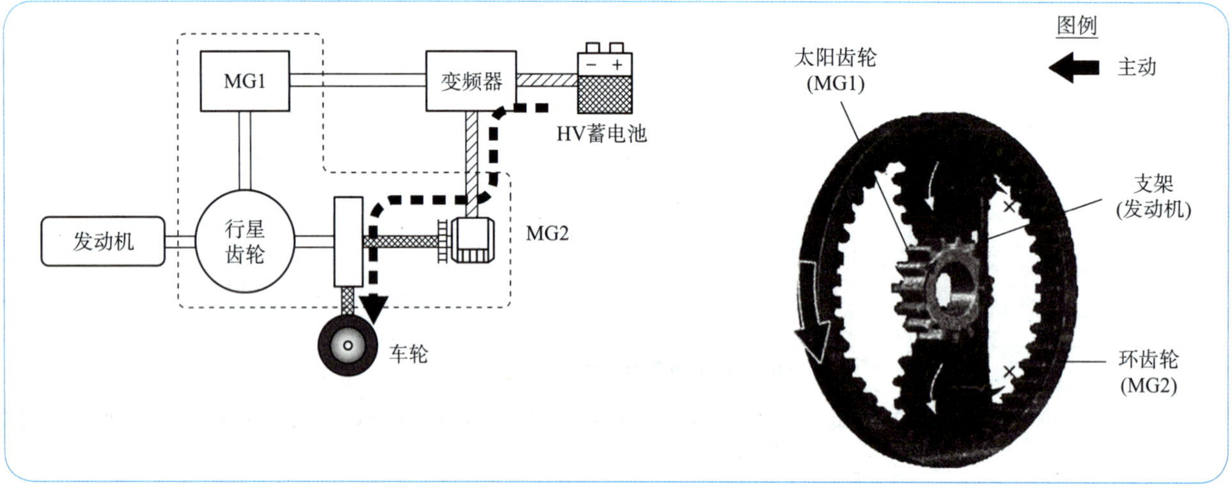

图 5-18　起步工况

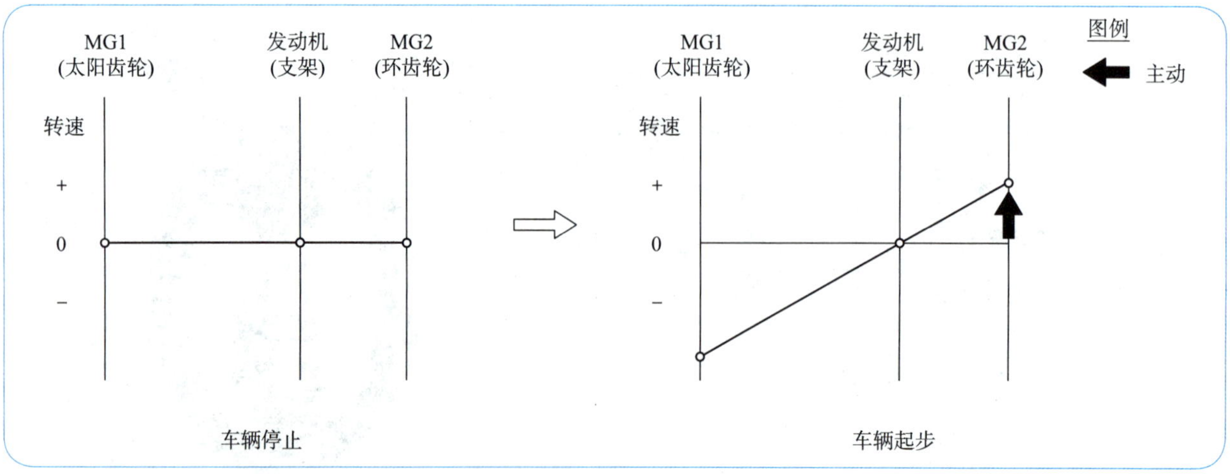

图 5-19　行星齿轮机构模拟杠杆图

启动发动机：只有电动机（MG2）工作时，如果增加所需驱动转矩，发电机（MG1）将被启动，进而启动发动机。同样，如果 HV ECU 监视的任何项目如 SOC 状态、蓄电池温度、水温和电载荷状态与规定值有偏差，发电机（MG1）将被启动，进而启动发动机，如图 5-20 所示和如图 5-21 所示。

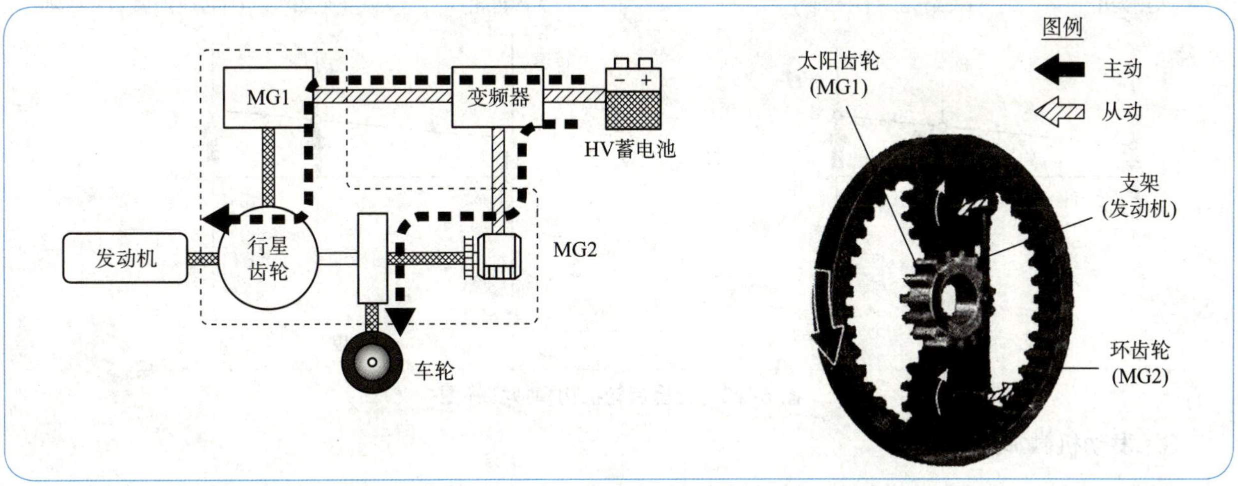

图 5-20　汽车起步后发动机启动

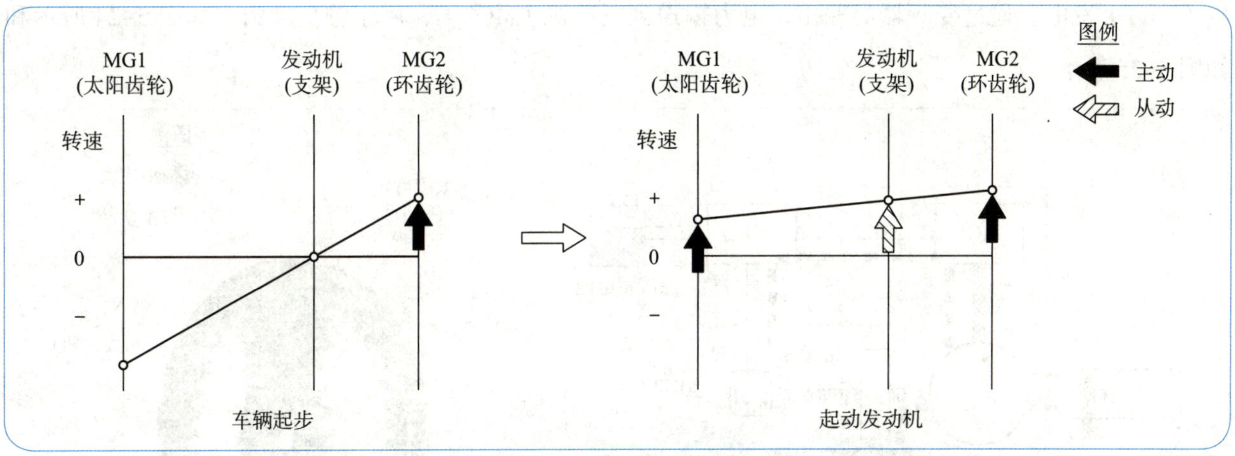

图 5-21　行星齿轮机构模拟杠杆图

在随后的状态中，已经起动的发动机将使发电机（MG1）为 HV 蓄电池充电。如果需要增加所需驱动转矩，发动机将驱动发电机（MG1）并转变为“发动机微加速时”模式，如图 5-22 所示和如图 5-23 所示。

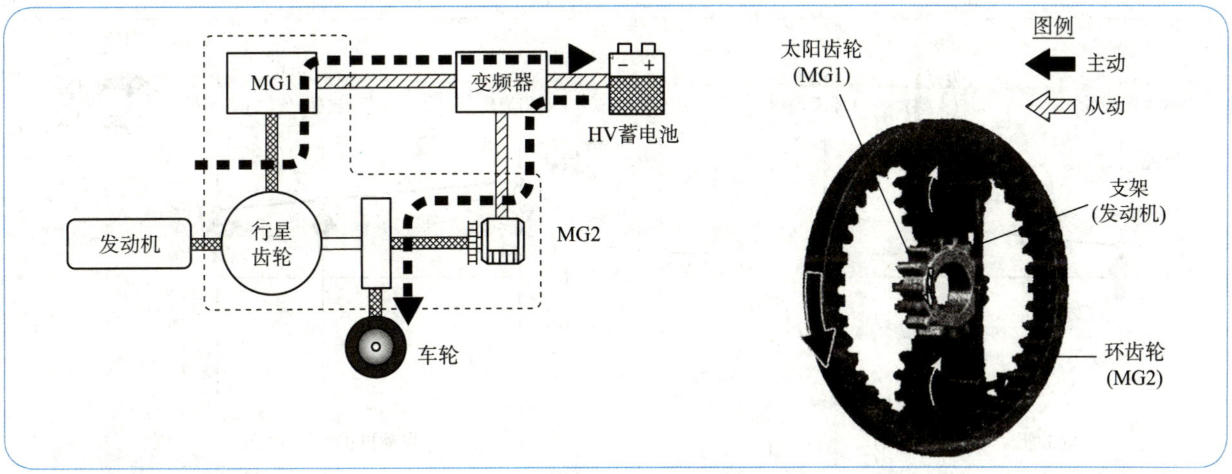

图 5-22　发动机驱动发电机

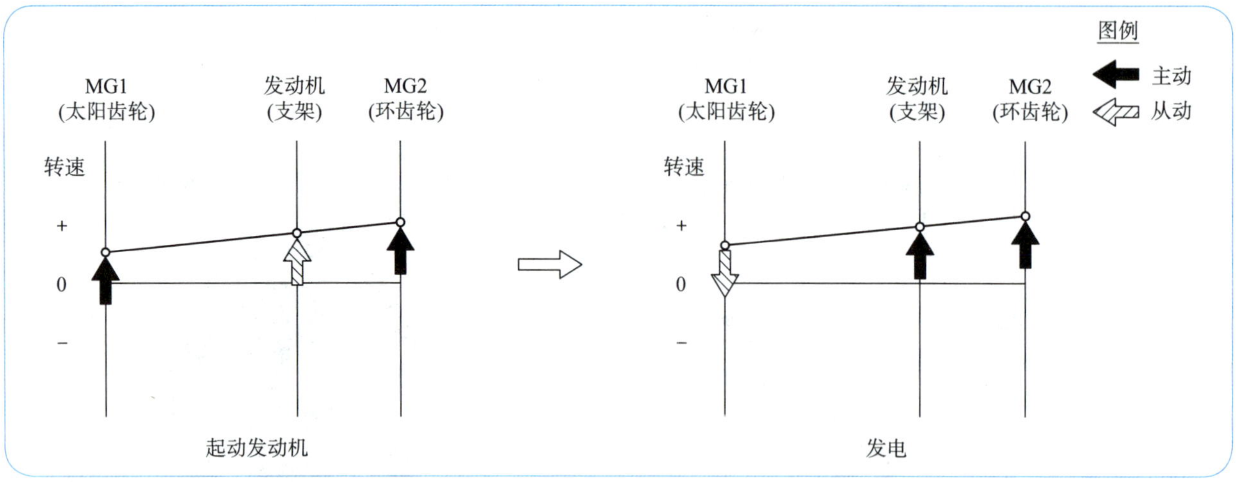

图 5-23　行星齿轮机构模拟杠杆图

3. 发动机微加速工况

发动机微加速时，发动机的动力由行星齿轮组分配。其中一部分动力直接输出，剩余动力用于发电机（MG1）发电。通过变频器的输出，电力输送到电动机（MG2），用于输出动力，如图 5-24 所示和如图 5-25 所示。

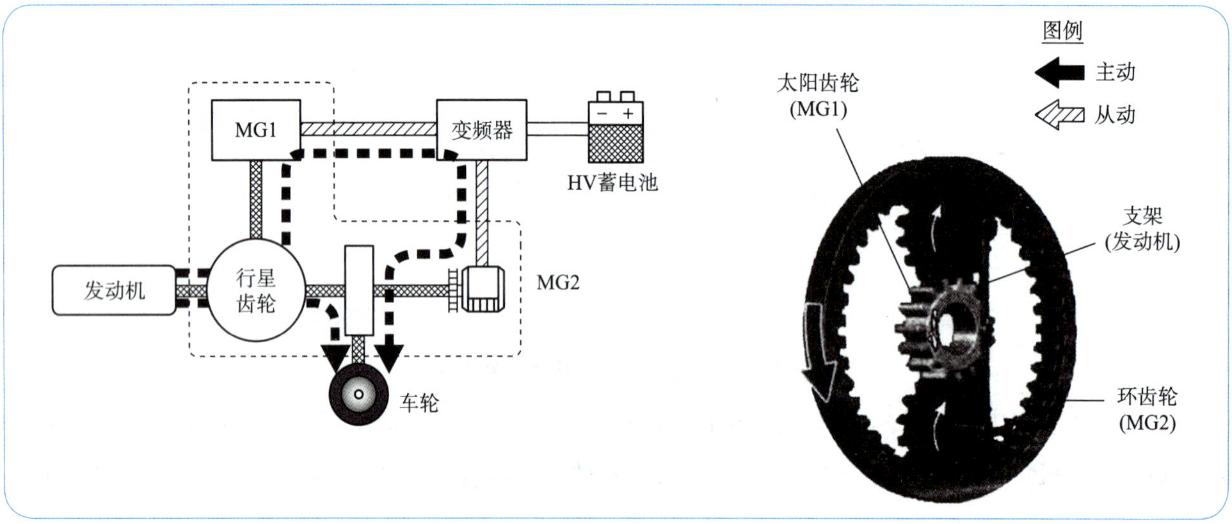

图 5-24　发动机微加速工况

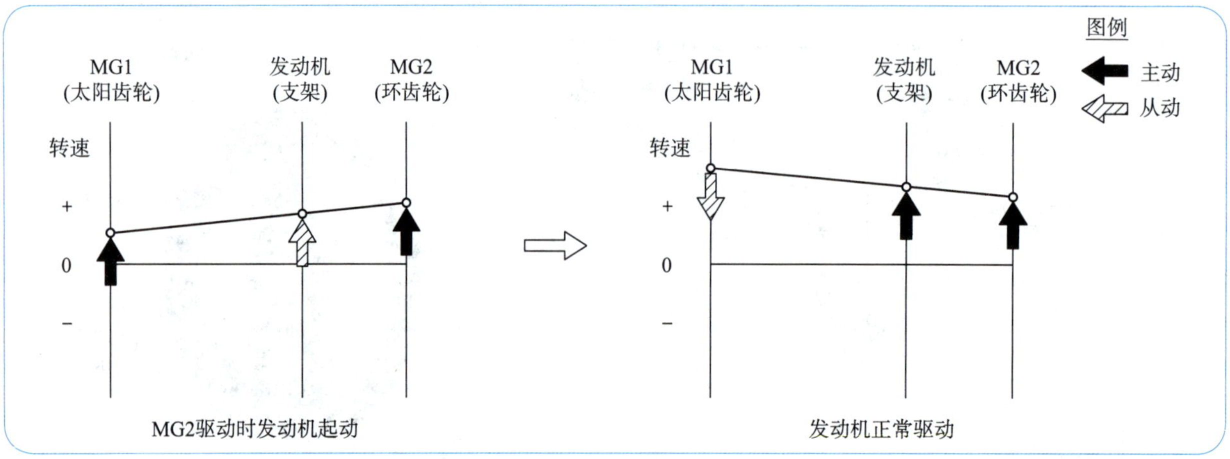

图 5-25　行星齿轮机构模拟杠杆图

4. 低载荷巡航工况

车辆以低载荷巡航时，发动机的动力由行星齿轮分配。其中一部分动力直接输出，剩余动力用于发电机（MG1）发电。通过变频器的电动传输，电力输送到电动机（MG2）用于输出动力，如图 5-26 所示和如图 5-27 所示。

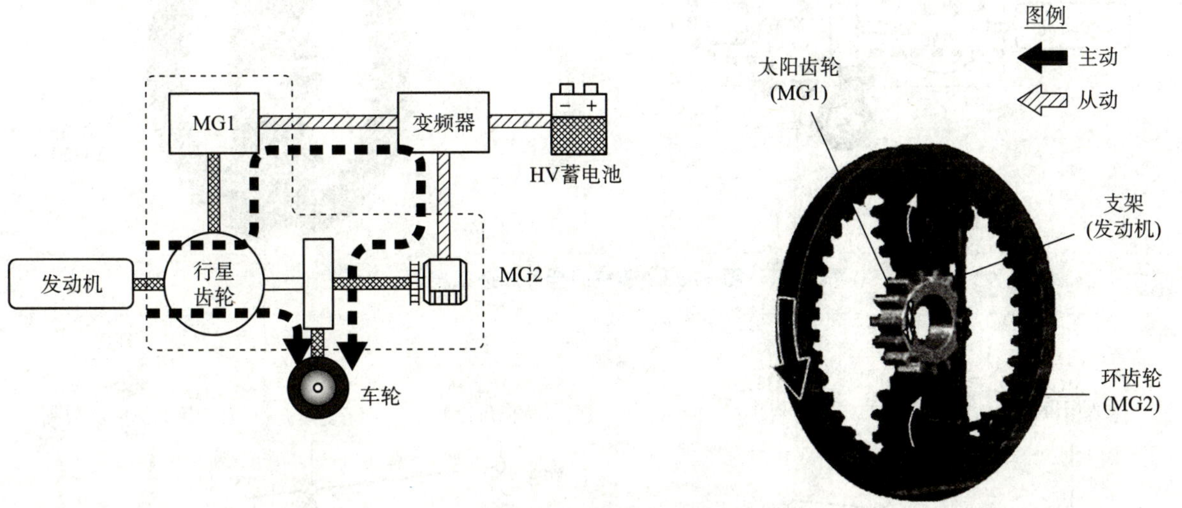

图 5-26　低载荷巡航工况

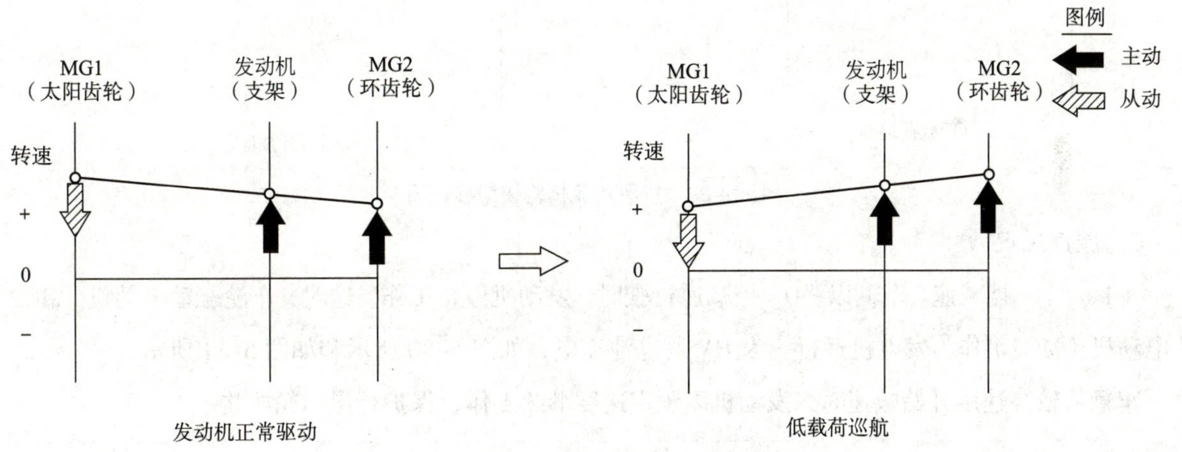

图 5-27　行星齿轮机构模拟杠杆图

5. 节气门全开加速工况

车辆从低载荷巡航转换为节气门全开加速模式时，系统将在保证电动机（MG2）动力的基础上，增加 HV 蓄电池的电动力，如图 5-28 所示和图 5-29 所示。

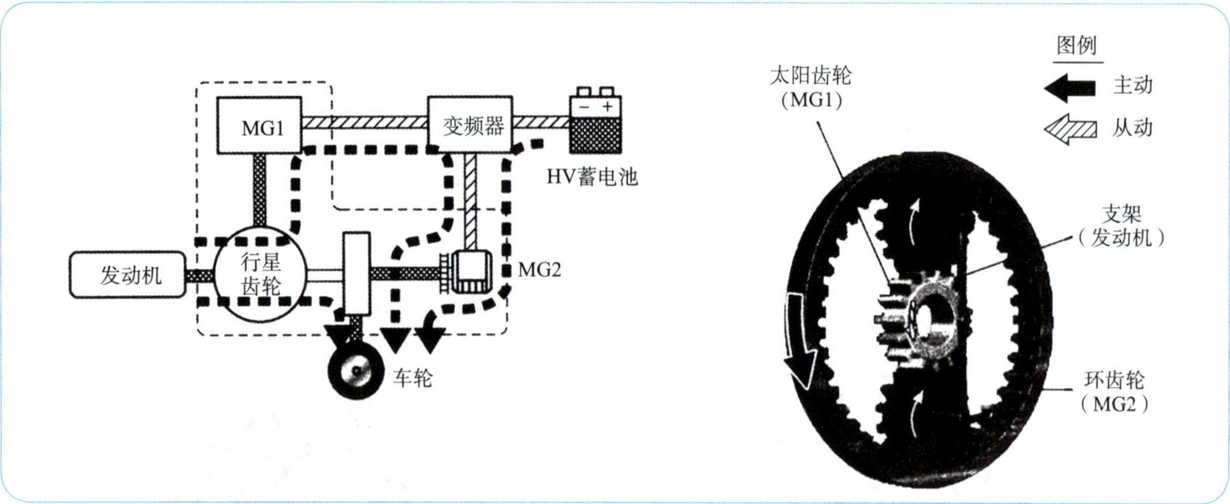

图 5-28　节气门全开加速工况

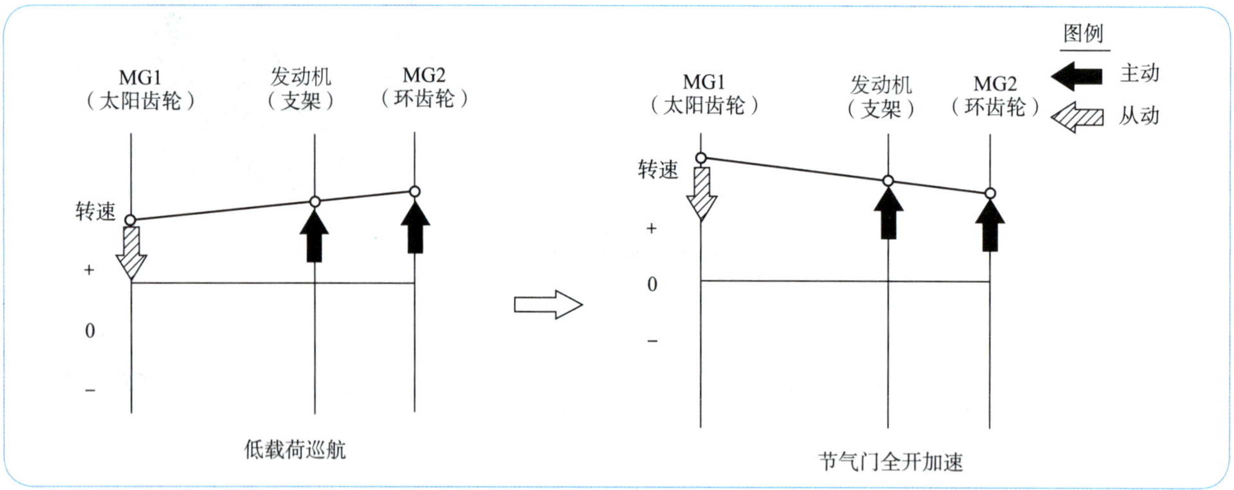

图 5-29　行星齿轮机构模拟杠杆图

6. 减速工况

（1）“D”挡减速。车辆以“D”挡减速行驶时，发动机停止工作。这时，车轮驱动电动机（MG2），使电动机（MG2）作为发电机运行，为 HV 蓄电池充电，如图 5-30 所示和如图 5-31 所示。

车辆从较高速度开始减速时，发动机以预定速度继续工作，保护行星齿轮机构。

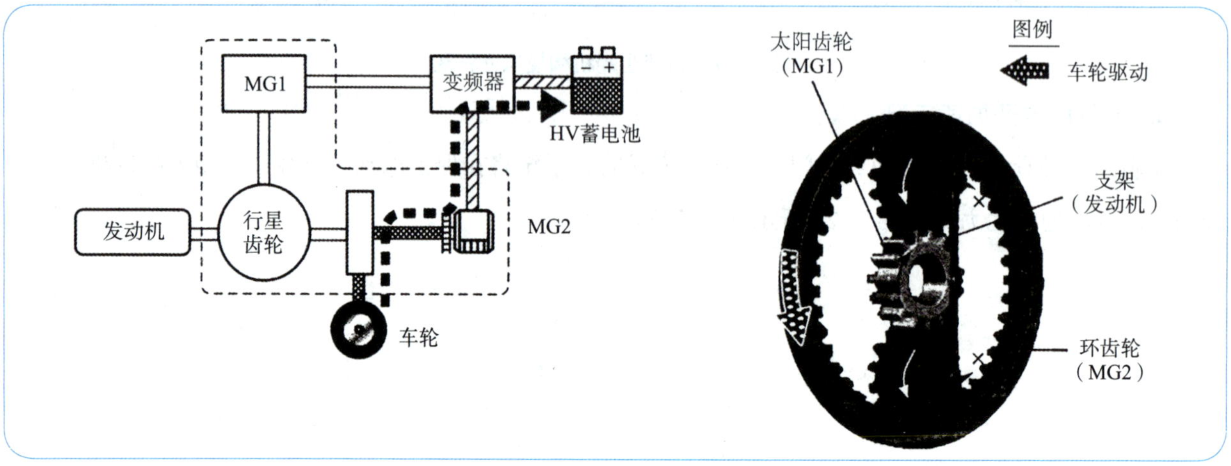

图 5-30　“D”挡减速行驶

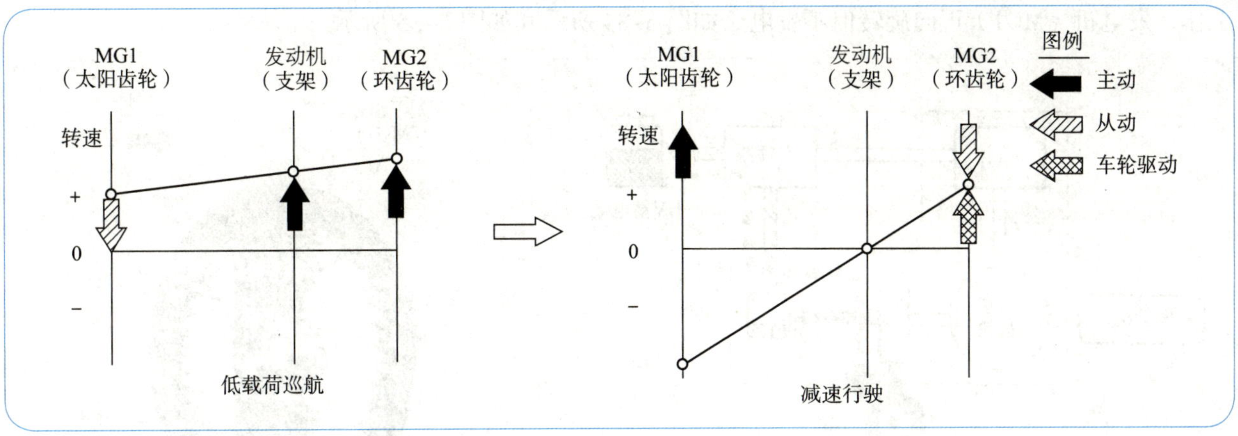

图 5-31 行星齿轮机构模拟杠杆图

（2）“B”挡减速行驶。车辆以“B”挡减速行驶时，车轮驱动电动机（MG2），使电动机（MG2）作为发电机工作，为 HV 蓄电池充电，并为发电机（MG1）供电。这样，MG1 保持发动机转速并施加发动机制动，如图 5-32 所示和如图 5-33 所示。这时，发动机燃油供给被切断。

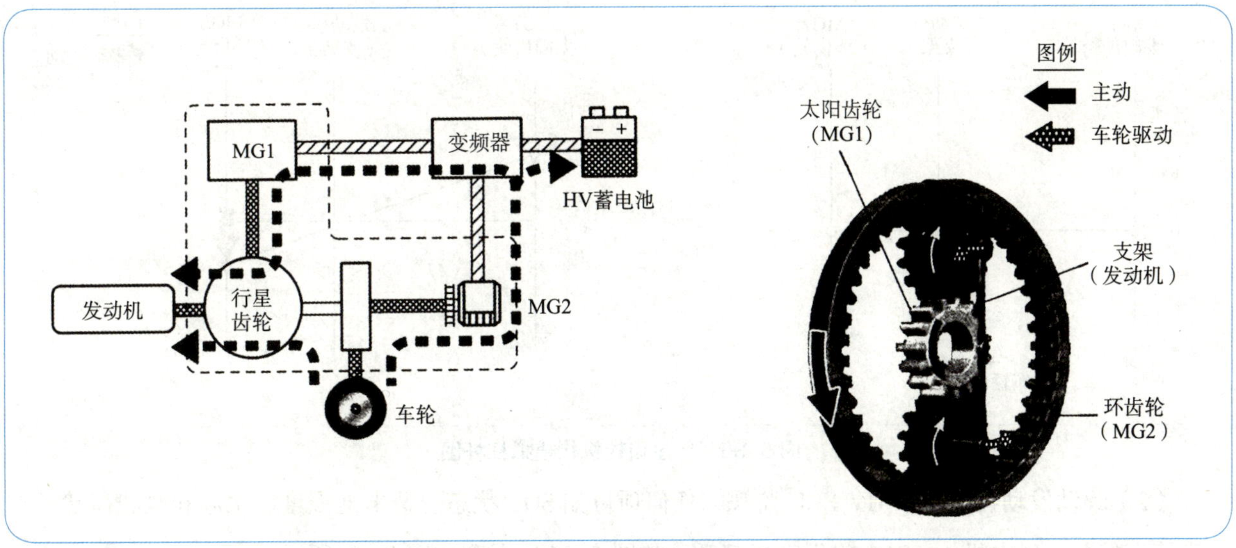

图 5-32 “B”挡减速行驶

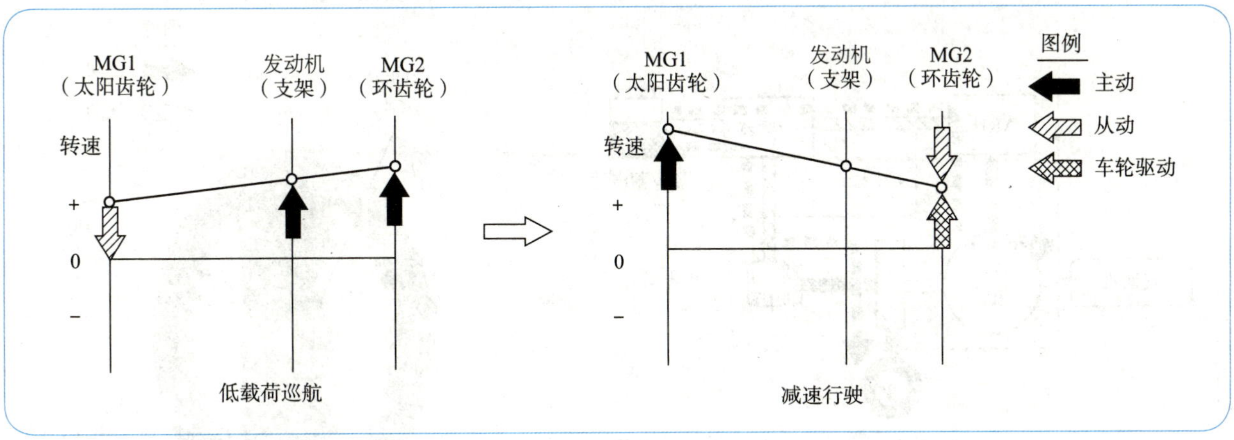

图 5-33 行星齿轮机构模拟杠杆图

7. 倒车工况

（1）车辆倒车。仅由电动机（MG2）为车辆提供动力。这时，电动机（MG2）反向旋转，发动机不工作，发电机（MG1）正向旋转但不发电，如图 5-34 所示和如图 5-35 所示。

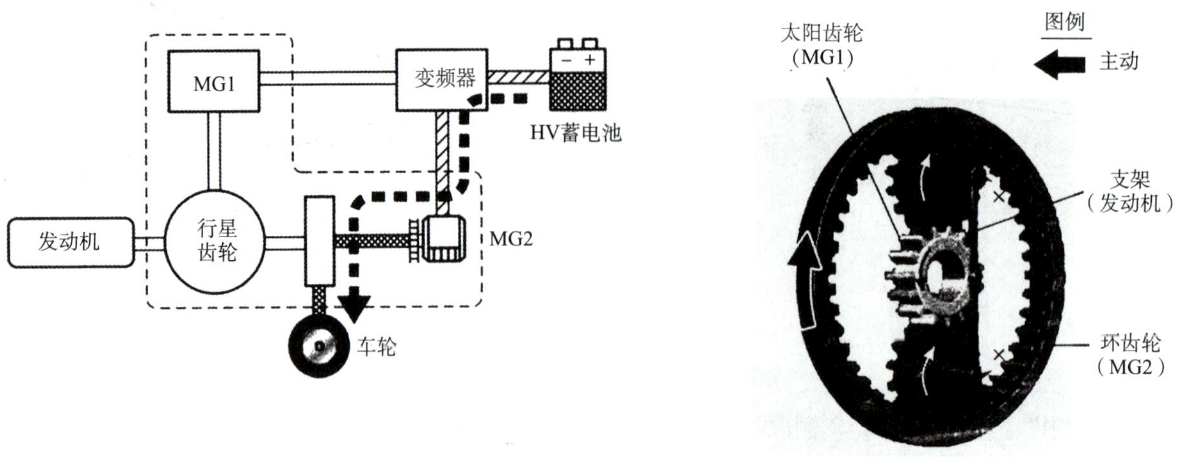

图 5-34 倒车工况

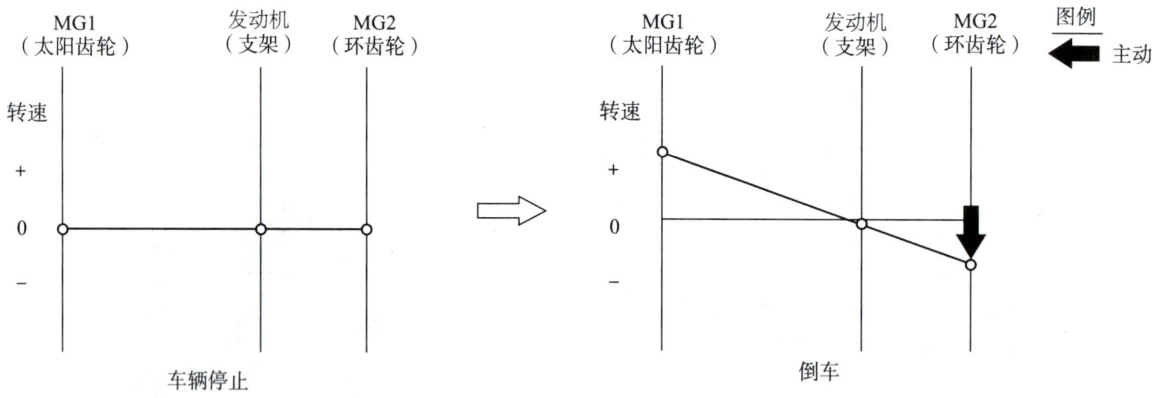

图 5-35 行星齿轮机构模拟杠杆图

（2）起动发动机。如果 HV ECU 监视的任何项目如 SOC 状态、蓄电池温度、水温和电载荷状态与规定值有偏差，发电机（MG1）将发动机起动，如图 5-36 所示和如图 5-37 所示。

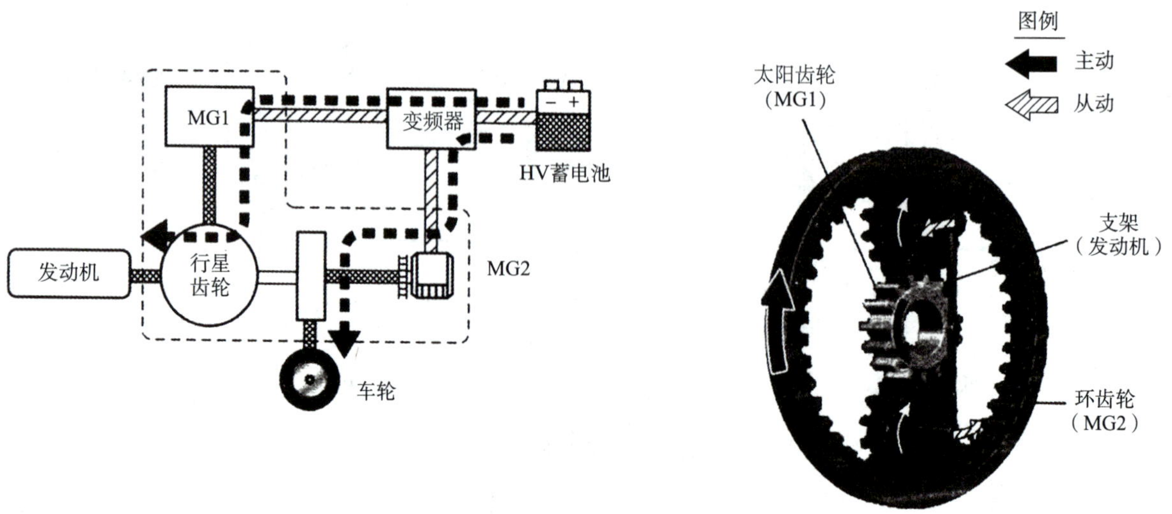

图 5-36 起动发动机

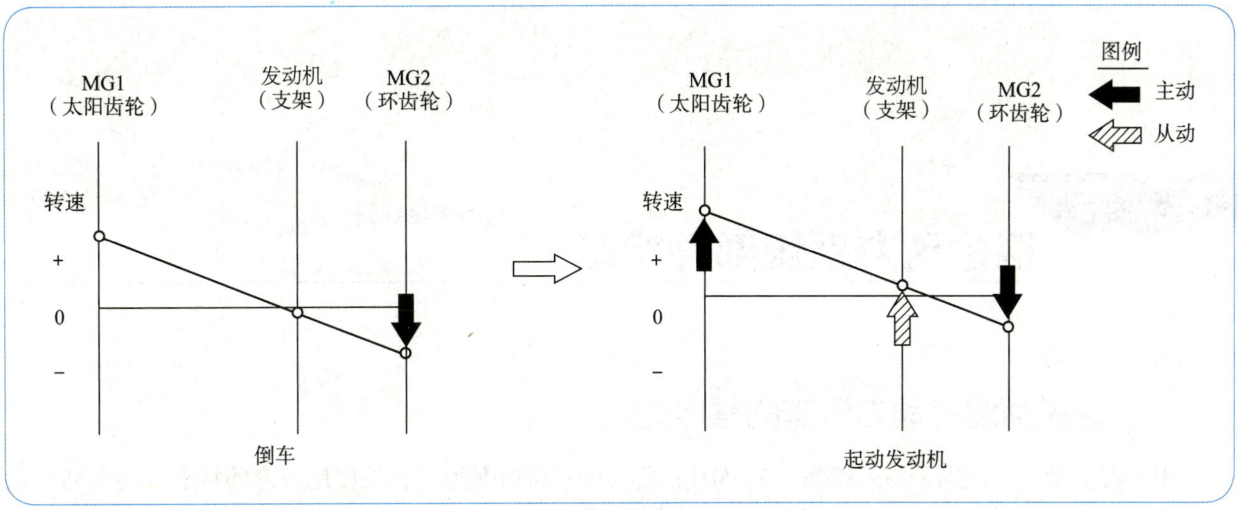

图 5-37　行星齿轮机构模拟杠杆图

在随后状态中，已经起动的发动机驱动发电机（MG1），为HV蓄电池充电，如图5-38所示和如图5-39所示。

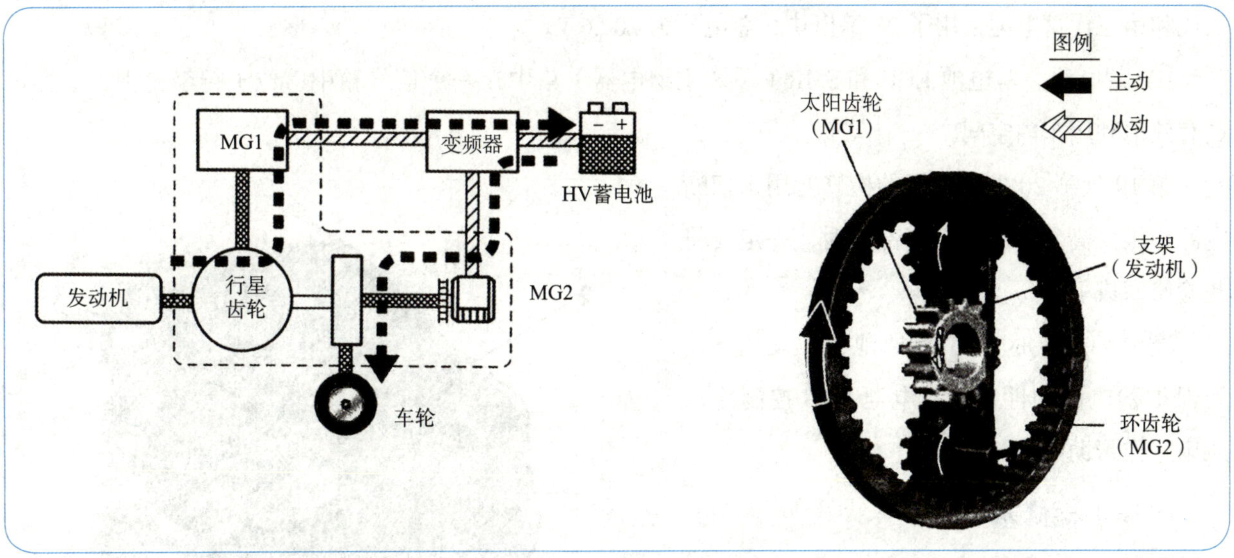

图 5-38　发动机驱动发电机

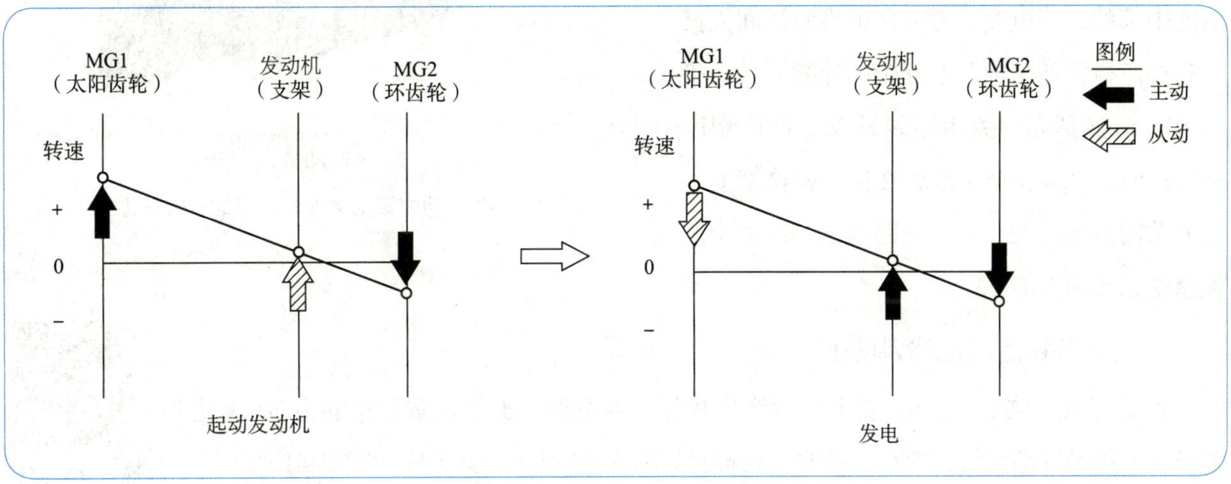

图 5-39　行星齿轮机构模拟杠杆图

第二节 混合动力系统部件检修

一、普锐斯混合动力汽车的蓄电池

用于混合动力系统的密封式镍氢（Ni-MH）电池具有高功率密度和长使用寿命的特点。混合动力系统控制充放电速度，使 HV 蓄电池保持恒定的荷电状态（SOC）。

第三代普锐斯混合动力汽车都采用的是镍氢蓄电池。6 个额定 1.2 V 的镍氢电池串联组成一个 7.2 V 的电池模块，若干组电池模块串联构成蓄电池。第一代蓄电池采用了 38 组模块，总电压为 273.6 V；第二代和第三代蓄电池采用了 28 组模块，总电压为 201.6 V。

HV 蓄电池、蓄电池 ECU 和 SMR（系统主继电器）集中在一个信号箱中，位于行李舱中，这样可更有效地利用车内空间。

第 19 到第 20 模块中间的检修塞用于切断电源。维修高压电路的任何部分时，一定要将此检修塞拔下。

充电 / 放电时，HV 蓄电池会散发热量，为保护蓄电池的性能，蓄电池 ECU 控制冷却风扇工作帮助散热。

（一）检修塞

在检查或维修前拆下检修塞，切断 HV 蓄电池中部的高压电路，可以保证维修期间人员的安全。检修塞总成包括互锁的导线开关，检修时将卡箍翻起，关闭导线开关，进而切断 SMR；但是，为安全考虑，在拔下检修塞前一定要关闭点火开关。高压电路的主熔断器位于检修塞总成的内部。

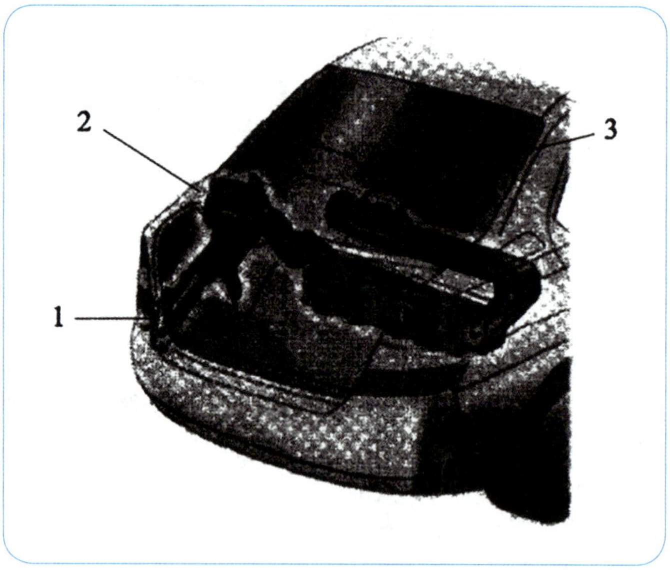

1- 排气；2- 冷却风扇；3- 进气。

图 5-40　动力蓄电池冷却系统的一般布置

（二）HV 蓄电池冷却系统

重复充电 / 放电时，HV 蓄电池会产生热量，为确保其工作正常，车辆为 HV 蓄电池配备了专用的冷却系统，冷却系统的一般布置如图 5-40 所示。其组成如图 5-41 所示。

混合动力系统部件检修

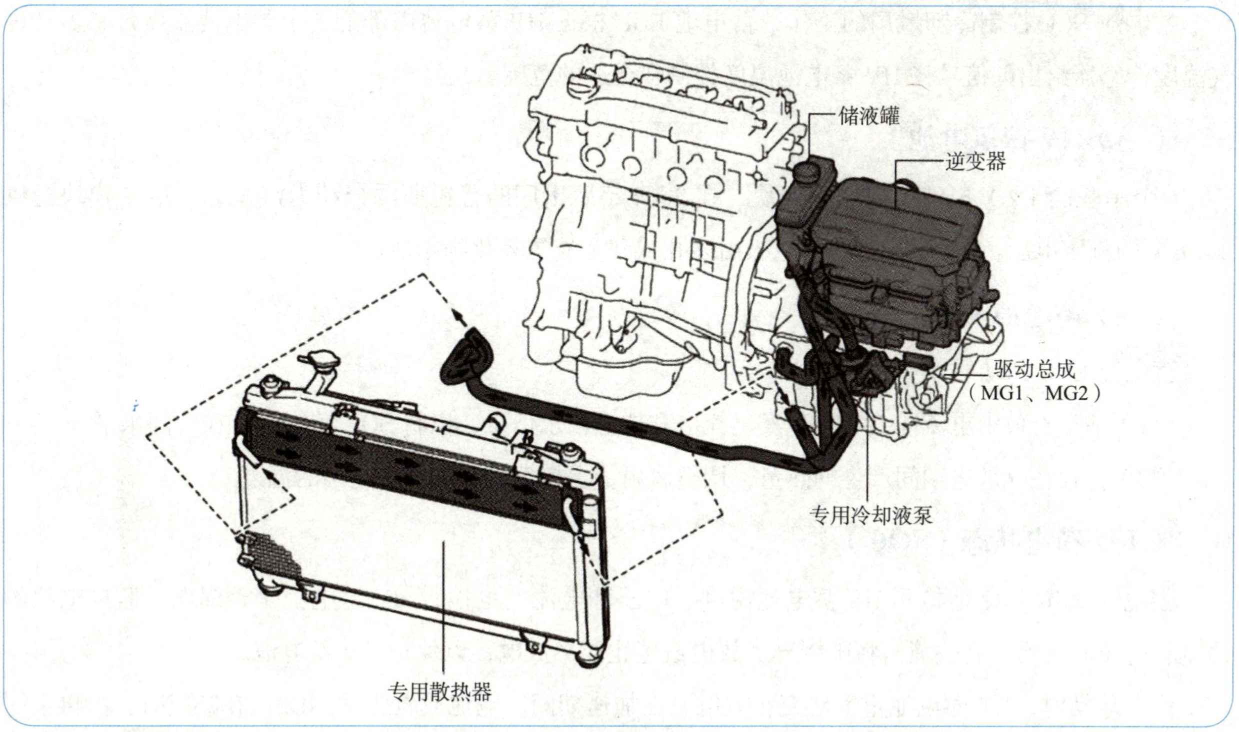

图 5-41　普锐斯冷却系统的组成

普锐斯行李舱右侧的冷却风扇可以通过后排座椅右侧的进气口吸进车内空气，如图 5-42 所示，而后，空气从蓄电池顶部右侧进入蓄电池内部，从上到下流经蓄电池模块并将其冷却，然后，冷却蓄电池后的空气流经排气管和车内排到车外。

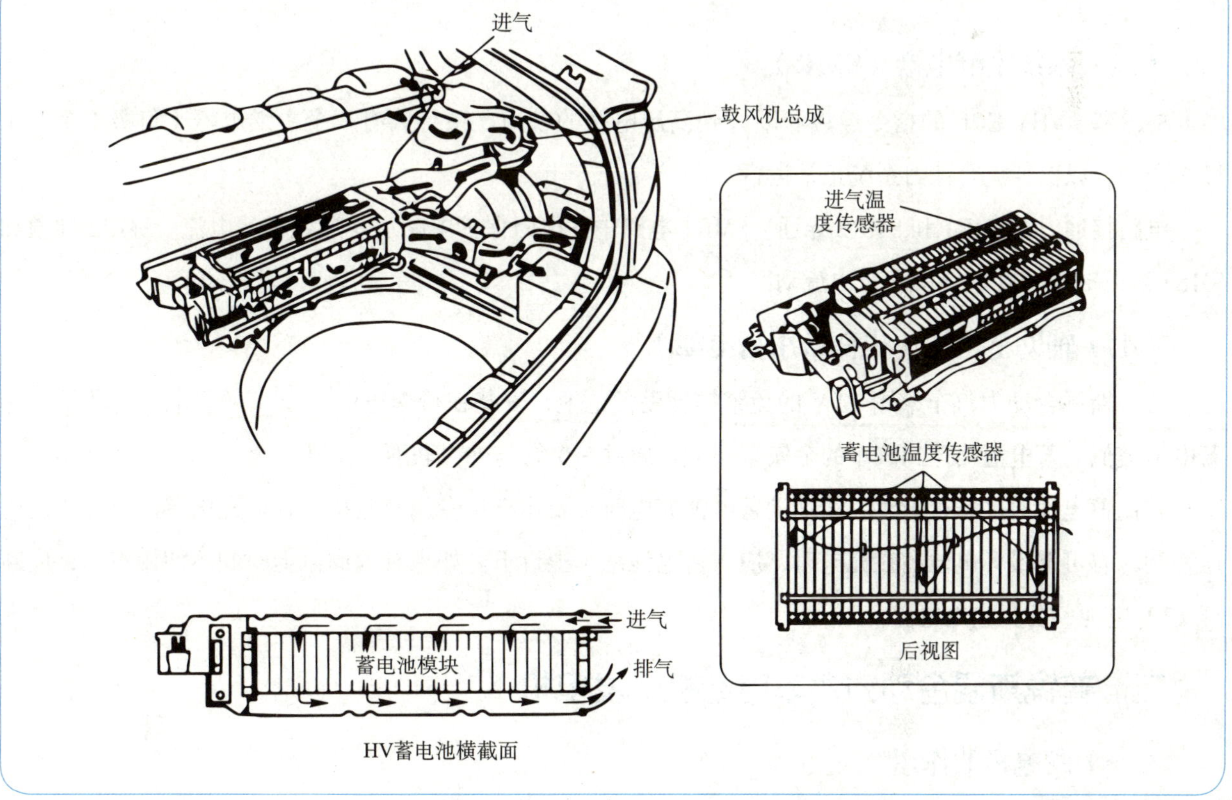

图 5-42　普锐斯 HV 蓄电池冷却系统

蓄电池 ECU 控制冷却风扇的工作，蓄电池 ECU 根据 HV 蓄电池内部的 3 个蓄电池温度传感器和进气温度传感器给出的信号将 HV 蓄电池温度控制在合适的范围。

（三）HV 镍氢电池

6 个串联的 1.2 V 电池组成一个模块，在 2004 年后出厂的普锐斯混合动力汽车上，28 个模块提供 201.6 V 的额定电压。HV 镍氢电池的电极由多孔镍和金属氢氧化物组成。

（四）蓄电池 ECU

蓄电池 ECU 的功能如下。

（1）估计充放电电流向 HV ECU 发出充电和放电请求信息，以将 SOC 始终保持在中间水平。

（2）估计在充放电期间产生的热量，调整风扇，保持 HV 蓄电池有适当的温度。

（五）荷电状态（SOC）

蓄电池 ECU 不断地检测 HV 蓄电池温度、电压和电流，也检查 HV 蓄电池是否漏电，监控电池的温度和电压。若检测到故障，将限制充 / 放电或停止充 / 放电，以保护 HV 蓄电池。

汽车运动时，HV 蓄电池重复地充 / 放电。在加速期间，电池放电驱动 MG2；在减速时，由再生制动充电，蓄电池 ECU 估计充 / 放电电流，向 HV ECU 输出充 / 放电请求。

目标 SOC 是 60%，若 SOC 降到目标 SOC 以下，HV ECU 会给发动机 ECU 发出信号，增大功率输出，给 HV 蓄电池充电。若 SOC 只降 20%，发动机不会发出动力。通常 SOC 从高到低的偏差在 20% 时为正常，若 SOC 变化量超过 20%，这意味着 HV 蓄电池不能修正或保持 SOC 的差值在可接受范围内。

（六）系统主继电器（SMR）

SMR 按照 HV ECU 的指令连接和断开到高压电路的动力。系统共有 3 个主继电器（负极 1 个、正极 2 个），以保证混合动力系统正常运行。

电路接通时，SMR1 和 SMR2 导通，SMR1 电路中的电阻保护电路承受过大初始电流。SMR2 导通和 SMR1 断开时电流在电路中可自由流动。

（七）辅助蓄电池（也称备用蓄电池）

普锐斯混合动力汽车采用 12 V 的免维护辅助蓄电池，安装在行李舱中。12 V 的蓄电池与传统汽车蓄电池类似。蓄电池接地到汽车的金属车架上，通过一个管与外界联通，实现通风。

辅助蓄电池对高压很敏感，给辅助蓄电池充电时，要用丰田专用充电机，普通充电器没有专用的电压控制，有可能毁坏电池。在充电时，应将蓄电池从车上拆下。如果有两周以上时间不使用汽车，应断开 12 V 电池，防止它放电。

二、普锐斯混合动力汽车电动机 / 发电机

（一）发电机的作用

丰田普锐斯混合动力汽车动力传动系统有两个电动机 / 发电机：MG1 和 MG2。

1. 电动机 / 发电机 MG1 的作用

（1）作为动力分离装置的控制元件，MG1 与太阳轮相连，动力控制单元按照一定的控制策略改变转速和转矩，从而实现无级变速的功能。

（2）作为发电机将发动机冗余能量转化为电能，给蓄电池充电或给 MG2 供电。

（3）作为发动机的起动机。

2. 电动机 / 发电机 MG2 的作用

（1）提供辅助动力，以保证在任何工况下发动机始终在高效区域内工作。

（2）当汽车制动、下坡或驾驶员放松油门踏板时，发动机关闭，MG2 作为发电机，在汽车的惯性下，车轮带动 MG2 发电，将制动能转化为电能储存在蓄电池中。

（二）MG2 的输出功率特性和输出转矩特性

第一代电动机 / 发电机用串联绕阻方式；第二代电动机 / 发电机用并联绕阻方式，通过升压回路获得约 2 倍于第一代电动机 / 发电机的工作电压，并优化了气隙磁场，从而在电动机 / 发电机体积略有减小的情况下，提高了转矩和效率；第三代电动机 / 发电机将工作电压提高到 650 V，最高输出功率增加了 20%，最高转速提高了约 1 倍，大大缩减了电动机 / 发电机的体积和重量。另外，由于体积的减小而造成电动机 / 发电机转矩下降，因此第三代普锐斯混合动力汽车的动力系统采用了一个行星齿轮组中的构件作为 MG2 的减速机构。第三代电动机 / 发电机 MG2 的输出功率特性如图 5-39 中虚线所示，输出转矩特性如图 5-43 中实线所示。

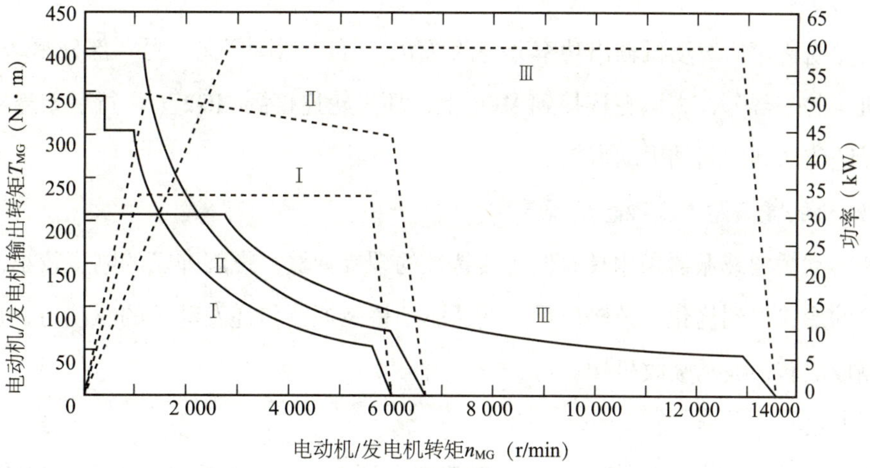

图 5-43 电动机 / 发电机 MG2 输出功率、转矩特性图

三、普锐斯混合动力汽车的底盘

（一）普锐斯混合动力汽车的变速驱动桥组成

普锐斯混合动力汽车采用带行星齿轮组的无级变速机构来达到平稳运行的目的。

变速驱动桥主要包括变速驱动桥阻尼器、MG1、MG2 和减速装置（包括链、中间轴主动齿轮、中间轴从动齿轮、主减速器小齿轮和主减速器环齿轮），如图 5-44 所示。行星齿轮组 MG1、MG2、变速驱动桥阻尼器和主动链轮都安装在同心轴上，动力从主动链轮传输到减速装置。

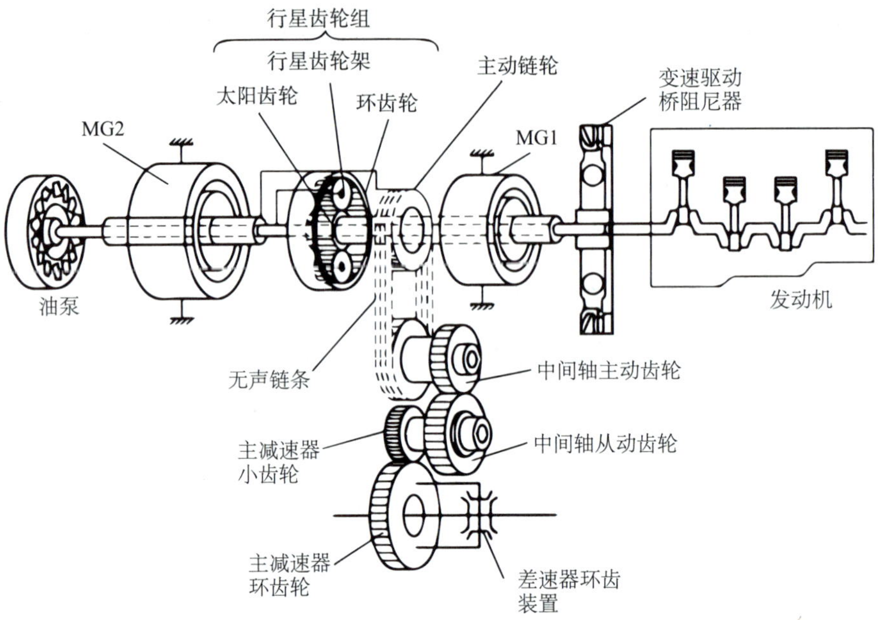

图 5-44 变速驱动桥组成

（二）普锐斯混合动力汽车的变速驱动桥主要部件

1. 行星齿轮机构

通过行星齿轮组传输的发动机输出功率分为两部分：一部分驱动汽车；另一部分驱动 MG1 用来发电。作为行星齿轮机构的一部分，太阳轮连接到 MG1 上，环齿轮连接到 MG2 上，行星架连接到发动机输出轴上，动力通过链传送到中间轴主动齿轮。

2. 变速驱动桥的减振器（也称阻尼器）

普锐斯变速驱动桥的减振器采用具有低扭转特性的螺旋弹簧。螺旋弹簧的刚度较小，提高了弹簧的减振性能。飞轮的形状得到优化，减轻质量。变速驱动桥减振器传递发动机的驱动力，它包括用干式、单片摩擦材料制成的转矩波动吸收机构。

3. MG1 和 MG2

MG1 连接在行星齿轮组的太阳齿轮上，MG2 连接在环齿轮上。不要分解 MG1 和 MG2，因为它们都是精密组件。如果这些组件出现故障，则整体更换混合动力变速驱动桥总成。

4. 减速装置

MG1 盖上的链轮支架采用铝材料。采用滚珠轴承承载中间轴从动齿轮轴。减速装置包括无声链、中间轴齿轮和主减速器齿轮。采用小链距的无声链保证安静运行，并且和齿轮传动机构相比，机构的总长度缩短。中间轴齿轮和主减速器齿轮的齿都经过高精密研磨，其齿腹得到了优化，以保证运行的高度安静。主减速器齿轮经过最佳配置，减小发动机中心轴和差速器轴间的距离，使差速器的结构更加紧凑。

5. 差速器齿轮装置

采用和传统变速驱动桥差速器相类似的小齿轮型差速器齿轮装置。

6. 润滑装置

行星齿轮组和主轴轴承的润滑使用装有余摆曲线式油泵的强制润滑系统。减速装置和差速器使用同类型的润滑油。

（三）普锐斯混合动力汽车的换挡控制系统

紧凑型换挡杆（变速器换挡总成）安装在仪表盘上，换挡后，当驾驶员的手离开换挡杆手柄时，手柄会回到原位，驾驶员甚至可以用指尖操作手柄，操作极其便利。

采用电子通信变速系统，变速器换挡总成内的挡位传感器能检测挡位（“R”、“N”、“D”或“B”）并发送信号到 HV ECU。HV ECU 控制发动机、MG1 和 MG2 的转速，从而产生最佳齿轮速比。换挡控制系统原理如图 5-45 所示。

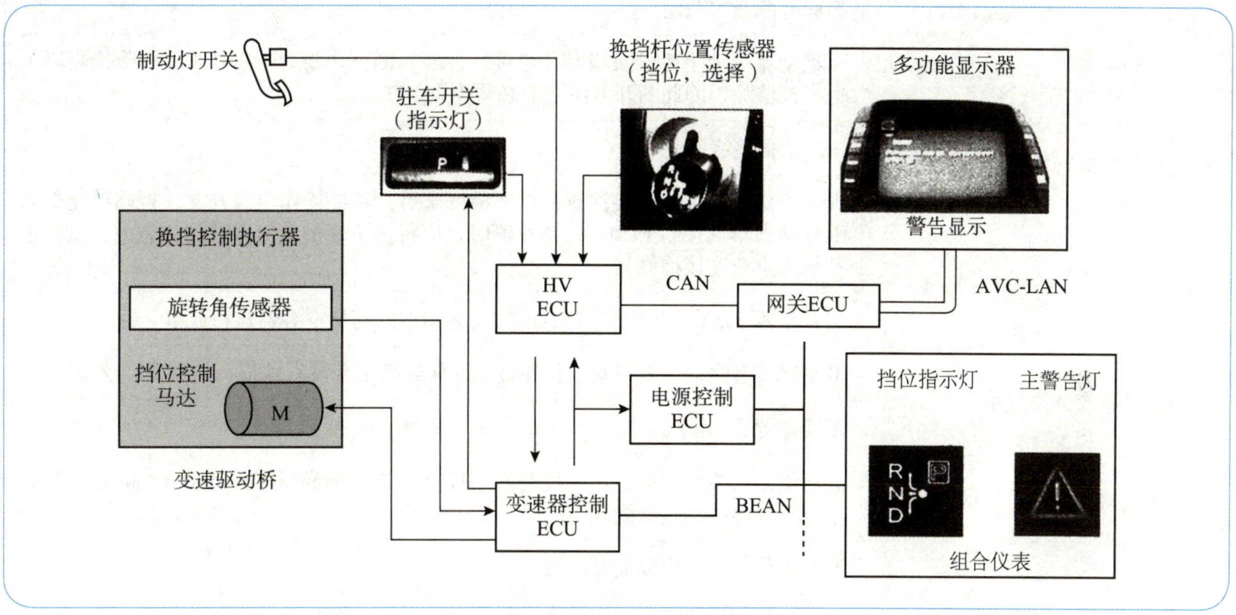

图 5-45 换挡控制系统原理

普锐斯混合动力汽车采用和换挡控制类似的电控装置，当驾驶员按下变速器换挡总成顶部的驻车开关时，“P”挡控制系统就会激活混合动力变速驱动桥上的换挡控制执行器，机械地锁止中间轴从动齿轮，该齿轮与驻车锁齿轮连接，从而锁止驻车锁。

第三节 混合动力汽车检修

一、混合动力控制系统维修

（一）混合动力控制系统维修注意事项（表 5–5）

表 5–5　混合动力控制系统维修注意事项

注意事项	操作细节
对高压系统进行操作时断开电源	确保电源开关关闭
	从辅助蓄电池上断开负极端子电缆。注意：断开电源之后，DTC（故障诊断码）也会被清除，因此断开电源之前必须检查 DTC
	一定要戴绝缘手套
	拆下检修塞。这里需要注意：拆下检修塞后，不要操作电源开关，否则可能损坏混合动力车辆控制 ECU。检修车辆时，应将拆下来的检修塞放到衣袋内，以防止其他人重新连接检修塞
	放置车辆 5 min。至少需要 5 min 对变频器内的高压电容器进行放电
使用绝缘手套的注意事项	戴绝缘手套之前，要对其进行检查，确保绝缘手套没有破损、破洞或裂纹等
	不要戴湿手套
线束和连接器的注意事项	高压电路的线束和连接器都是橙色；HV 蓄电池等的高压零件都贴有“高压”警示，小心不要触碰到这些配线
进行维修或检查时的注意事项	开始工作前，一定要断开电源
	检查、维修任何高压配线和零件时，必须戴绝缘手套
	在对高压系统进行操作时，用类似“高压工作，请勿靠近！”字样的警告牌警示其他人员
	不要携带任何类似卡尺或测量卷尺等的金属物体，因为这些物体可能掉落而引起短路；拆下任何高压配线后，立刻用绝缘胶带将其绝缘
	一定要按规定转矩将高压端子螺钉拧紧，转矩不足或过量都可能导致故障
	完成对高压系统的操作后和重新安装检修塞前，应再次确认在工作平台周围没有遗留任何零件或工具，并确认高压端子螺钉已拧紧、连接器已连接

（二）普锐斯混合动力控制系统电路及主要部件位置

（1）混合动力控制系统电路图如图 5–46、图 5–47、图 5–48 和图 5–49 所示。

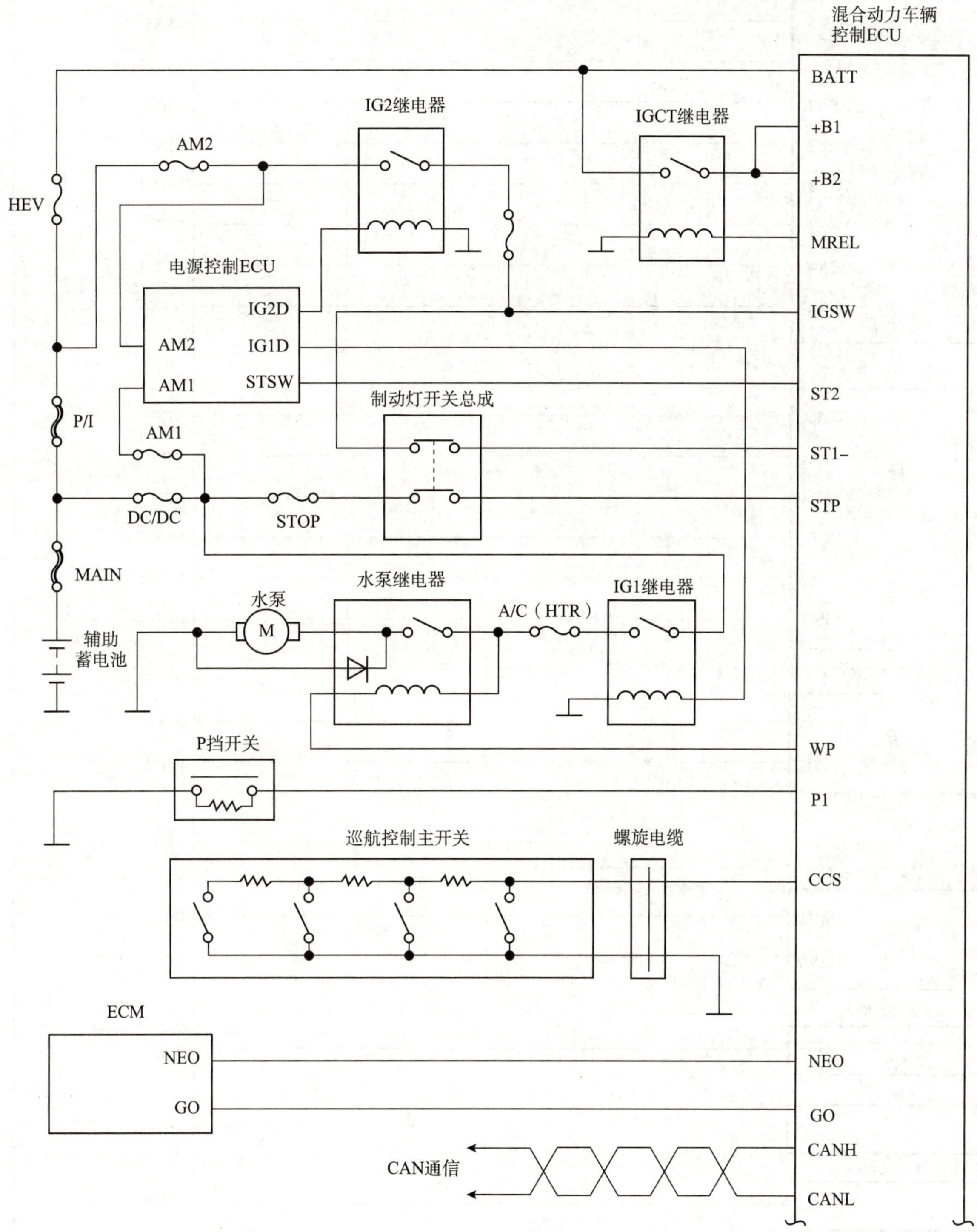

图 5-46 混合动力控制系统电路图（1）

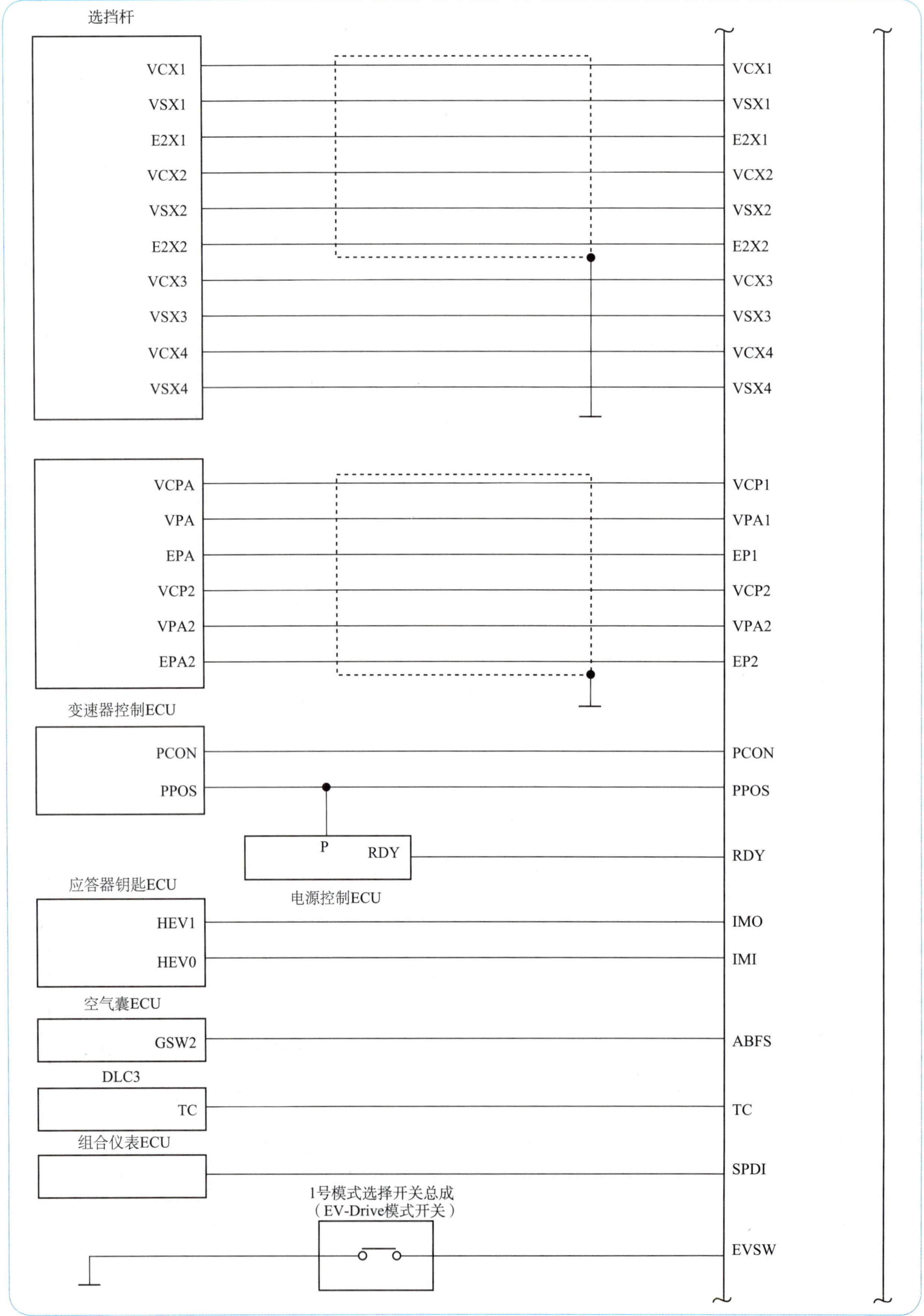

图 5-47　混合动力控制系统电路图（2）

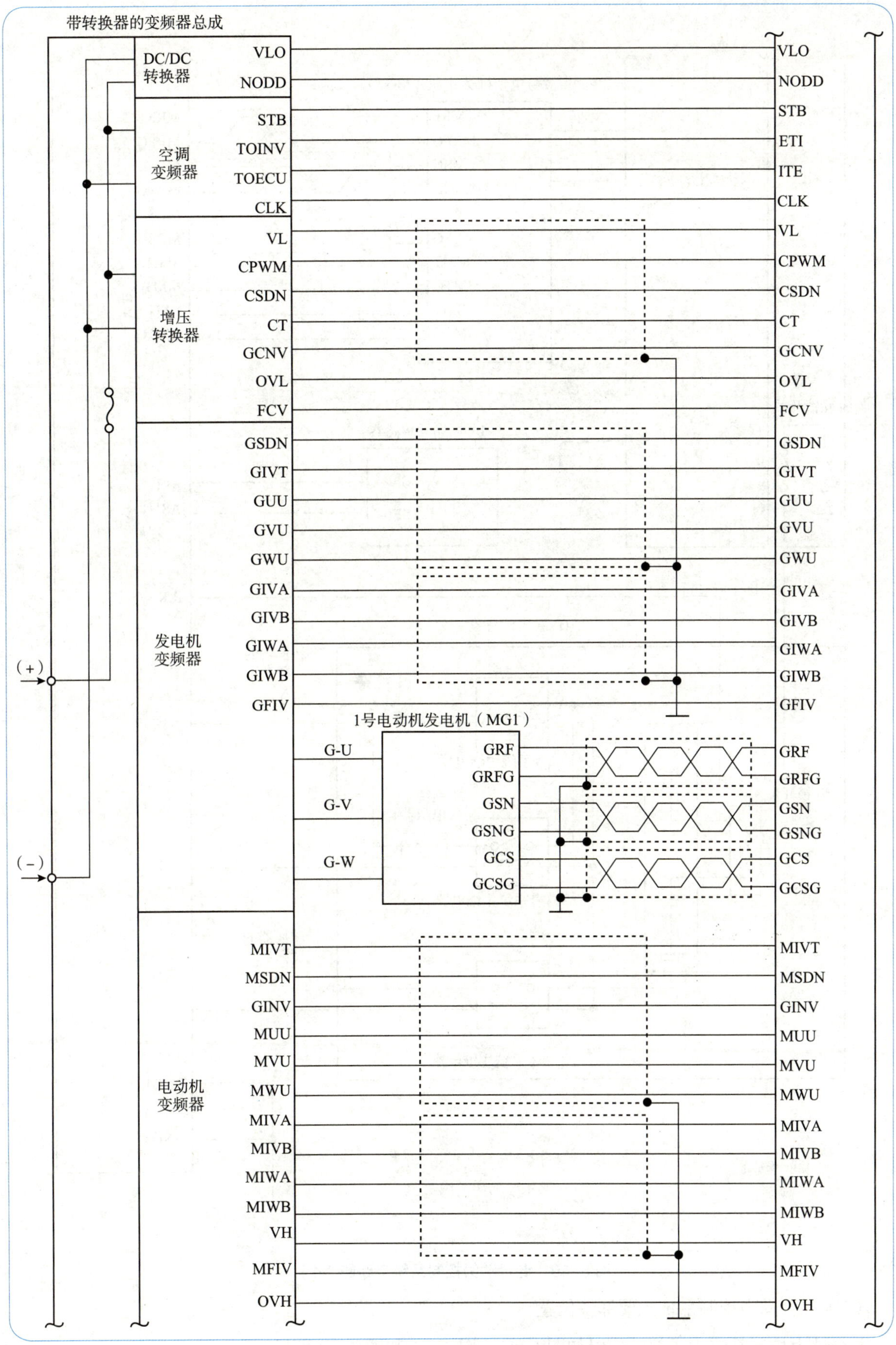

图 5-48　混合动力控制系统电路图（3）

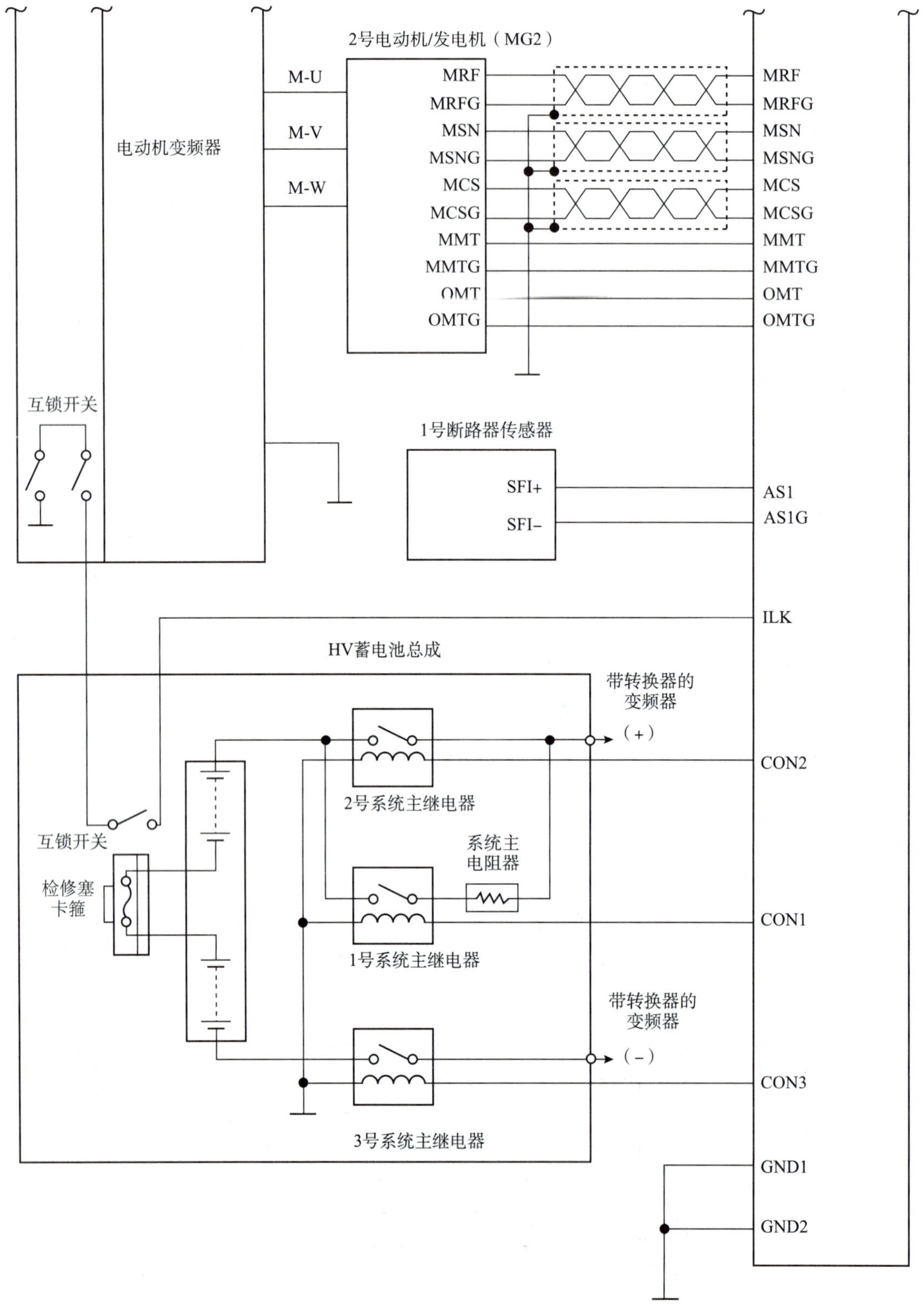

图 5-49　混合动力控制系统电路图（4）

（2）混合动力控制系统主要部件位置。

混合动力控制系统主要部件位置如图 5-50、图 5-51 和图 5-52 所示。

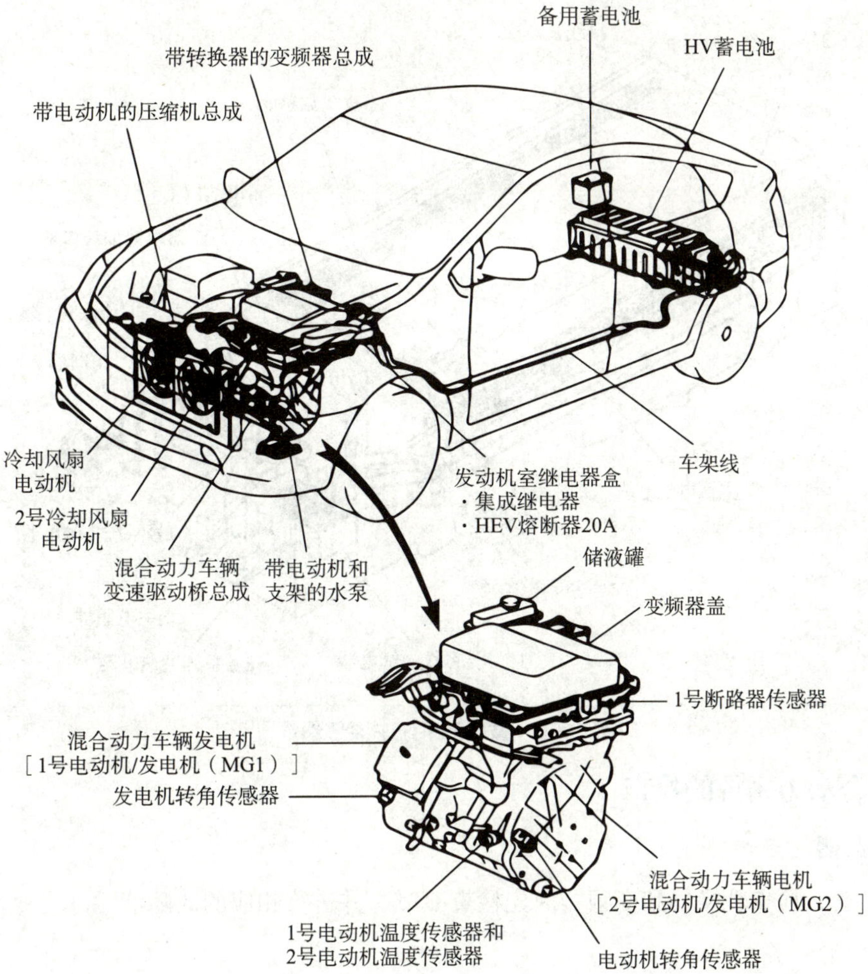

图 5-50　普锐斯混合动力控制系统主要部件位置（1）

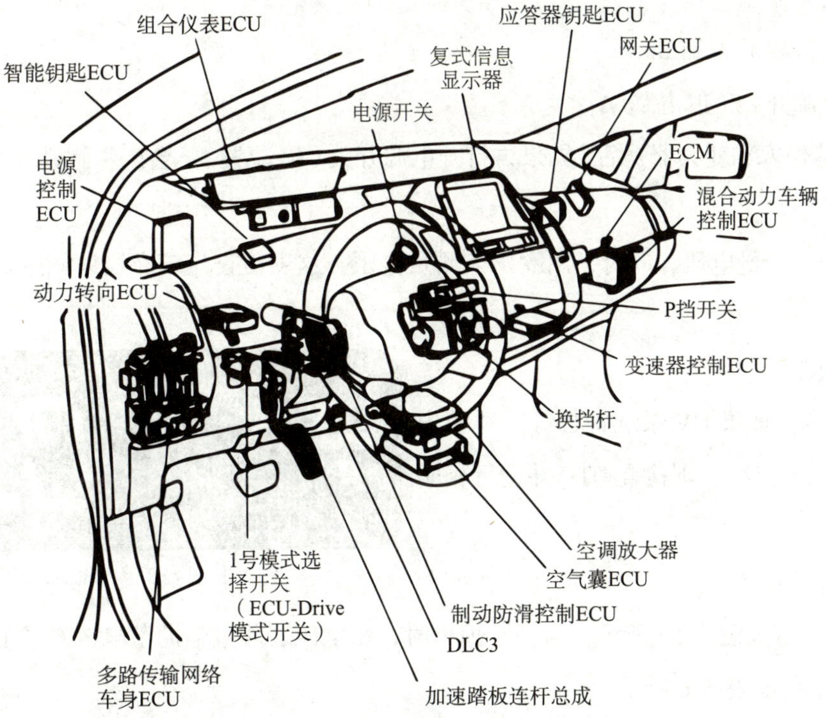

图 5-51　普锐斯混合动力控制系统主要部件位置（2）

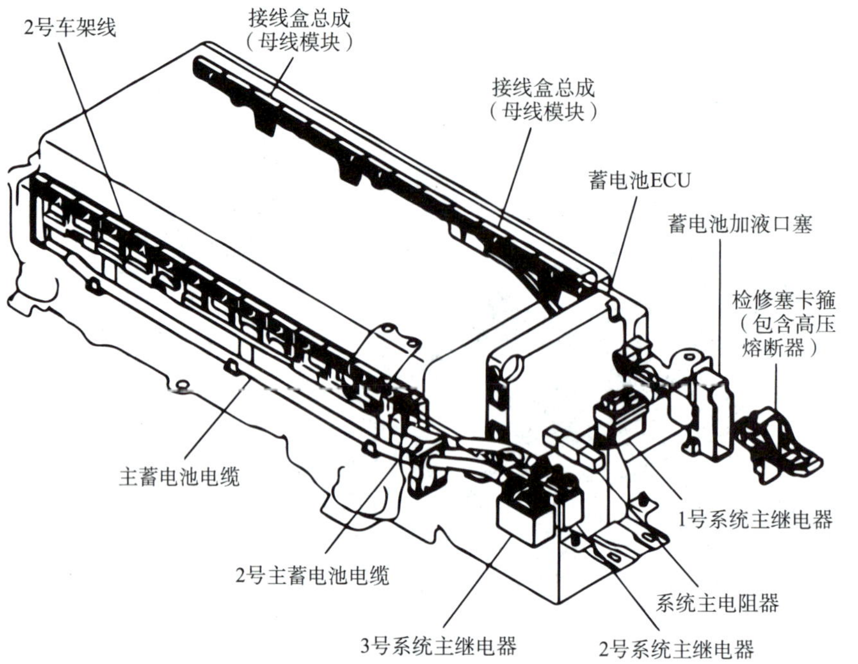

图 5-52 蓄电池系统主要部件位置

（三）混合动力系统的检查

1. 检查变频器

要戴绝缘手套；检查转换器和变频器前先检查 DTC，并进行相应的故障清除。

（1）关闭电源开关。

（2）拆下检修塞卡箍。

（3）拆下变频器盖。

（4）断开连接端子 A 和 B。

（5）打开电源开关（IG 位置）。

注意：拆下检修塞和变频器盖后，如果再打开电源开关（IG 位置），会产生互锁开关系统的 DTC（故障诊断码）。

（6）用电压表测量电压，同时，用欧姆表测量电阻，这项检查应该在线束侧进行，而不是在端子侧进行。

2. 检查转换器

要戴绝缘手套。如果 HV 系统警告灯、主警告灯和放电警告灯同时点亮，则检查 DTC 并进行相应的故障排除。

图 5-53 “READY”灯

（1）检查运行情况。

在“READY”灯如图 5-53 所示，点亮、熄灭时，用电压表测量辅助蓄电池端子的电压。辅助蓄电池端子的电压标准值如表 5-6 所示。

提示："READY"灯亮时，转换器输出电压；熄灭时，辅助蓄电池输出电压。

表 5-6　辅助蓄电池端子的电压标准值

"READY"灯	电压（V）
ON	14
OFF	12

（2）检查输出电流。

①从变频器上断开 MG1 和 MG2 电线。

②安装电压表和交流 / 直流 400 A 的探针。

③将 MG1 和 MG2 电线连接到变频器。

④在"READY"灯亮的条件下，依次操作 12 V 的电气设备，然后测量输出电流。

输出电流标准为大约 80 A 或更小，如果输出电流为 0 A 或大于 80 A，则检查输入 / 输出信号。

（3）检查输入 / 输出信号。

①断开连接器。

②用电压表测量车身接地与车辆侧线束连接器的端子间的电压，此电压应与辅助蓄电池端子电压相同。

③断开连接器。

④打开电源开关（在 IG 位置），用电压表和欧姆表测量车辆线束侧连接器端子间的电压和电阻，连接器端子间的电压和电阻标准值如表 5-7 所示；如果不符合标准值，则更换带变频器的转换器总成。

3. 检查速度传感器

检查速度传感器 A、B。

用欧姆表测量端子间的电阻，速度传感器标准值如表 5-8 所示。如果不符合标准值，则更换混合动力车辆变速驱动桥总成。

表 5-7　连接器端子间的电压和电阻标准值

测试仪连接端子或部位	标准值
端子 5—车身接地（IGCT—车身接地）	8 ～ 16 V
端子 3—车身接地（S—车身接地）	与辅助蓄电池端子电压相同
端子 1—车身接地（S—车身接地）	120 ～ 140 Ω

表 5-8　速度传感器标准值

测试仪连接端子或部位	标准值
A1—A4（GCS—GCSG）	12.6 ～ 16.8 Ω
A2—A3（GCN—GSC）	12.6 ～ 16.8 Ω
A3—A4（GRF—GRFC）	7.65 ～ 10.2 Ω
B1—B4（MRF—MRFG）	7.65 ～ 10.2 Ω

表 5-7（续）

测试仪连接端子或部位	标准值
B2—B2（MSN—MSNG）	12.6 ～ 16.8 Ω
B1—B4（MCS—MCSG）	12.6 ～ 16.8 Ω
上述所有端子—变速驱动桥壳	10 kΩ 或更大

4. 检查温度传感器

检查温度传感器 C。

用欧姆表测量端子间的电阻，端子间的电阻标准值如表 5-9 所示。标准值随着传感器温度改变而改变。如果不符合标准值，则更换混合动力车辆变速驱动桥总成。

表 5-9　端子间的电阻标准值

测试仪连接端子或部位	标准值
C1—C4（MMT—MMTG）	10℃时：87.3 ～ 110.5 kΩ；40℃时：23.8 ～ 28.5 kΩ
C3—C6（OMT—OMTG）	10℃时：87.3 ～ 110.5 kΩ；40℃时：23.8 ～ 28.5 kΩ
上述所有端子—变速驱动桥壳	10 kΩ 或更大

5. 检查加速踏板位置传感器

不要从加速踏板上拆下加速踏板位置传感器，应在连接器的混合动力车辆控制 ECU 侧进行检查。

（1）打开电源开关（在 IG 位置）。

（2）用电压表测量，加速踏板位置传感器端子间电压标准值如图 5-54 中的连接器 B 和表 5-10 所示。如果不符合标准值，则更换加速踏板连杆总成。

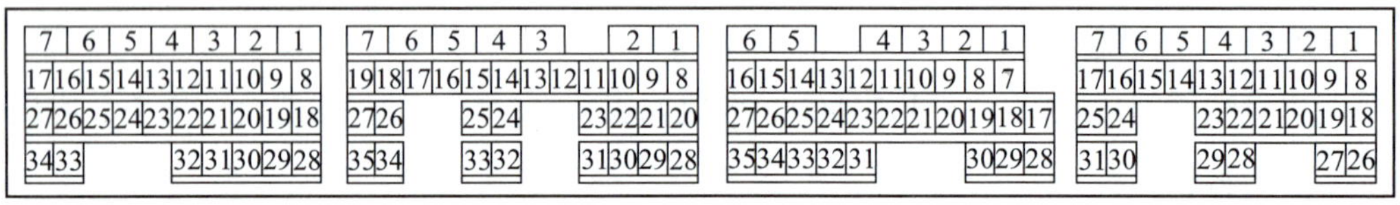

图 5-54　混合动力车辆控制 ECU 端子

表 5-10　加速踏板位置端子间电压传感器标准值

端子	测量条件	标准值
B25—B27（VCP1—EP1）	正常	4.5 ～ 5.5 V
B26—B27（VPA1—EP1）	不要踩下加速踏板	0.5 ～ 1.1 V
B26—B27（VPA1—EP1）	逐渐踩下加速踏板	电压缓慢升高
B26—B27（VPA1—EP1）	完全踩下加速踏板	2.6 ～ 4.5 V
B33—B35（VCP2—EP2）	正常	4.5 ～ 5.5 V
B34—B35（VPA2—EP2）	不要踩下加速踏板	1.2 ～ 2.0 V
B34—B35（VPA2—EP2）	逐渐踩下加速踏板	电压缓慢升高
B34—B35（VPA2—EP2）	完全踩下加速踏板	3.4 ～ 5.3 V

（四）混合动力控制系统的故障诊断

1. 故障诊断步骤

步骤 1：车辆进入车间。

步骤 2：分析客户所述故障。

步骤 3：将智能测试仪Ⅱ（IT-Ⅱ）连接到 DLC3（数据链路连接器），如果测试仪显示通信故障，检查 DLC3。

步骤 4：检查并记录 DTC 和定格数据，如果输出与 CAN 通信系统有关的故障的 DTC，则首先检查并修理 CAN 通信。

步骤 5：清除 DTC。

步骤 6：故障症状确认，若故障未出现，进行步骤 7；若故障出现，进行步骤 8。

步骤 7：症状模拟。

步骤 8：检查 DTC。

步骤 9：查 DTC 表。

步骤 10：电路检查。

步骤 11：故障识别。

步骤 12：调整和（或）修理。

步骤 13：确认故障测试。

步骤 14：结束。

注：步骤 3 ～ 5、步骤 8 使用智能测试仪Ⅱ。

智能测试仪Ⅱ（intelligent tester Ⅱ）是丰田汽车公司推出的第二代汽车检测仪，支持丰田和雷克萨斯所有装备 CAN BUS 系统的车型。智能测试仪Ⅱ采用手持电脑，结构紧凑坚固，触摸屏操作，中文显示。诊断功能支持所有可诊断系统，如防盗、ABS、安全气囊、发动机和变速器等。智能测试仪Ⅱ内置双通道示波器和万用表，极大地扩展了仪器功能。

2. 故障自诊断系统

HV 控制 ECU 有自诊断系统。如果不正常操作混合动力汽车控制系统或其他组件，ECU 会检测出故障，使组合仪表上的主警告灯点亮，或者在复式显示器上其他灯点亮，如 HV 系统警告灯、放电警告灯或 HV 蓄电池警告灯。

主警告灯点亮表示 THS-Ⅱ有故障，在检查模式下主警告灯闪烁。

将智能测试仪Ⅱ连接到车辆上，并读取车辆 ECU 输出的各类数据。车载计算机在检测到本身或驾驶系统组件故障时，会点亮仪表盘上的发动机检查警告灯（CHK ENG 灯）。另外，可应用的诊断故障码（DTC）被保存在 HV 控制 ECU 存储器中。如果故障没有重现，则 CHK ENG 灯会在电源关闭后关闭，而 DTC 将继续保存在 HV ECU 存储器中。

将智能测试仪Ⅱ连接到车辆的数据链路连接器 3（DLC3）上，以便检测 DTC。智能测试仪Ⅱ还可以帮助清除 DTC，或者检测定格数据和不同类型的 THS-Ⅱ数据。

（1）检查 DLC3。

HV 控制 ECU 使用 ISO 9141-2（Euro- OBD）/ISO 14230（M-OBD）通信协议。DLC3 的端子排列顺序符合 ISO 15031-03 标准并与 ISO 9141-2/ISO 14230 格式相匹配。数据链路连接器 3（DLC3）如图 5-55 所示，其含义如表 5-11 所示。

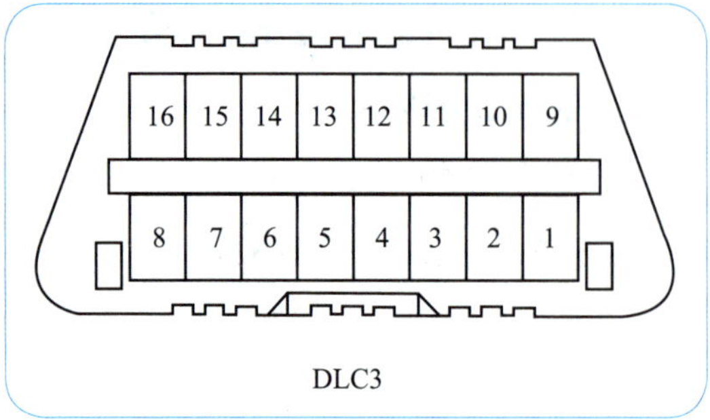

图 5-55　数据链路连接器 3（DLC3）

表 5-11　数据链路连接器 3（DLC3）部分端子的含义

端子号	符号	名称	结果	条件
7	SIL	总线“+”连线	产生脉冲	通信过程中
4	CG	底盘接线	1 Ω 更小	始终
5	SG	信号接地	1 Ω 或更小	始终
16	BAT	蓄电池正极	11 ～ 4 V	始终

如果将智能测试仪Ⅱ电缆连接到 DLC3 上，打开电源开关并操作智能测试仪Ⅱ，而显示器没有显示任何有效信息，则表明车辆或者测试仪本身有故障。

将测试仪连接到其他车辆上，如果在同样模式下通信正常，则检查原车辆的 DLC3 和通信总线。

将测试仪连接到其他车辆上，如果在同样模式下通信仍然异常，则测试仪本身可能有故障，请咨询操作手册上列出的相关维修部门。

（2）检查辅助蓄电池。

①测量辅助蓄电池电压。电压标准值为 11 ～ 14 V。

②检查辅助蓄电池、熔断器、线束、连接器和接地。

（3）检查 CHK ENG 灯。

①电源开关打开和“READY”灯关闭时，“CHK ENG”灯点亮。如果“CHK ENG”灯没有点亮，则对“CHK ENG”灯电路进行故障排除。

②“READY”灯点亮时，“CHK ENG”灯应熄灭。如果“CHK ENG”灯一直亮，则诊断系统已在系统中检测到故障或异常。

（4）DTC 检查 / 清除。

①检查 DTC（混合动力控制）。

将智能测试仪Ⅱ连接主 DLC3；打开电源开关（在 IG 位置）；在系统选择界面中，进入 Powertrain/Hybrid Control/DTC 菜单，读取控制系统的 DTC。

②检查定格数据和信息。

如果 DTC 出现，则选择该 DTC 以显示定格数据。在检测 DTC 时读取已储存的定格数据；读取信息步骤如下。

首先，在含有 INF 代码的详细代码中选择详细信息。

提示：如图 5-56 所示，详细代码 2 含有 INF 代码 349。在这样的情况下，请选择详细信息 2。

其次，按下“Details”键。

最后，如图所示显示信息，如图 5-57 所示。

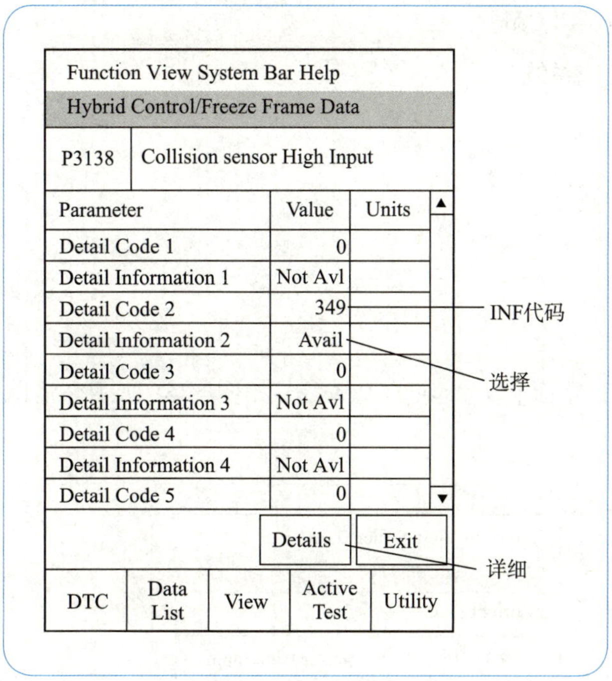

图 5-56　详细信息

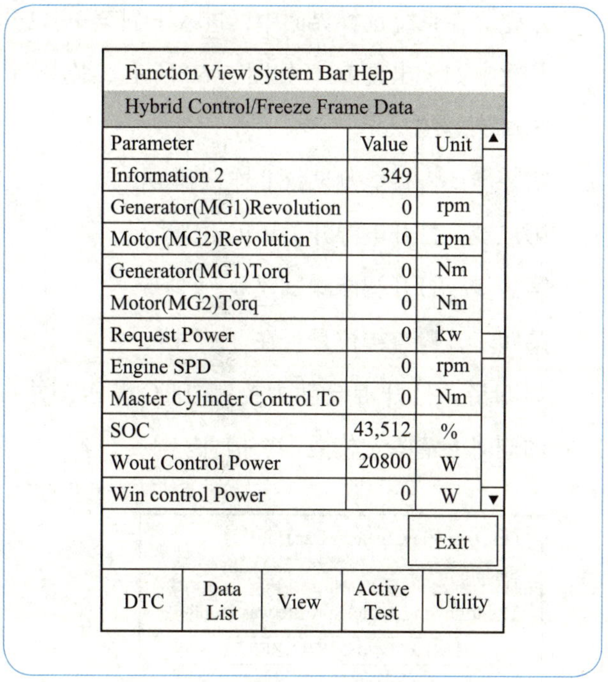

图 5-57　显示的信息

③检查 DTC（总线检查）。

首先，在系统选择界面中选择总线检查，如图 5-58 所示。

其次，在总线检查界面中，选择通信故障 DTC，如图 5-59 所示来读取通信故障 DTC。

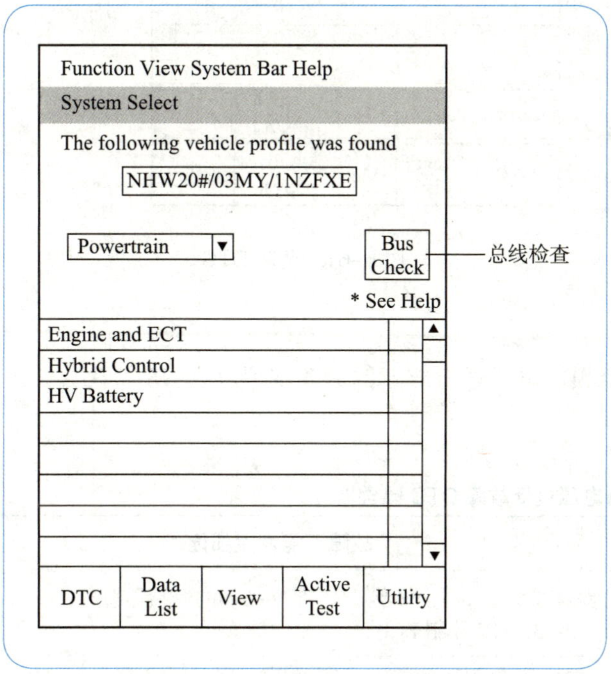

图 5-58　总线检查

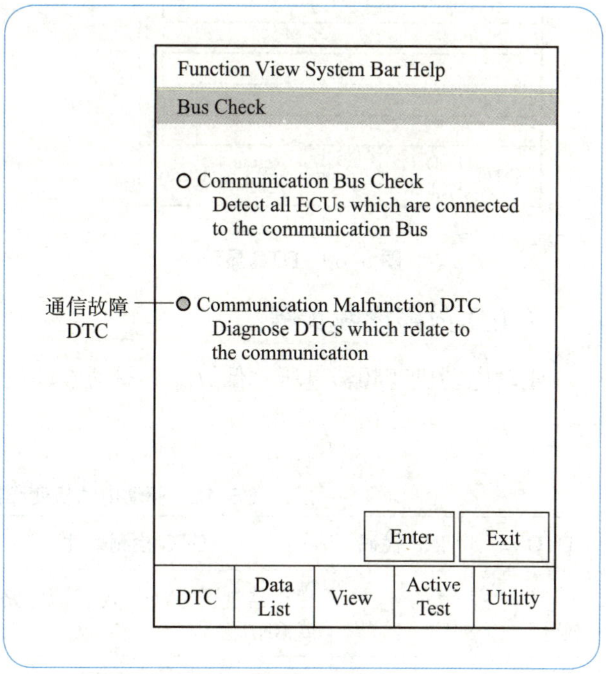

图 5-59　通信故障 DTC

如果在其他 DTC 检测过程中发现 CAN 通信系统 DTC，则首先在 CAN 通信系统中排除故障。

④检查 DTC（除混合动力控制系统外）。

HV 控制 ECU 和计算机保持相互通信，包括 ECM、蓄电池 ECU 制动防滑控制 ECU、动力转向 ECU 和其他部分。因此，如果 HV 控制 ECU 输出警告信号，则有必要检查和记录上述系统的 DTC。

首先，在系统选择界面中，进入下列菜单：Utility/All Codes。

其次，如果出现 DTC 如图 5-60 所示，则检查相应系统。

⑤清除 DTC。

第一步，将智能测试仪Ⅱ连接到 DLC3。

第二步，打开电源开关（IG 位置）。

第三步，打开智能测试仪Ⅱ。

第四步，检查挡位是否在“P”挡。

第五步，打开混合动力控制 /DTC 界面，并按下界面右下清除键“Clear”如图 5-61 所示，清除 DTC 的同时会清除定格数据、信息。

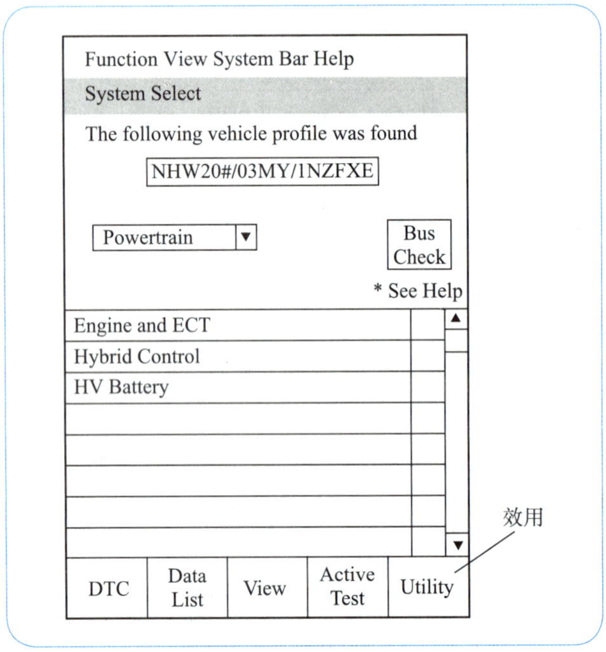

图 5-60　DTC 显示

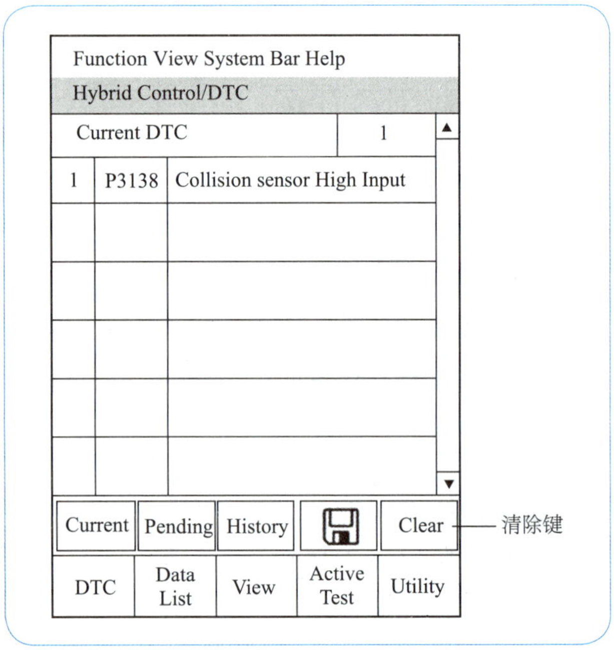

图 5-61　清除 DTC

（五）故障诊断实例

驱动电动机变频器电压过低故障。驱动电动机变频器电压过低故障的 DTC 码为 POA78 其含义如表 5-12 所示。

表 5-12　驱动电动机变频器电压过低故障 DTC 码含义

DTC 码	INF 代码	DTC 检测条件	故障可能发生部位
POA8	266	变频器电压（VH）传感器电路开路或 GND 短路	1. 线束或连接器；2. 带转换器的变频器总成；3. HV 控制 ECU
POA8	267	变频器电压（VH）传感器电路 +B 短路	1. 线束或连接器；2. 带转换器的变频器总成；3. HV 控制 ECU

1. 电路

变频器内包含一个三相桥电路，它由功率晶体管组成，用来转换直流电和三相交流电。HV ECU 控制晶体管的激活。

HV ECU 使用电压传感器，内置于变频器中，用来检测升压后的高压并进行升压控制。

变频器电压传感器根据高压的不同输出一个 0 ～ 5 V 间的电压值。高压越高，输出电压越高；高压越低，输出电压越低。HV ECU 监控变频器电压并检测故障。

2. 检查步骤

在检查高压系统之前，采取安全措施以避免发生触电事故，如戴上绝缘手套来拆检修塞。拆下检修塞后，将其放在衣袋内，以避免在修理高压系统时，其他人员将其重新连接。断开检修塞后，5 min 内不要接触任何高压连接器或端子。需要 5 min 对变频器内的高压电容器进行放电。

（1）读取输出的 DTC（混合动力控制）。

①将智能测试仪Ⅱ连接至 DLC3。

②打开电源开关（在 IG 位置）。

③打开智能测试仪Ⅱ。

④进入智能测试仪Ⅱ的下列菜单：Powertrain/Hybrid Control/DTC。

⑤读取 DTC。

输出 DTC POAID，若输出 DTC，转到相关的 DTC 表；若无 DTC 输出，则进行步骤②。

（2）读取智能测试仪Ⅱ的数据（升压后 VH 电压）。

①将智能测试仪Ⅱ连接至 DLC3。

②打开电源开关（IG 位置）。

③打开智能测试仪Ⅱ。

④进入智能测试仪Ⅱ的下列菜单：Powertrain/Hybrid Control/Data List。

⑤智能测试仪Ⅱ显示出升压数据后读取 VH 电压，如表 5-13 所示，如果存在 +B 电路短路，则智能测试仪Ⅱ显示 765 V；如果存在电路开路或 GND 短路，则智能测试仪Ⅱ显示 0。

表 5-13 智能测试仪Ⅱ显示结果

电压显示 / V	转 到
765	下一步
0	故障诊断步骤
1 ～ 764	检查间歇性故障

（3）读取智能测试仪Ⅱ的数据（检查线束是否 +B 短路）。

操作前戴上绝缘手套。

①关闭电源开关。

②拆下检修塞。

注意：拆下检修塞后，打开电源开关（“READY”灯亮）可能导致故障，因此，这时一定不要打开电源开关。

③拆下变频器盖。

④断开 I10 变频器连接器。

⑤打开电源开关（IG 位置）。

注意：拆下检修塞和变频器盖后，如果打开电源开关（IG 位置），则将输出互锁开关系统的 DTC。

⑥进入智能测试仪Ⅱ的下列菜单：Powertrain/Hybrid Control/Data List。

⑦智能测试仪Ⅱ显示出数据后读取 VH 电压，其标准为 0 V。

⑧关闭电源开关。

⑨重新连接变频器连接器。

⑩重新安装变频器盖。

重新安装检修塞。若异常，进行步骤（4）；若正常，更换带转换器的变频器总成。

（4）读取智能测试仪Ⅱ的数据（检查混合动力车辆控制 ECU 是否 +B 短路）。

①断开 HV 控制 ECU 连接器的 HI1 端子。

②打开电源开关（IG 位置）。

注意：拆下检修塞和变频器盖后，如果打开电源开关，则输出互锁开关系统的 DTC。

③进入智能测试仪Ⅱ的下列菜单：Powertrain/Hybrid Control/Data List。

④智能测试仪Ⅱ显示出数据后读取 VH 电压，其标准为 0 V。

⑤重新连接 HV 控制 ECU 连接器。若异常，更换混合动力车辆控制 ECU；若正常，修理或更换线束或连接器。

（5）检查线束和连接器（HV 控制 ECU 变频器）。操作前须戴上绝缘手套。

①关闭电源开关。

②拆下检修塞。注意，拆下检修塞后，打开电源开关（“READY”灯亮）可能导致故障，这时一定不要打开电源开关（“READY”灯亮）。

③拆下变频器盖。

④断开 H11 HV 控制 ECU 连接器。

⑤断开 I10 变频器连接器。

⑥检查线束侧连接器间的电阻，连接器间的电阻标准值如表 5-14 和表 5-15 所示。

表 5-14　连接器间的电阻标准值（开路检查）

测试仪连接端子或部位	标准值
VH（H11 ~ 26）—VH（I10 ~ 12）	<1 Ω
GINV（H11 ~ 23）—CINV（I10 ~ 16）	<1 Ω

表 5-15　连接器间的电阻标准值（短路检查）

测试仪连接端子或部位	标准值
VH（H11～26）或 VH（I10～12）—车身接地	≥ 10 kΩ
GINV（H11～23）或 GINV（I10～16）—车身接地	≥ 10 kΩ

⑦连接变频器连接器。

⑧连接 HV 控制 ECU 连接器。

⑨安装变频器盖。

⑩安装检修塞，若异常，则修理或更换线束或连接器。

（6）检查混合动力车辆控制 ECU（VH 电压）。

①打开电源开关（“READY”灯亮）。拆下检修塞和变频器盖后，如果打开电源开关（IG 位置），则将输出互锁开关系统的 DTC。

②测量 HI1 HV 控制 ECU 连接器端子间的电压如表 5-16 所示。如果异常，则更换带转换器的变频器总成；如果正常，则更换混合动力车辆控制 ECU。

表 5-16　HI1 HV 控制 ECU 连接器端子间的电压

测试仪连接端子	标准值
VH（H11～26）—GINV（H11～23）	1.6～3.8 V

二、混合动力电池系统维修

（一）混合动力电池系统控制功能

1. HV 蓄电池总成管理和安全保护功能

（1）在驾驶过程中，加速时蓄电池总成反复放电，而通过制动被充电，蓄电池 ECU 根据电压、电流和温度测算 HV 蓄电池的 SOC（荷电状态），然后将结果输送给控制 ECU。结果，HV 控制 ECU 根据 SOC 执行充电 / 放电控制。

（2）如果故障发生，则蓄电池 ECU 执行安全保护功能，依照故障程度保护 HV 蓄电池总成。

2. 蓄电池鼓风机电动机控制

车辆行驶时，为了控制 HV 蓄电池总成温度的上升，蓄电池 ECU 依照 HV 蓄电池总成温度决定并控制蓄电池鼓风机总成的操作模式。

（二）混合动力电池系统电路图，如图 5-62 所示

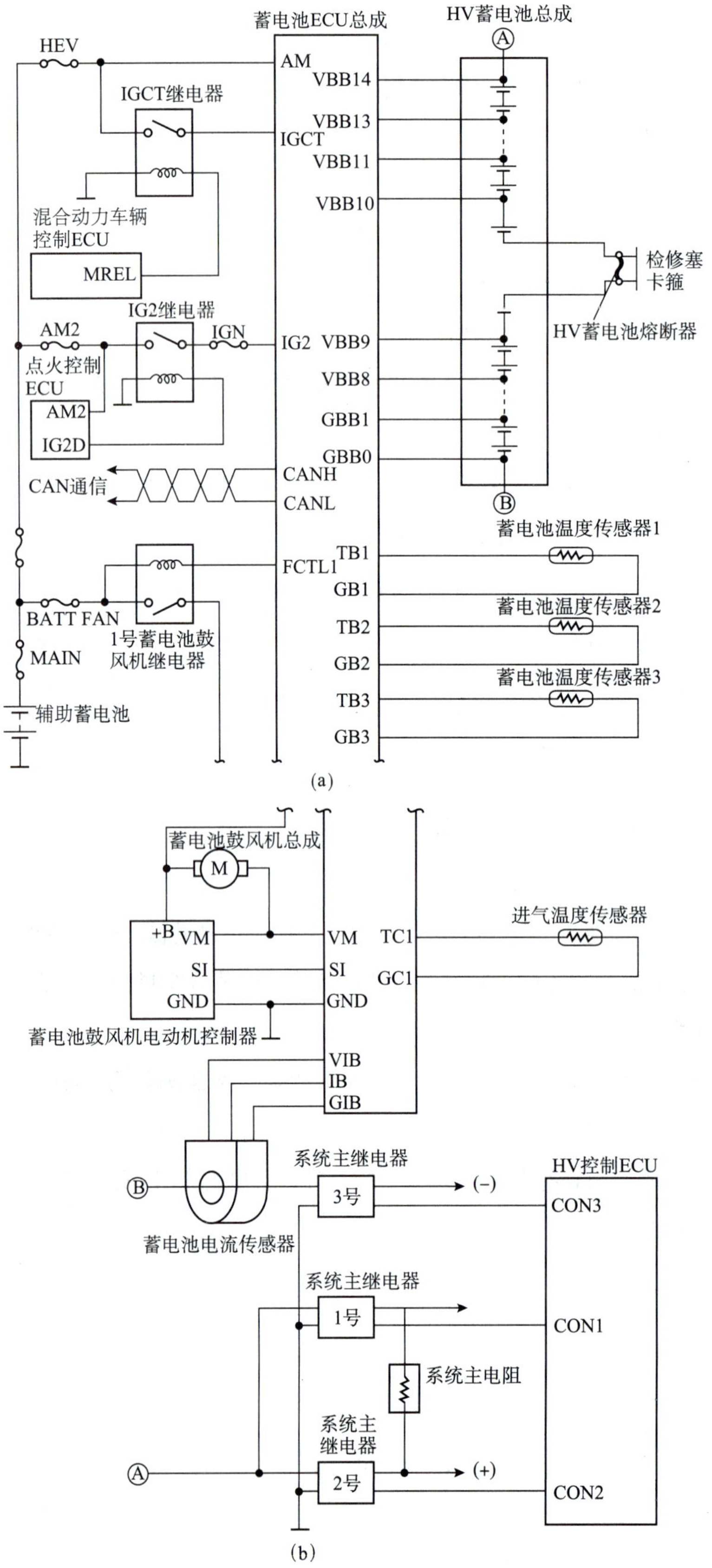

图 5-62　混合动力蓄电池系统电路图

（三）HV 蓄电池总成主要部件

HV 蓄电池总成主要部件如图 5-63 所示。

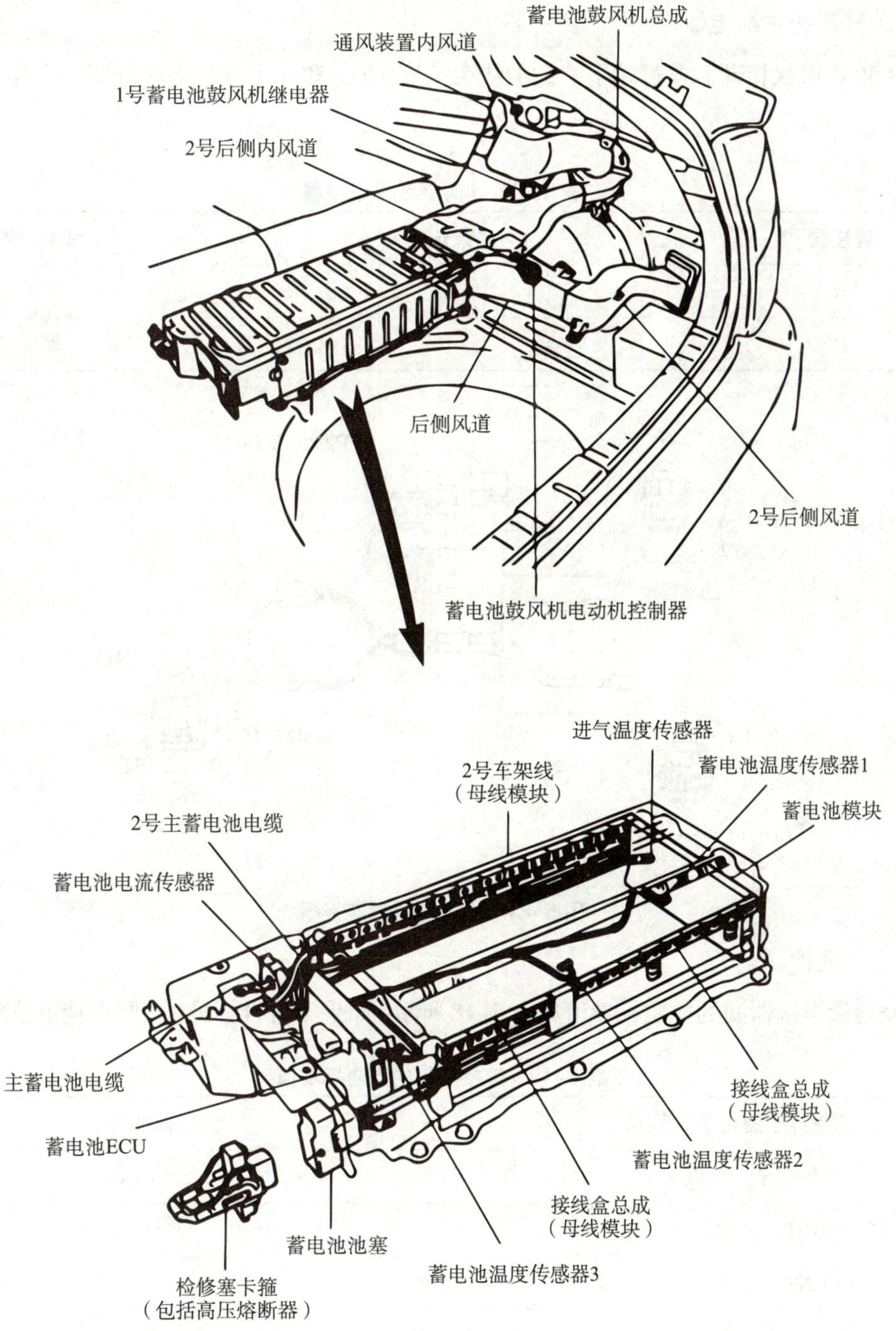

图 5-63　HV 蓄电池总成主要部件

（四）混合动力电池系统检查

1. 检查蓄电池加液口塞的导通性

（1）用欧姆表测量端子间的电阻。

电阻标准值为 10 Ω 或更大，如果不符合标准值，则更换蓄电池加液口塞。

（2）将检修塞安装到固定座上。

（3）用欧姆表测量端子间的电阻。

标准值：小于 1 kΩ。如果不符合标准值，则更换蓄电池加液口塞。

2. 检查 1 号系统主继电器

连接器 B 和 C 形状相同。通过端子一侧的线束长度（*L*）和线束颜色来区分每一个连接器如表 5–17 所示和如图 5–64 所示。

表 5–17　1 号系统主继电器

连接器	线束长度 *L*	线束颜色
B	短	黄色
C	长	黑色

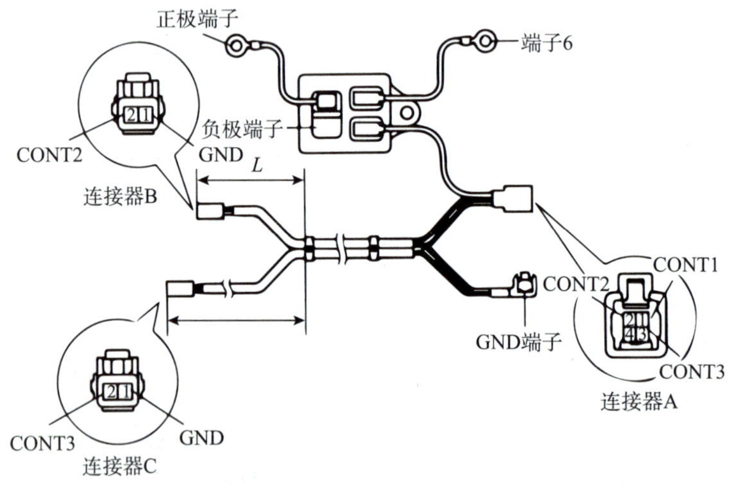

图 5–64　主继电器的连接器

（1）检查导通性。

用欧姆表测量连接器间的电阻标准值如表 5–18 所示。如果不符合标准值，则更换 1 号系统主继电器。

表 5–18　连接器间的电阻标准值

测量连接器端子或部位	标准值
正极端子—负极端子	≥ 10 kΩ
A2（CONT2）—B1（CONT2）	<1 Ω
A3（CONT3）—C1（CONT3）	<1 Ω
端子 B1（GND）—GND	<1 Ω
端子 C2（GND）—GND	<1 Ω

在正极和负极端子间提供电压，然后用欧姆表测量端子 6 和 A1（CONT1）间的电阻。标准值：小于 1 Ω。如果不符合标准值，则更换 1 号系统主继电器。

（2）检查电阻。

用欧姆表测量端子 6 和 A1（CONT1）间的电阻。标准值：70 ～ 160 Ω。如果不符合标准值，则更换 1 号系统主继电器。

3. 检查 2 号系统主继电器

（1）将 2 个已安装的螺母安装到负极和正极端子。转矩：5.6 N · m。

（2）检查导通性。

用欧姆表测量正极和负极端子间的电阻。标准值：10 kΩ 或更大。如果不符合标准值，则更换 2 号系统主继电器。

在连接器端子间加蓄电池电压，然后用欧姆表测量正极和负极端子间的电阻。标准值：小于 1 Ω。如果不符合标准值，则更换 2 号系统主继电器。

（3）检查电阻。

用欧姆表测量连接器端子间的电阻。标准值：20 ～ 50 Ω。如果不符合标准值，则更换 2 号系统主继电器。

4. 检查 3 号系统主继电器

（1）将螺母安装到负极和正极端子上。转矩：5.6 N · m。

（2）检查导通性。

用欧姆表测量正极和负极端子间的电阻。标准值：≥ 10 kΩ。如果不符合标准值，则更换 3 号系统主继电器。

在连接器端子间加蓄电池电压，然后用欧姆表测量正极和负极端子间的电阻。标准值：小于 1 Ω。如果不符合标准值，则更换 3 号系统主继电器。

（3）检查电阻。

用欧姆表测量连接器端子间的电阻。标准值：20 ～ 50 Ω。如果不符合标准值，则更换 3 号系统主继电器。

5. 检查蓄电池电流传感器的电阻

（1）用欧姆表测量端子 1（VIB）和端子 2（GIB）间的电阻标准值如表 5-19 所示。如果不符合标准值，则更换蓄电池电流传感器。

表 5-19 端子 1（VIB）和 2（GIB）间的电阻标准值

测试仪连接端子或部位	标准值 / kΩ	测试仪连接端子或部位	标准值 / kΩ
正极探针到端子 1（VIB） 负极探针到端子 2（GIB）	3.5 ～ 4.5	正极探针到端子 2（GIB） 负板探针到端子 1（VIB）	5 ～ 7

（2）用欧姆表测量端子 1（VIB）和端子 3（IB）间的电阻标准值如表 5-20 所示。如果不符合标准值，则更换蓄电池电流传感器。

表 5-20 端子 1（VIB）和 3（GIB）间的电阻标准值

测试仪连接端子或部位	标准值 / kΩ	测试仪连接端子或部位	标准值 / kΩ
正极探针到端子 1（VIB） 负极探针到端子 3（IB）	3.5 ～ 4.5	正极探针到端子 3（IB）负极探针到端子 1（VIB）	5 ～ 7

（3）用欧姆表测量端子 2（GIB）和端子 3（IB）间的电阻。

标准值：0.2 kΩ 或更小。即使探针变换位置，电阻也不变。如果不符合标准值，则更换蓄电池电流传感器。

6. 检查系统主电阻器

用欧姆表测量端子间的电阻。标准值：18 ～ 22 Ω。如果不符合标准值，则更换系统主电阻器。

7. 检查 1 号蓄电池鼓风机继电器

用欧姆表测量端子间的电阻准值如表 5-21 所示。如果不符合标准值，则更换 1 号蓄电池鼓风机继电器。

表 5-21　端子间的电阻标准值

测试仪连接端子	标准值
3—5	⩾ 10 kΩ
3—5	<1 Ω（将蓄电池电压加到端子 1 和 2 上）

（五）蓄电池系统自诊断系统

蓄电池 ECU 有一个自诊断系统，如果计算机、HV 蓄电池系统或组件工作异常，则 ECU 诊断出不正确的操作以便检查故障，并在点亮复式显示器上的 HV 系统警告灯的同时点亮组合仪表上的主警告灯。

当 HV 蓄电池系统存在故障时主警告灯亮，在检查模式下，主警告灯闪烁。

需要将智能测试仪 Ⅱ 连接到车辆上，并读取到输出的各种数据。当计算机检测到计算机本身或驱动系统故障时，车载计算机点亮仪表板上的检查警告灯（“CHK ENG”）。另外，相对应的诊断代码（DTC）被记录在蓄电池 ECU 存储器。

如果没有再出现故障，当断开电源开关时，则“CHK ENG”灯将会熄灭，但是 DTC 仍然存储在蓄电池 ECU 存储器中。

为了检查 DTC，将智能测试仪 Ⅱ 连接到数据链路连接器 3（DLC3），也可用智能测试仪 Ⅱ 清除 DTC，并检查 HV 蓄电池的定格数据。

1. 检查辅助蓄电池

测量辅助蓄电池电压。电压：11 ～ 14 V。检查辅助蓄电池、熔断器、线束、连接器和接地情况。

2. 检查“CHK ENG”灯

（1）当打开电源开关或断开“READY”灯时，“CHK ENG”灯点亮。如果“CHK ENG”灯没有亮，则对“CHK ENG”电路进行故障排除。

（2）当接通“READY”灯时，“CHK ENG”灯应该熄灭。如果“CHK ENG”灯仍然点亮，则诊断系统已检测到系统异常。

3. DTC 检查／清除如表 5-22 所示

表 5-22 DTC 检查／清除步骤

检查项	操作
检查 DTC（HV 蓄电池系统）	将智能测试仪Ⅱ连接至 DLC3
	打开电源开关（在 IG 位置）
	打开智能测试仪Ⅱ
	在系统选择屏幕上，进入以下菜单：Powertrain/HV Battery/DTC
	读取 HV 蓄电池系统的 DTC
检查定格数据	如果出现 DTC，则选择该 DTC 以显示它的定格数据
	在进行 DTC 检测时，读取记录的定格数据
检查 DTC（总线检查）	在系统选择屏幕上，选择 Bus Check
	在 Bus Check 屏幕上，选择 Communication Malfunction DTC，以便读取通信故障 DTC
	如果除显示其他 DTC 外，还显示 CAN 通信系统 DTC，则首先进行 CAN 通信的故障排除和修理故障
检查 DTC（除 HV 蓄电池外的系统）	蓄电池 ECU 保持和包括 ECM、HV 控制 ECU 和其他设备在内的计算机之间的通信。所以，如果蓄电池 ECU 输出一个警告，则有必要检查并记录所有系统的 DTC
	在系统选择屏幕上，进入以下菜单：Utility/All Codes
	如果出现 DTC，则检查相关的系统
清除 DTC	将智能测试仪Ⅱ连接至 DLC3
	打开电源开关（在 IG 位置）
	打开智能测试仪Ⅱ
	检查换挡杆是否在“P”挡
	显示 HV Battery/DTC 屏幕并按下屏幕右下的清除键“Clear”
	注意：清除 DTC 也会清除定格数据

4. 定格数据

定格数据记录了检测 DTC 时 HV 蓄电池系统和组件的工作状态。它有利于确定或模拟故障发生车辆的状态。检测定格数据的步骤如下。

（1）将智能测试仪Ⅱ连接至 DLC3。

（2）打开电源开关（在 IG 位置）。

（3）打开智能测试仪Ⅱ。

（4）在系统选择屏幕上，进入以下菜单：Powertrain/HV Bat- tery/DTC。

（5）选择 DTC，以便显示它的定格数据。

（6）检查已经检测到的 DTC 的定格数据如表 5-23 所示。

表 5-23　定格数据

智能测试仪显示（缩写词汇）	测试项目／范围（显示）	故障出现时车辆可疑状态
蓄电池荷电状态（Battery SOC）	蓄电池荷电状态 /0% ～ 100%	HV 蓄电池荷电状态
SOC 变化量（Detla SOC）	在每一蓄电池盒内最大和最小值间的差异 /0% ～ 100%	SOC 改变
蓄电池组电流（IB Battery）	——	HV 蓄电池的充电和放电条件：1. 电流值为正值时放电 2. 电流值为负值时充电
吸入空气温度（Batt Inside Air）	吸入蓄电池组的室外空气温度 / -27.68 ～ 327.68℃	吸入蓄电池组的室外空气温度
VMF 风扇电动机电压（VMF Fan Voltage）	蓄电池鼓风机电动机电压 / 0 ～ 25.4 V	蓄电池鼓风机电动机的转动条件
辅助蓄电池电压（Aux. Batt V）	辅助蓄电池电压 /0 ～ 25.4 V	辅助蓄电池状态
充电控制数值（MIN）	从蓄电池 ECU 输送到 HV 控制 ECU 的充电控制功率 / -64 ～ 0 kW	HV 蓄电池充电功率
放电控制数值（WOUT）	从蓄电池 ECU 输送到 HV 控制 ECU 的放电控制功率 /0 ～ 63.5 kW	HV 蓄电池放电功率
冷却风扇模式（Cooling Fan Spd）	蓄电池鼓风机电动机驱动模式 /0 ～ 6	停止：0 从低速向高速转动：1 ～ 6
ECU 控制模式（ECU Ctrl Mode）	ECU 控制模式 /0 ～ 4	HV 蓄电池的工作状态
备用鼓风机请求（SBLW Rqst）	蓄电池鼓风机电动机停止；控制请求（备用鼓风机）	蓄电池鼓风机电动机出现停止控制
蓄电池温度 TB1 – TB3（Batt Temp 1 to 3）	——	HV 蓄电池温度
蓄电池盒电压 V01 ～ V14（V1 to V14 batt Block）	——	蓄电池盒之间的电压改变

5. DATA LIST/ACTIVE TEST（数据表／动态测试）

（1）DATA LIST（数据表）。

如表 5-24 所示，测量数据的环境和车辆的使用年限的差异导致所测数值有微小差异，也会导致 DATA（数据表）发生很大改变。确定的标准或判断值是没有的，即使测量数值在参考范围之内，也可能存在故障。

表 5-24　DATA LIST（数据表）

智能测试仪 Ⅱ 显示（缩写词汇）	测量项目／范围（显示）	参考范围
蓄电池组电流值（IB Battery）	——	发动机停机后立即满载加速：最大 140 A；P 挡发动机自动起动，然后换到 N 挡位 1 s 后，发动机停止，前照灯点亮，空调风扇高速运转，“REDAY”灯点亮：最大 30 A
辅助蓄电池电压（Aux. Batt V）	辅助蓄电池电压 / 0 ～ 25.4 V	与辅助蓄电池电压相等

表 5-24（续）

智能测试仪Ⅱ显示（缩写词汇）	测量项目 / 范围（显示）	参考范围
充电控制数值（WIN）	从蓄电池 ECU 输送到 HV 控制 ECU 的充电控制的功率 / -64 ～ 0 kW	-25 kW 或更大
放电控制数值（WOUT）	从蓄电池 ECU 输送到 HV 控制 ECU 的放电控制功率 /0 ～ 63.5 kW	21 kW 或更小
冷却风扇模式（Cooling Fan Spd）	蓄电池鼓风机电动机转动模式 /0 ～ 6	停止：0 从低速向高速转动：1 ～ 6
ECU 控制模式（ECU Ctrl Mode）	ECU 控制模式 /0-4	——
备用鼓风机请求（SBLW Rqsi）	蓄电池鼓风机电动机停止控制请求(备用鼓风机）	ON/OFF
电池温度 TB1 - TB3（Batt Temp 1 to 3）	——	与室外空气温度相同
蓄电池最小电压（Batt Block Min V）	——	SOC 55% ～ 60%：12 V 或更高
储存 DTC（DTC）	储存 DTC 号 /0 ～ 255	——

在复杂症状下，应在相同的条件下收集同一车型的另一车辆的样本数据，以此通过 DATA LIST（数据表）的全部项目相比较，得到一个全面的判断。

使用智能测试仪Ⅱ显示的 DATA LIST（数据表），不用拆下零件，也可以读取开关、传感器等值。读取 DATA LIST（数据表）作为故障排除的第一步是减少诊断时间的一种方式。

①将智能测试仪Ⅱ连接至 DLC3。

②打开电源开关（在 IG 位置）。

③打开智能测试仪Ⅱ。

④在系统选择屏幕上，进入以下菜单：Powetrain/HV Battery/Data List。

⑤根据智能测试仪的显示，读取 DATA LIST（数据表）。

（2）ACTIVE TEST（动态测试）。

在 ACTIVE TEST（动态测试）中，注意，如果智能测试仪Ⅱ的连接器断开或发生通信故障，将不工作（“READY”灯不亮）。

使用智能测试仪Ⅱ进行 ACTIVE TEST（动态测试）时，不用拆下零件便可以操作继电器、执行器等设备。动态测试的步骤如下。

①将智能测试仪Ⅱ连接至 DLC3。

②打开电源开关（在 IG 位置）。

③打开智能测试仪Ⅱ。

④在系统选择屏幕上，进入以下菜单：Powertrain/HV Bat- tery/Active Test。

⑤根据测试仪的显示，进行 ACTIVE TEST（动态测试），如表 5-25 所示。

表 5-25 ACTIV TEST（动态测试）

智能测试仪 Ⅱ 显示（缩写词汇）	目的	测试内容	测试条件
驱动蓄电池冷却风扇（Cooling Fan Spd）	为了检查工作情况和蓄电池鼓风机电动机的转速	在模式 0 蓄电池鼓风机电动机停止；或在模式 1 ～ 6 电动机工作	检测到 DTC 时，故障发生

（六）蓄电池系统故障诊断实例

系统电压故障的 DTC 码为 P0560，如表 5-26 所示。

表 5-26 系统电压故障的 DTC 码为 P0560

DTC 码	DTC 检测条件	故障可能发生部位
P0560	当向端子 IGCT 供电时，辅助蓄电池电源系统开路	1. 线束或连接器；2. HEV 熔断器； 3. 蓄电池 ECU

1. 电路简介

蓄电池电源恒定地向蓄电池 ECU 的 AM 端子供电，以此达到保持存储器内的 DTC 和定格数据，即电源开关断开的时候，该电压可以作为一个辅助电压，电路图如图 5-65 所示。

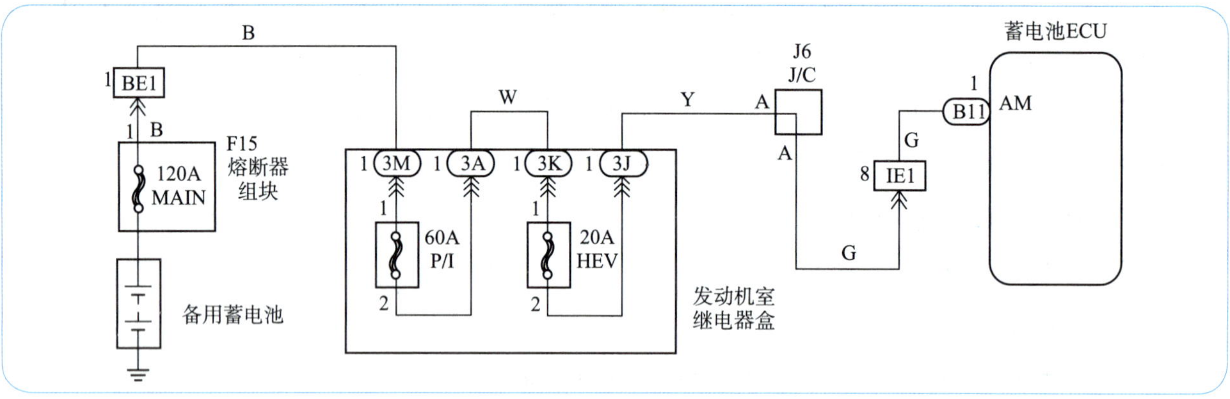

图 5-65 电路图

2. 诊断步骤（表 5-27）

表 5-27 蓄电池系统故障诊断步骤

诊断项	操作
检查熔断器（HEV 20 A）	从发动机室继电器盒上拆下 HEV 熔断器
	检查 HEV 熔断器电阻。标准值：小于 1 Ω
	重新安装 HEV 熔断器。若异常，进行下一步
检查线束和连接器（蓄电池 ECU—辅助蓄电池）	断开负极辅助蓄电池端子
	断开正极辅助蓄电池端子
	从发动机室继电器盒上拆下 HEV 熔断器
	断开 B11 蓄电池 ECU 连接器
	检查线束侧连接器间的电阻。测试仪连接端子或部位即 AM（B11-1）—HEV 熔断器（2），连接器间的电阻标准值（开路检查）参考标准值为 <1 Ω。使用测试仪测量时，不要对测试仪探针施加过大的力，以免损坏保持架

表 5-27（续）

诊断项	操作
检查线束和连接器（蓄电池 ECU—辅助蓄电池）	检查线束侧连接器间的电阻。测试仪连接端子或部位即 HEV 熔断器（1）—正极备用蓄电池端子，连接器间的电阻标准值（开路检查）参考标准值为 <1 Ω
	重新连接蓄电池 ECU 连接器
	重新安装 HEV 熔断器
	重新连接正极辅助蓄电池正极端子
	重新连接负极辅助蓄电池端子。如果异常，检查并修理连接器连接部分。若正常，转入下一步
检查线束和连接器（蓄电池 ECU-HEV 熔断器）	断开 B11 蓄电池 ECU 连接器
	从发动机室继电器盒上拆下 HEV 熔断器
	检查线束侧连接器和车身接地间的电阻（表 5-25）。使用测试仪测量时，不要对测试仪探针施加过大的力，避免损坏保持架。测试仪连接端子或部位即 AM（B11-1）或 HEV 熔断器（2）—车身接地，连接器和车身接地间的电阻标准值（短路检查）参考标准值≥ 10 Ω
	重新连接蓄电池 ECU 连接器
	重新安装 HEV 熔断器。若异常，修理或更换线束或连接器后，再更换熔断器（HEV20 A）。若正常，更换熔断器（HEV 20 A）

本章小结

1. 丰田普锐斯混合动力系统由汽油发动机和电动机等组成，采用丰田汽车公司自行开发的 THS（toyota hybrid system）混合动力系统。THS 的核心是用行星齿轮组组成的动力组合器，用于协调发动机和电动机的运动和动力传递。重点介绍了丰田混合动力系统工作状态与原理、混合动力汽车控制系统的组成、混合动力汽车控制系统主要功能。

2. 第三代普锐斯混合动力汽车都采用的是镍氢蓄电池。6 个额定 1.2 V 的镍氢电池串联组成一个 7.2 V 的电池模块，若干组电池模块串联构成蓄电池。第一代蓄电池采用了 38 组模块，总电压为 273.6 V；第二代和第三代蓄电池采用了 28 组模块，总电压为 201.6 V。丰田普锐斯混合动力汽车动力传动系统有两个电动机 / 发电机：MG1 和 MG2，普锐斯混合动力汽车采用带行星齿轮组的无级变速机构来达到平稳运行的目的。

3. 重点讲述了混合动力控制系统维修注意事项、普锐斯混合动力控制系统电路及主要部件位置，要求能对普锐斯混合动力系统进行检查，能对动力控制系统进行故障诊断。能对混合动力电池系统进行维修。

通过本章的学习，帮助读者巩固和强化所学内容，再次提升读者的实际操作能力。

课程思政

全国职教大赛新能源汽车检测与维修赛项在德州开赛

2021年6月21日，全国职业院校技能大赛中职组新能源汽车检测与维修赛项在德州圆满落幕。大赛为期2天，为团体赛，共有来自全国31个省、自治区、直辖市的62名选手同台竞技，需要在规定的时间内完成新能源汽车故障诊断与排除、新能源汽车维护与高压组件更换、动力电池总成装调与检修、电驱动总成装调与检修和充电设备装调与检修等五项作业内容。

全国职业院校技能大赛每年举办一届，已经发展成为全国各个省、自治区、直辖市、新疆生产建设兵团和计划单列市积极参与，专业覆盖面最广、参赛选手最多、社会影响最大、联合主办部门最全的国家级职业院校技能赛事。

“新能源汽车检测与维修”为2020年新增赛项，本赛项可全面检验新能源汽车检测与维修技能型紧缺人才职业教育、培训工程的发展成果，提高专业教师的教学水平，满足市场对新能源汽车专业技术人才的迫切需求，提升学生对未来岗位的适应能力。

（来源：大众网·海报新闻）

思考练习

（一）填空题

1．普锐斯混合动力汽车的__________将发动机和电动机的力矩分配给__________或__________，通过选择性地控制动力源（驱动电动机、发动机和发电机）的转速，模拟变速器传动比的连续变化。

2．内置于电动机（MG2）中的__________直接检测电动机（MG2）的温度。__________计算发电机（MG1）的温度。

3．完成对高压系统的操作后和重新安装检修塞前，应再次确认在工作平台周围没有遗留任何__________，并确认__________已拧紧、__________连接。

4．如果将智能测试仪Ⅱ电缆连接到__________上，打开__________并操作智能测试仪Ⅱ，而显示器没有显示任何有效信息，则表明车辆或者测试仪__________。

（二）简答题

1．全电动空调系统的优点是什么？

2．普锐斯混合动力汽车电动机/发电机有哪些作用？

3．混合动力电池系统控制功能是什么？

实训任务

纯电动汽车车载充电电机低压电源故障检修

一、实训目的

1. 能够分析车载充电电机低压电源故障可能发生的部位及诊断方法；

2. 能熟练运用故障诊断仪对车辆进行故障码分析；

3. 能识别车载充电电机低压电源电路简图；

4. 能运用万用表检查车载充电电机低压电源连接线路。

二、实训内容

实训室一辆纯电动汽车出现充电故障需要检修，请同学布置维修场地并结合相关工具，对故障车辆进行检修。

三、实训器材

序号	名称	数量
1	吉利几何 A 实训用车	1 辆
2	实训工装	1 套
3	高压防护用具	1 套
4	翼子板防护垫	1 套
5	警戒线、警示牌、车轮挡块	1 套
5	绝缘维修工具	1 套
6	绝缘万用表	1 个
7	灭火器	若干

四、实训步骤

1. 请完成纯电动汽车维修作业前检查及车辆防护，并记录信息。

（1）检查车辆停放位置是否合适。

（2）安装车内三件套。

（3）检查驻车制动器及档位位置。

（4）在维修工位周围布置警戒带。

（5）放置危险警示牌。

（6）铺设翼子板防护垫。

2. 请检查绝缘手套、绝缘鞋、护目镜、安全帽外观及性能检查。

并穿戴个人安全防护用具。

3. 请检查. 维修工具。

（1）打开绝缘工具箱，检查绝缘工具。

（2）检查绝缘电压表各项性能指标。

4. 车载充电电机低压电源电路简图识读。

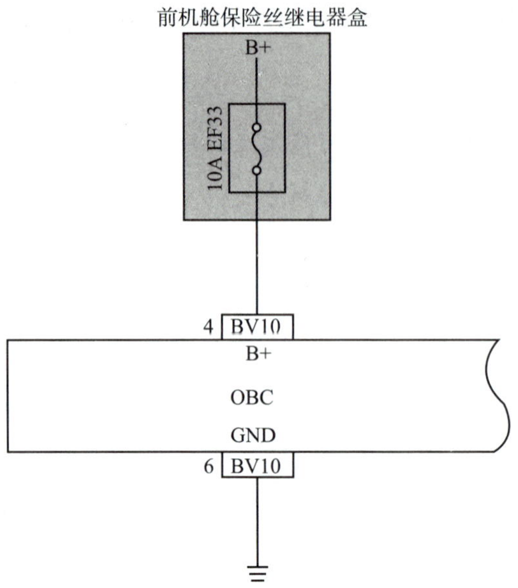

5. 检测步骤

（1）使用故障诊断仪读取故障代码：

操作启动开关使电源模式至 ON 状态，连接故障诊断仪，读取系统故障代码，确认系统是否存在其它故障代码。

（2）检查蓄电池电压：

操作启动开关使电源模式至 ON 状态，使用万用表测量蓄电池两端电压，标准电压 :9~16V。

（3）检查车载充电机保险丝是否熔断：

操作启动开关使电源模式至 OFF 状态，拔下前机舱保险丝继电器盒保险丝 EF33，检查保险丝是否熔断。保险丝额定容量 :10A。

（4）检查车载充电机电源线路：

操作启动开关使电源模式至 OFF 状态，断开车载充电机线束连接器 BV10。操作启动开关使电源模式至 ON 状态。

使用工具	连接端子	标准电压
万用表	BV10 端子 4—搭铁	11~14V

（5）检查车载充电机接地线路：

操作启动开关使电源模式至 OFF 状态，断开车载充电机线束连接器 BV10。

使用工具	连接端子	标准电阻
万用表	BV10 端子 6—搭铁	小于 1Ω

（6）如以上步骤检测结果均正常，则应考虑更换车载充电机。

7. 清洁整理作业：

整理、整顿、清扫、清洁、素养、安全、节约、学习。

第六章

纯电动汽车检修

本章导读

本章以吉利 EV450 纯电动汽车为例，介绍吉利 EV450 纯电动汽车进行维修时要注意高电压维修的维修注意事项，做好防护措施，同时熟练安全地使用电动汽车的检修工具和设备，进行整车控制器的故障诊断及检修。

学习目标

1. 掌握典型纯电动汽车电机控制系统的作用及电气原理，并可以正确检查驱动电机系统电路。

2. 能识读典型纯电动汽车 CAN 总线，对典型纯电动汽车的整车控制系统进行检修。

3. 熟悉充电模式和连接方式，理解交流/直流充电控制原理，正确对充电系统进行检修。

4. 能叙述电动汽车制动系统/真空助力系统的组成。

5. 能理解电动真空助力系统的工作原理，会正确对电动真空助力系统进行检修。

能力目标

完成汽车专业领域《职业技能等级证书标准》中工作安全与作业准备工作任务，并具备熟练的新能源汽车动力系统、驱动系统、电机系统、电池系统诊断分析、检测维修、检查保养技术的职业技能。

第一节 驱动电机系统的检修

一、驱动电机

驱动电机系统的检修

（一）驱动电机紧固件规格

吉利 EV450 驱动电机紧固件规格如表 6-1 所示。

表 6-1 吉利 EV450 驱动电机紧固件规格

应用	规格 / mm	力矩范围 / （N·m）
固定左隔振垫总成与车身托架	M12 × 90	75 ～ 85
	M12 × 55	75 ～ 85
固定左隔振垫总成与左悬置支架	M12 × T13	85 ～ 95
固定左悬置支架与变速器总成	M10 × 55	50 ～ 60
固定右隔振垫总成与车身托架	M12 × 90	75 ～ 85
	M12 × 55	75 ～ 85
固定右隔振垫总成与右悬置支架	M12 × T13	85 ～ 95
固定右悬置支架与电机总成	M10 × 55	50 ～ 60
固定后悬置支架与变速器总成	M12 × 55	75 ～ 85
固定后悬置支架与后悬置软垫总成	M12 × 80	85 ～ 95
	M12 × T13	85 ～ 95
固定后悬置软垫与副车架总成	M14 × 80	115 ～ 125
动力总成托架固定螺母	M12 × T13	75 ～ 85
动力总成托架固定螺栓	M10 × 65	75 ～ 85
减速器与驱动电机固定螺栓	M8 × 35	21 ～ 25

（二）驱动电机规格

吉利 EV450 驱动电机规格如表 6-2 所示。

表 6-2 吉利 EV450 驱动电机规格

项目	参数	单位
额定功率	42	kW
峰值功率	120	kW
额定转矩	105	N · m
峰值转矩	250	N · m
额定转速	4 200 或 3 820	r/min
峰值转速	12 000	r/min
电机旋转方向	从轴伸端看电机逆时针旋转	—
温度传感器类型	NTC	—
温度传感器型号	SEMITEC 13-C31	—
冷却液类型	乙二醇型防冻液，冰点≤ 40℃	—
冷却液流量要求	8	L/min

（三）驱动电机的作用

驱动电机旋转磁场和定子线圈共同作用产生转矩。

（四）驱动电机的组成

吉利 EV450 驱动电机主要由前端盖、后端盖、定子壳体总成、转子总成、轴承、低压接插件等部件组成。

（五）驱动电机工作原理

吉利 EV450 驱动电机工作原理如图 6-1 所示。当三相交流电被接入定子线圈中，即产生了旋转的磁场，这个旋转的磁场牵引转子内部的永磁体，产生和旋转磁场同步的旋转转矩。使用旋转变压器检测转子的位置和电流传感器检测线圈的电流，从而控制驱动电机的转矩输出。

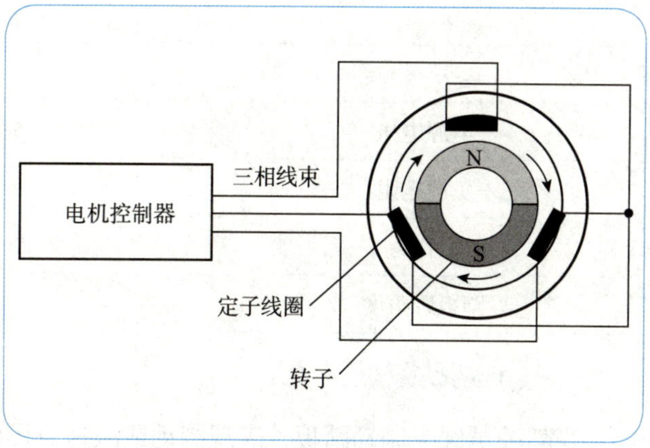

图 6-1 吉利 EV450 驱动电机工作原理

旋变信号的作用是反应驱动电机转子当前的旋转相位，电机控制器再通过旋变信号计算当前的驱动电机转速。吉利 EV450 旋转变压器采用磁阻式旋转变压器，结构如图 6-2 所示，旋变转子与驱动电机转子同轴连接，随电机转轴旋转。旋变定子内侧有感应线圈，安装在驱动电机定子上。驱动电机旋转时，带动旋变转子旋转。旋转变压器与电机控制器中间通过 6 根低压线束连接，2 根是从电机控制器

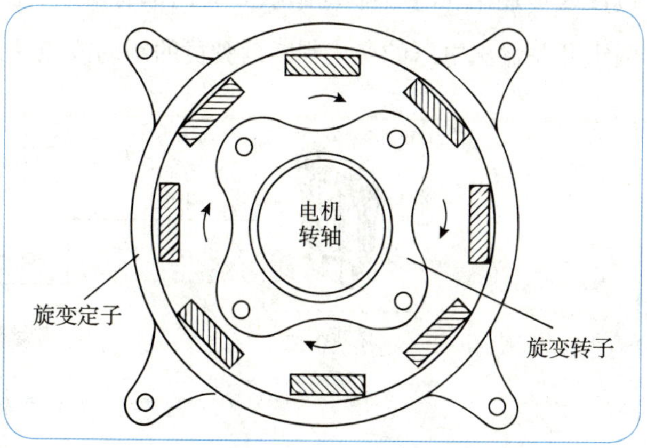

图 6-2 旋转变压器结构

输出激励信号，另外 4 根分别是旋转变压器输出的正弦信号和余弦信号。6 根线当中任何一根线路出现故障都会导致驱动电机无法正常工作。

二、电机控制系统的作用

（一）电机控制器

电机控制器安装在前舱内，采用 CAN 通信控制，控制着动力蓄电池组到电机之间的能量传输，同时采集电机位置信号和三相电流检测信号，精确地控制驱动电机运行。

电机控制器是一个既能将动力蓄电池中的直流电转换为交流电以驱动电机，同时具备将车轮旋转的动能转换为电能（交流电转换为直流电）给动力蓄电池充电的设备。

车辆制动或滑行阶段，电机作为发电机应用。它可以完成将车轮旋转的动能转换为电能，给动力蓄电池充电。

DC/DC 集成在电机控制器内部，其功能是将电池的高压电转换成低压电，为整车低压系统供电。

（二）加速踏板位置传感器

作为系统的安全性保障之一，加速踏板位置传感器设计成双输出传感器。两个传感器的输出电压信号都随加速踏板的位置增加而增加。加速踏板位置传感器参数如表 6–3 所示。

表 6–3　加速踏板位置传感器参数

项目	参数	单位
电源电压	5 ± 0.5	V
负载电阻	>300	kΩ
操作力	5 ～ 44	N
踏板臂角度	≤ 18	°

（三）制动踏板开关

当驾驶员踩下制动踏板，表现制动或减速意图时，该开关将制动踏板位置信号转换成电压信号，通过硬线传递给 VCU。制动踏板开关内部有两组开关，一组为常闭开关，另一组为常开开关。VCU 通过两组开关输出电压的变化判断驾驶员的制动或减速意图。制动踏板开关信号传递路线如图 6–3 所示。

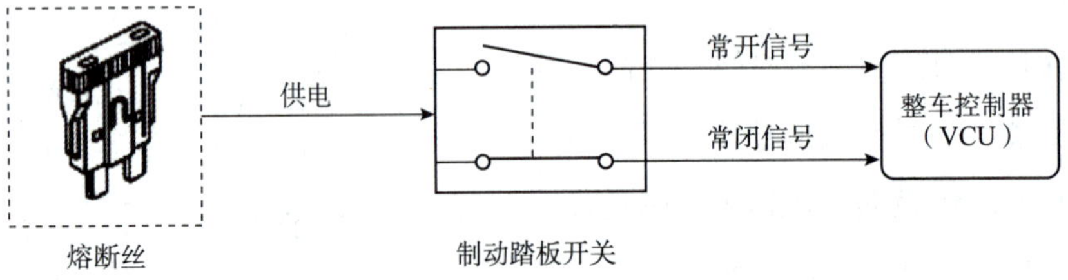

图 6–3　制动踏板开关信号传递路线

三、电机控制系统电气原理

吉利 EV450 电机控制系统电气原理图如图 6–4 所示。

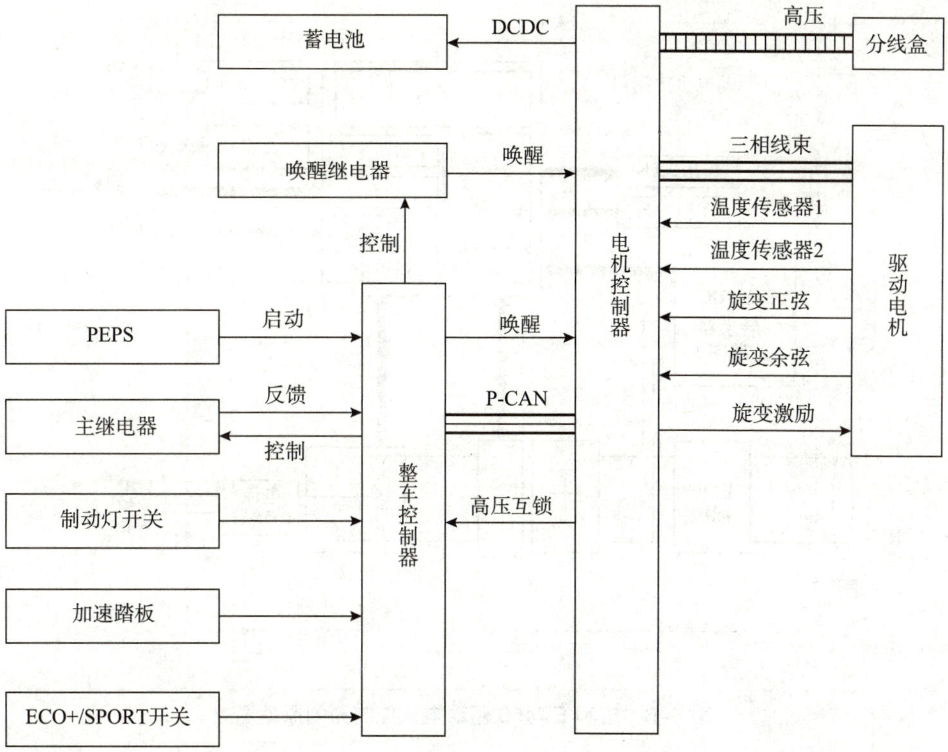

图 6-4 吉利 EV450 驱动电机控制系统电气原理图

四、驱动电机控制器

吉利 EV450 驱动电机控制器（PEU）接口如图 6-5 所示。

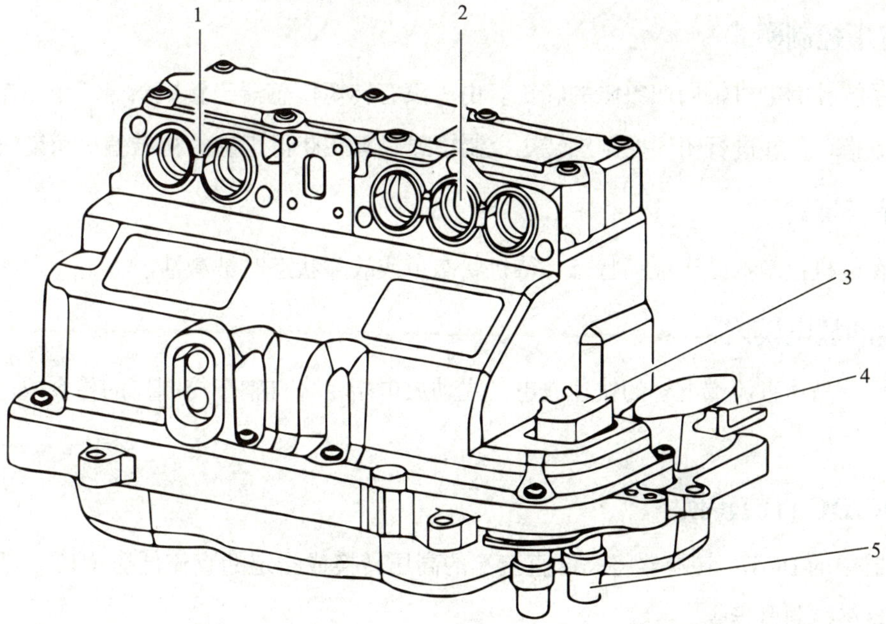

1- 高压线上接口；2- 驱动电机三相线束接口；3- 低压信号接口；4- 低压（DC/DC）充电接口；5- 冷却管口。

图 6-5 吉利 EV450 驱动电机控制器接口

吉利 EV450 驱动电机控制器的原理图如图 6–6 所示。

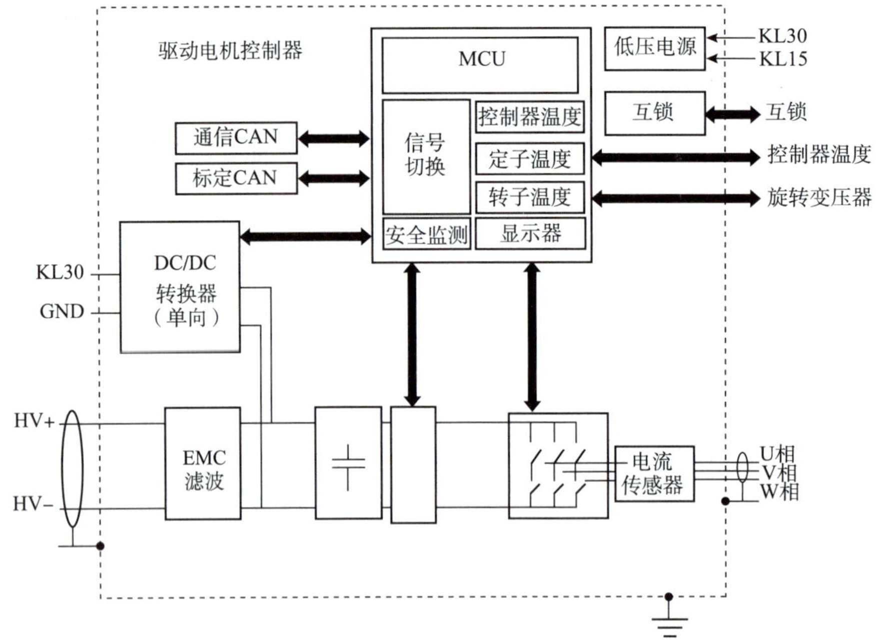

图 6–6　吉利 EV450 驱动电机控制器的原理图

（一）电机控制器结构组成

电机控制器内部包含 1 个 DC/AC 逆变器和 1 个 DC/DC 直流转换器，逆变器由 IGBT、直流母线电容、驱动和控制电路板等组成，可实现直流（可变的电压、电流）与交流（可变的电压、电流、频率）之间的转变。直流转换器由高低压功率器件、变压器、电感、驱动和控制电路板等组成，可实现直流高压向直流低压的能量传递。电机控制器还包含冷却器（通过冷却液）给电子功率器件散热。

（二）转矩控制模式

电机控制系统控制电机轴向四象限的转矩。由于没有转矩传感器，转矩指令（由整车控制器发送）被转换成为电流指令，并进行闭环控制。转矩控制模式只有在获得正确的初始偏移角度时才能进行。

（三）静态模式

静态模式在电机控制器处于被动状态（待机状态）或故障状态时被激活。

（四）主动放电模式

主动放电用于高压直流端电容的快速放电。主动放电指令来自整车控制器的指令或由电机控制器内部故障触发。

（五）DC/DC 直流转换

电机控制器中的 DC/DC 转换器将高压直流端的高压转换成指定的直流低压（12 V 低压系统），低压设定值来自整车控制器指令。

（六）系统诊断功能

当故障发生时，软件根据故障级别使电机控制器进入安全状态或限制状态。安全状态包括主动短路或 FreeWheel 模式，限制状态包括四个级别的功率 / 转矩输出限制。电机控制器软件中提供基于 ISO 14229 标准的诊断通信功能，如表 6–4 所示。

表 6–4 诊断通信功能

诊断项目	诊断内容
传感器诊断	电流传感器、电压传感器、温度传感器、位置传感器等传感器故障诊断
电机诊断	电流调节故障、电机性能检查、主动短路或空转条件不满足、转子偏移角诊断等
CAN 通信诊断	包括 CAN 内存检测、总线超时、报文长度、Checksum 校验、收发计数器的诊断
硬件安全诊断	相电流过流诊断、直流母线电压过压诊断、高 / 低压供电故障诊断、处理器监控等
DC/DC 诊断	DC/DC 传感器以及工作状态诊断

五、电机控制器低压信号接口端子定义

吉利 EV450 电机控制器低压信号接口如图 6–7 所示，端子定义如表 6–5 所示。

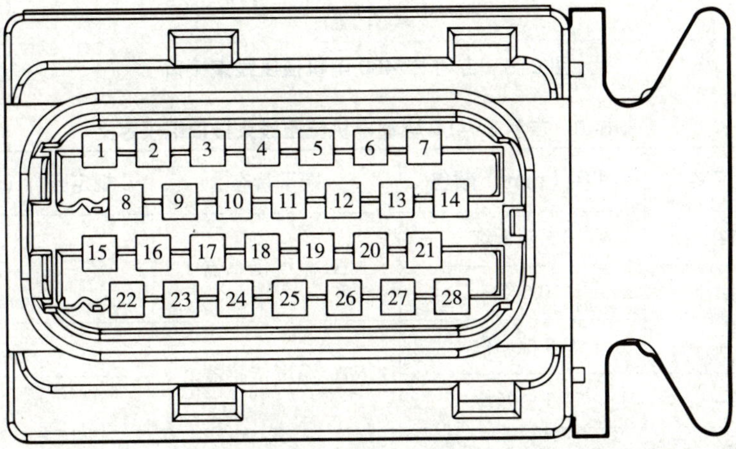

图 6–7 吉利 EV450 电机控制器低压信号接口

表 6–5 吉利 EV450 电机控制器低压信号接口端子定义

端子号	端子定义	颜色	端子号	端子定义	颜色
1	高压互锁输入	棕	15	励磁绕组搭铁	绿
2	—	—	16	余弦绕组低	粉
3	—	—	17	正弦绕组低	白
4	高压互锁输出	白	18	—	—
5	温度传感器输入	棕白	19	—	—
6	温度传感器搭铁	红	20	CAN–H	蓝红
7	温度传感器输入	蓝红	21	CAN–L	灰橙
8	—	—	22	励磁绕组正极	橙
9	—	—	23	余弦绕组高	蓝
10	屏蔽线搭铁	黑	24	正弦绕组高	黄

表 6-5（续）

端子号	端子定义	颜色	端子号	端子定义	颜色
11	搭铁	黑	25	ON 挡电	红黑
12	—	—	26	常电	红黄
13	温度传感器搭铁	白绿	27	调试 CAN-H	粉白
14	唤醒输入	蓝白	28	调试 CAN-L	黑白

吉利 EV450 电机低压线束接口如图 6-8 所示，端子定义如表 6-6 所示。

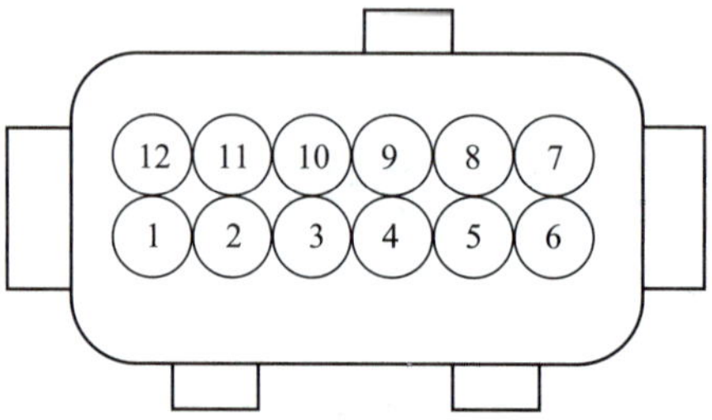

图 6-8　吉利 EV450 电机低压线束接口

表 6-6　吉利 EV450 驱动电机低压线束接口端子定义

端子号	端子定义	线径（mm^2）颜色	端子状态	规定条件（电压、电流、波形）
1	R1+	0.5 蓝 / 红	NTC 温度传感器 1	—
2	R1-	0.5 红		—
3	R2+	0.5 棕 / 白	NTC 温度传感器 2	—
4	R2-	0.5 白 / 绿		—
5	GND	0.5 黑	屏蔽	负极
6	GND	0.5 黑		负极
7	COSL	0.5 粉	旋变余弦	—
8	COS	0.5 蓝		—
9	SINL	0.5 白	旋变正切	—
10	SIN	0.5 黄		—
11	REFL	0.5 橙	旋变励磁	—
12	REF	0.5 绿		—

六、驱动电机系统电路的检测

（一）旋转变压器的检测

（1）断开蓄电池的负极。

（2）断开线束连接器 BV13。

（3）用万用表分别检测旋转变压器的正弦、余弦和励磁电阻值。正常的电阻值如下。

余弦电阻值为（14.5 ± 1.5）Ω。

正弦电阻值为（13.5 ± 1.5）Ω。

励磁电阻值为（9.5 ± 1.5）Ω。

（二）电机温度传感器的检测

（1）断开蓄电池的负极。

（2）断开线束连接器 BV13。

（3）用万用表分别检测两个温度传感器的电阻值。电阻值随温度升高而降低，随温度降低而升高，正常的电阻值如下。

–40℃时，正常电阻值为（241 ± 20）Ω。

20℃时，正常电阻值为（13.6 ± 0.8）Ω。

85℃时。正常电阻值为（1.6 ± 0.1）Ω。

七、驱动电机的更换

（一）准备工作

吉利EV450新能源汽车、龙门式举升机工位、安全防护套装、绝缘测试仪、万用表、诊断仪、绝缘胶布、大的量杯（盛放冷却液）、绝缘工具、车内三件套、车外三件套、抹布。

（二）吉利 EV450 驱动电机的拆卸

（1）在工作区域设置隔离，铺好绝缘垫，并在明显位置放置警示牌。

（2）打开前机舱盖。

（3）开关置于“OFF”挡，断开蓄电池负极电缆，并用绝缘胶布包好。

（4）做好安全防护措施，按照维修手册标准作业流程进行高压断电，断开车载充电器处直流母线。

（5）操作空调制冷剂的回收程序。

（6）拆卸左、右前轮车轮。

（7）拆卸舱底部护板总成。

（8）拆卸车载充电机。

①断开车载充电机与加热器高压线束连接器 1，断开车载充电机与驱动电机控制器高压线束连接器 2，断开车载充电机线束与交流充电插座总成连接器 3，断开车载充电机与驱动电机总成连接水管 4，注意不要使冷却液滴洒。断开车载充电机与驱动电机控制器连接水管 5，断开车载充电机与低压线束连接器 6，如图 6–9 所示。

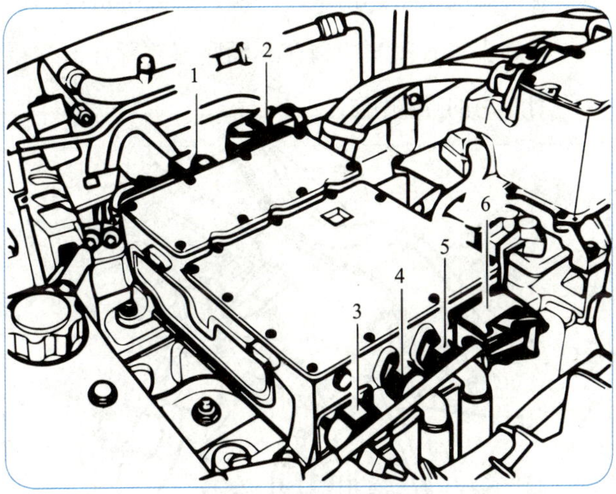

图 6–9　车载充电机的拆卸

②拆卸分线盒电机控制器高压线束连接器 4 个固定螺栓，如图 6–10 所示。

③拆卸车载充电机搭铁线。

④取出车载充电机。

（9）拆卸电机控制器。

（10）拆卸制冷空调管。

（11）拆卸驱动轴。

（12）拆卸压缩机。

（13）拆卸电动真空泵。

（14）拆卸冷却水泵。

（15）拆卸驱动电机。

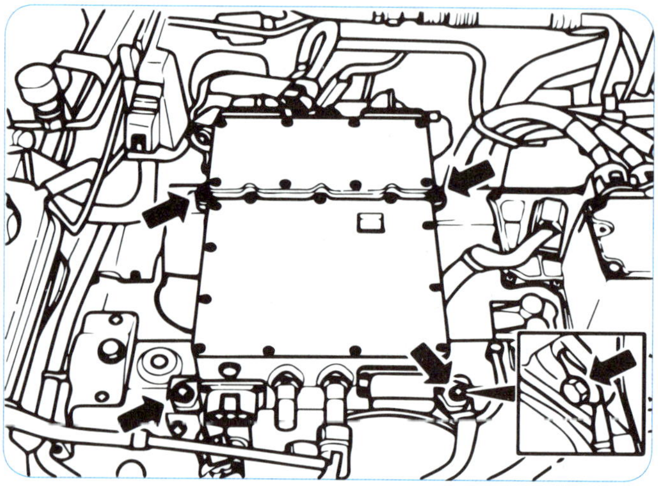

图 6-10　拆卸分线盒电机控制器高压线束连接器 4 个固定螺栓

①断开自动变速器控制器插头 1，断开减速器电机插头 2，拆卸线束卡扣 3，如图 6-11 所示。

②断开驱动电机线束插头 1，拆卸线束卡扣 2，如图 6-12 所示。

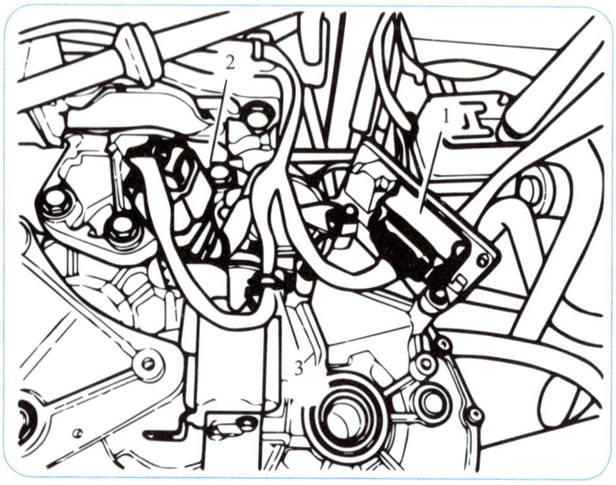

1- 控制器插头；2- 电机插头；3- 线束卡扣。

图 6-11　自动变速器控制器插头

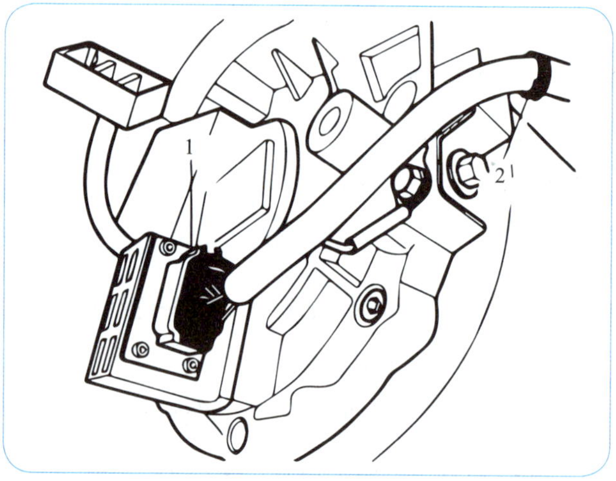

1- 线束插头；2- 线束卡扣。

图 6-12　驱动电机线束插头

③拆卸线束搭铁线，如图 6-13 所示。

④拆卸电机进、出水管环箍，脱开电机冷却水管，如图 6-14 所示。

注意：水管脱开前请在车辆底部放置容器，接住防冻液，以免污染地面。拆卸或安装水管环箍时都应使用专用的环箍钳。

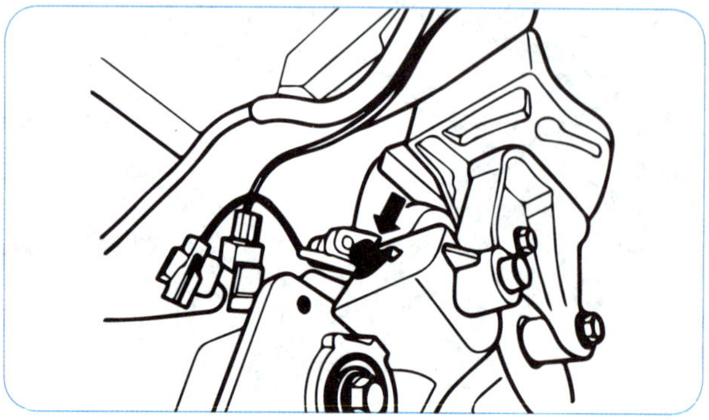

图 6-13　线束搭铁线

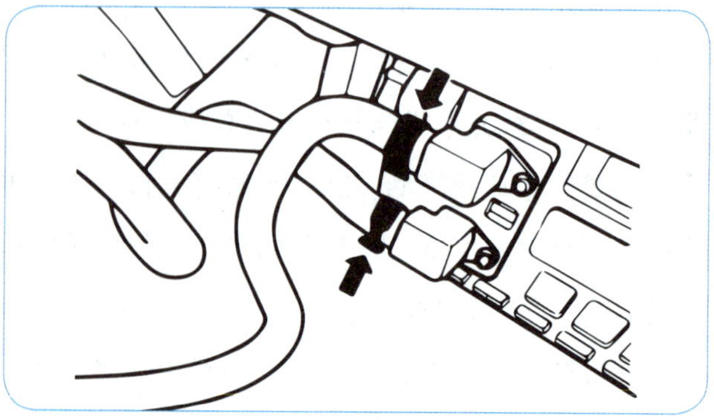

图 6-14　电机进、出水管环箍

⑤拆卸后悬置。

⑥放置举升平台车，如图 6-15 所示。

⑦拆卸动力总成 2 个固定螺母，如图 6-16 所示。

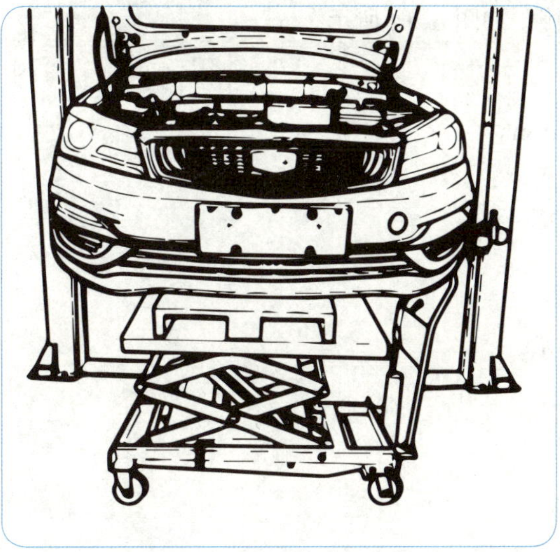

图 6-15　放置举升平台车

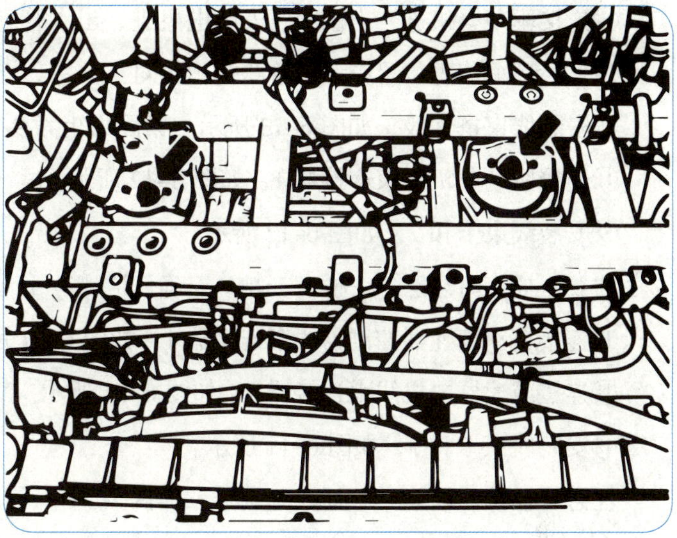

图 6-16　动力总成 2 个固定螺母

⑧缓慢下降举升平台车，如图 6-17 所示。

⑨拆卸驱动电机隔声罩，如图 6-18 所示。

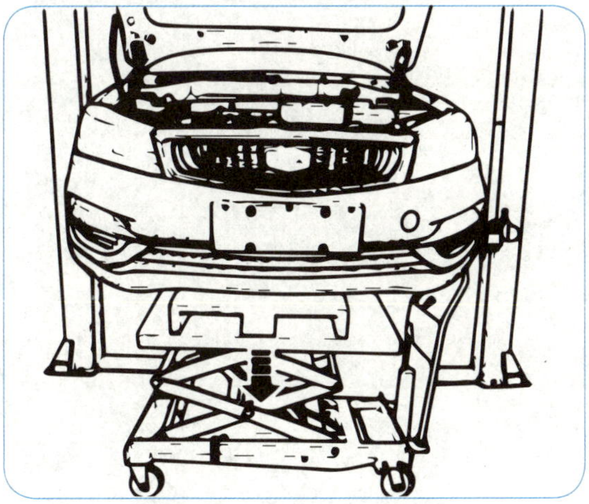

图 6-17　缓慢下降举升平台车

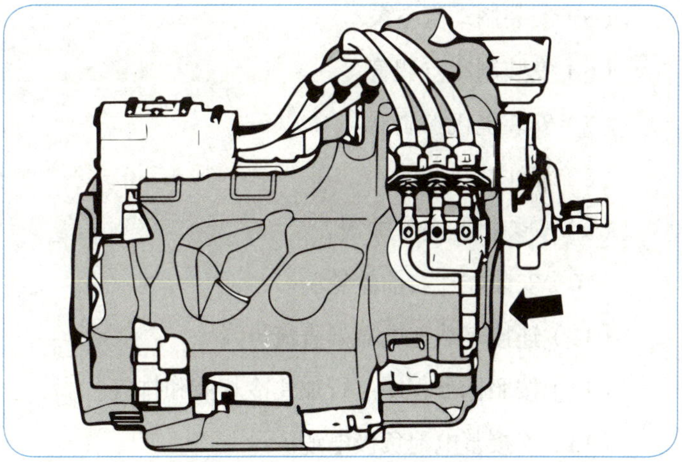

图 6-18　驱动电机隔声罩

⑩拆卸驱动电机及减速器总成之间的连接螺栓，如图 6-19 所示。将驱动电机和减速器分离。

（三）安装

（1）安装驱动电机。

①将驱动电机和减速器组装一起，紧固驱动电机及减速器连接螺栓，如图 6-19 所示。紧固力矩为 23 N · m。

②安装驱动电机隔声罩，如图 6-18 所示。

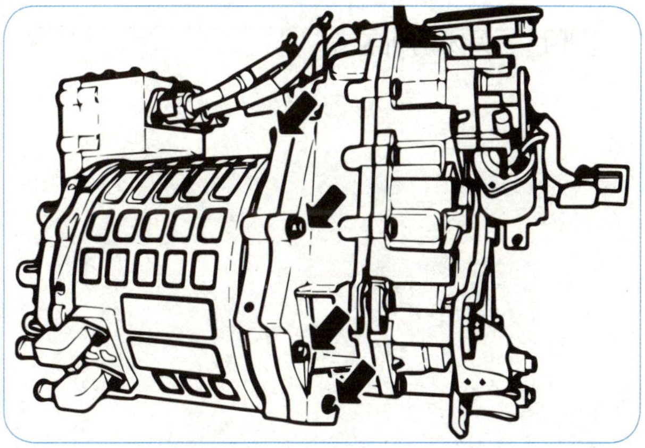

图 6-19　驱动电机及减速器总成之间的连接螺栓

③将动力总成放置在举升平台工具上。

④缓慢下降举升平台车，如图 6–17 所示。

⑤紧固动力总成 2 个固定螺母，如图 6–16 所示。紧固力矩为 90 N · m。

⑥连接驱动电机进、出水管，安装电机进、出水管环箍，如图 6–14 所示。

注意：环箍装配位置应该与管路标示线对齐。

⑦安装线束搭铁线，如图 6–13 所示。紧固力矩为 9 N · m。

⑧连接驱动电机线束连接器 1，如图 6–12 所示。

⑨安装线束卡扣 2，如图 6–12 所示。

注意：插接时注意“一插、二响、三确认”。

⑩连接自动变速器控制器线束连接器 1，如图 6–11 所示。

⑪连接减速器电机线束连接器 2，如图 6–11 所示。

⑫安装线束卡扣 3，如图 6–11 所示。

注意：插接时注意“一插、二响、三确认”。

（2）安装后悬置。

（3）安装压缩机。

（4）安装冷却水泵。

（5）安装制动真空泵。

（6）安装制冷空调管。

（7）安装电机控制器。

（8）加注减速器油。

（9）安装机舱底部护板。

（10）安装左、右前轮轮胎。

（11）连接车载充电器处直流母线。

（12）按照标准程序进行加注冷却液和排气。

（13）连接蓄电池负极电缆。

（14）操作空调制冷剂的加注程序。

（15）关闭前机舱盖。

第二节 整车控制系统的检修

一、控制系统的基本概念

控制系统一般包括传感器、控制器和执行元件。传感器采集信息并转换成电信号发送给控制器，控制器根据传感器的信息进行运算、处理和决策，并向执行元件发送控制指令以完成某项控制功能，如图 6-20 所示。

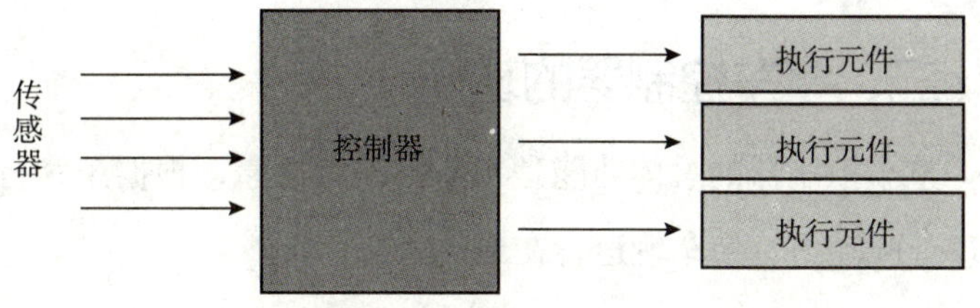

图 6-20 控制系统的组成

当系统中有两个控制系统且两个控制系统需要相互通信时，可以通过 CAN 总线将两个控制系统连接起来，如图 6-21 所示。

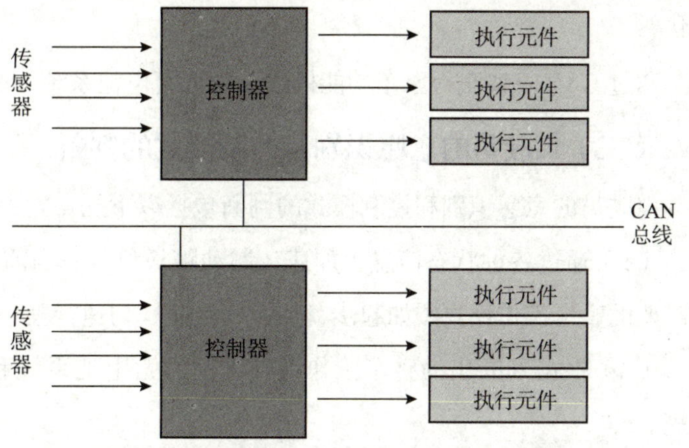

图 6-21 基于 CAN 总线的控制系统（1）

当系统中有多个控制系统且控制系统之间有通信需求时，多个控制系统可以连接在 CAN 总线上实现控制系统之间的信息通信，如图 6-22 所示。在传统汽车控制系统中，这些控制系统是对等的、没有主次之分的。在新能源汽车控制系统中，一般会有一个控制器，如整车控制器除了完成自身一些控制功能外，还担负着整个控制系统的管理和协调功能。

整车控制采用分层控制方式：整车控制器作为第一层，其他各控制器为第二层，各控制器之间通过 CAN 网络进行信息交互，共同实现汽车的功能控制，如图 6-23 所示。

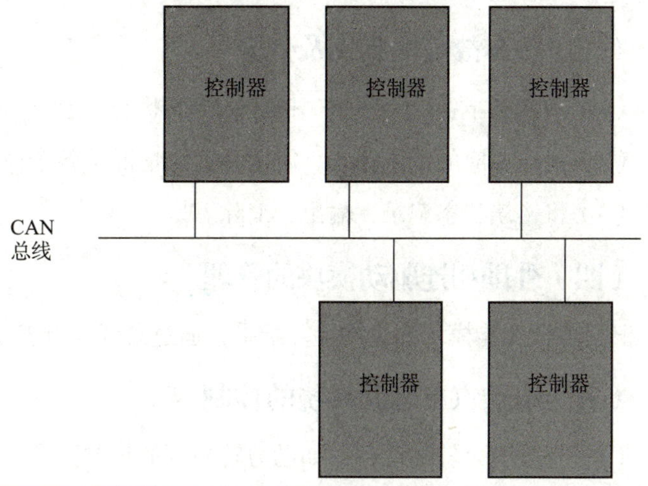

图 6-22 基于 CAN 总线的控制系统（2）

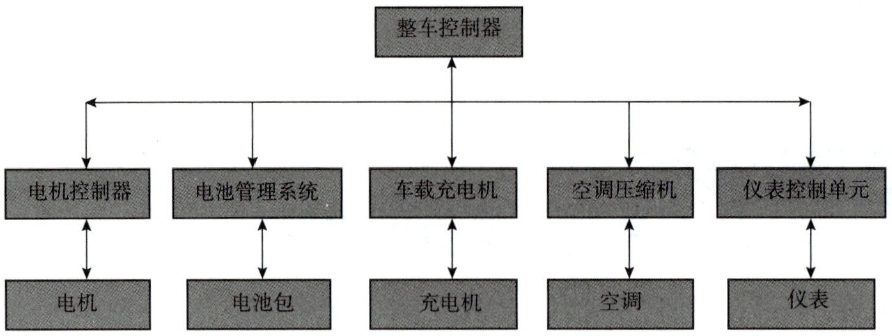

图 6-23　分层控制方式

二、整车控制器的功能

整车控制器的总体功能是判断操纵者意愿，根据车辆行驶状态、动力蓄电池和驱动电机系统的状态合理分配动力，使车辆运行在最佳状态。

（一）整车状态的获取功能

整车状态的获取，通过车速传感器、挡位信号传感器等，在采用不同的采样周期时，检测整车的运行状态。

通过 CAN 总线获得原车功能模块、动力蓄电池系统、驱动电机系统等状态信息。

（二）驾驶员的意愿识别和控制模式的判断

驾驶员的意愿识别和控制模式的判断包括以下几点。

（1）通过各种状态信息（加速 / 制动踏板位置、当前车速和整车是否有故障等信息）来判断出当前需要的整车工作模式（如起步、加速、减速、匀速行驶）。

（2）根据判断出的整车工作模式、动力蓄电池系统和驱动电机系统状态计算出当前车辆需要的转矩。

（3）根据当前的参数和状态及前一段时间的参数及状态，算出当前车辆的转矩能力，根据当前车辆需要的转矩，最终计算出合理的最终需要实现的转矩。

（三）整车故障的判别及处理

（1）判断整车各个传感器、执行机构的状态。

（2）指出相应的错误标志，协调在错误情况下各个模块的计算、执行。

（3）将错误状态记录、输出、消除。

（四）外围相连驱动模块的管理

根据各个功能模块的最终计算结果，通过总线控制各个外围功能模块（例如空调模块等）。

（五）电动汽车辅助系统的控制

（1）驾驶安全辅助设备，如助力转向等的控制。

（2）电器附件，如 DC/DC、水泵、空调、暖风等的控制。

（3）休闲娱乐辅助设备，如 DVD 等的控制。

三、纯电动汽车 CAN 总线

（一）V-CAN

吉利 EV450 CAN 网络的连通是进行整车故障诊断的基础。CAN 网络分为 V-CAN 和 P-CAN 两路 CAN 总线，均可通过 OBD 对两路 CAN 进行监控。P-CAN 总线负责高压模块，分别包括 BMS、OBC（车载充电器）、GSM（全球移动通信系统）、PEU 等。其中 BMS 与 PEU 各分布 120 Ω 终端电阻。V-CAN 总线负责低压模块，分别包括：EPB（电子驻车制动）、ESC（电子稳定控制系统）、BCM（车身控制器）等，其中 ESC 与 BCM 各分布 120 Ω 终端电阻，如图 6-24 所示和如图 6-25 所示。

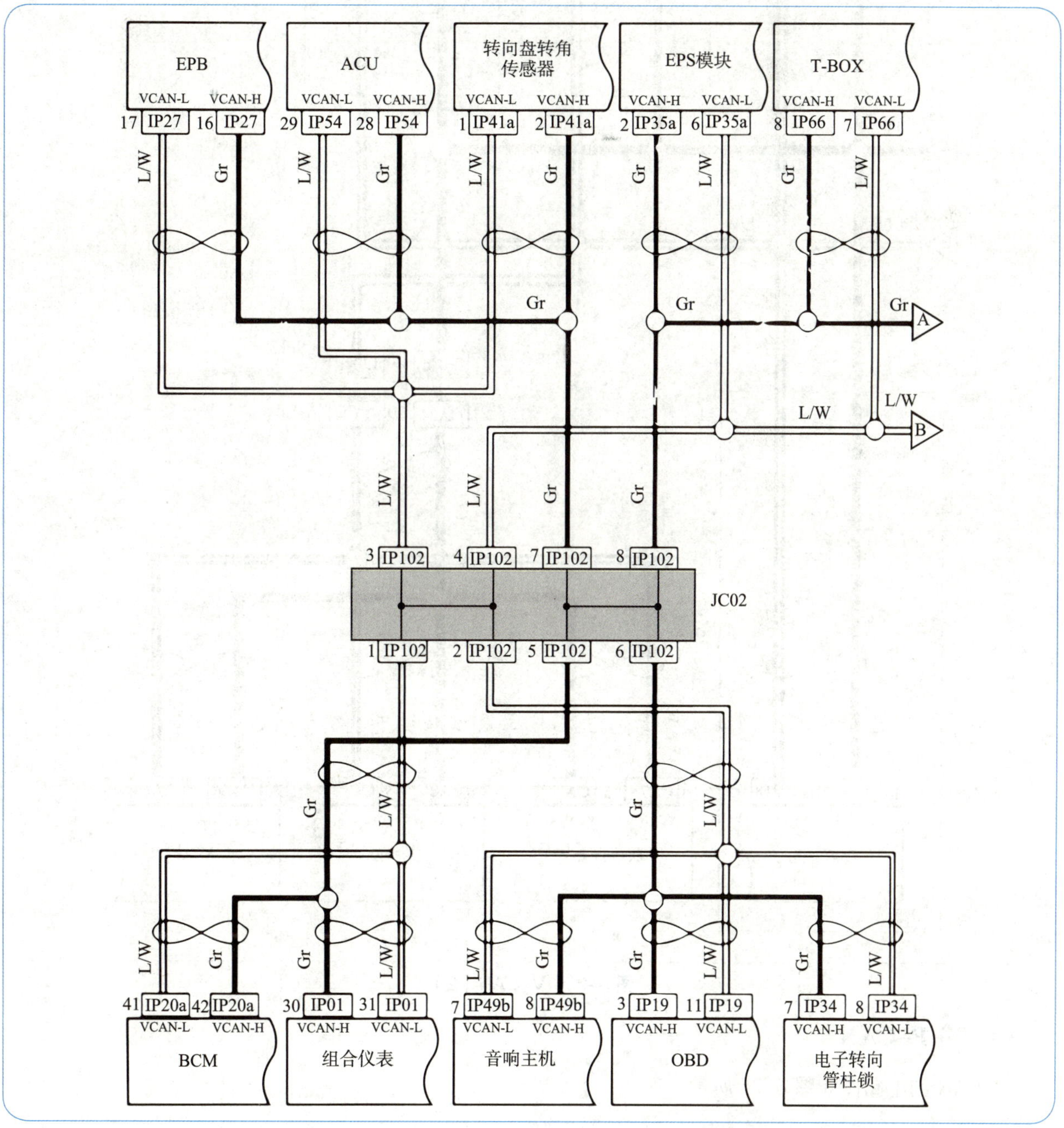

图 6-24　V-CAN（1）

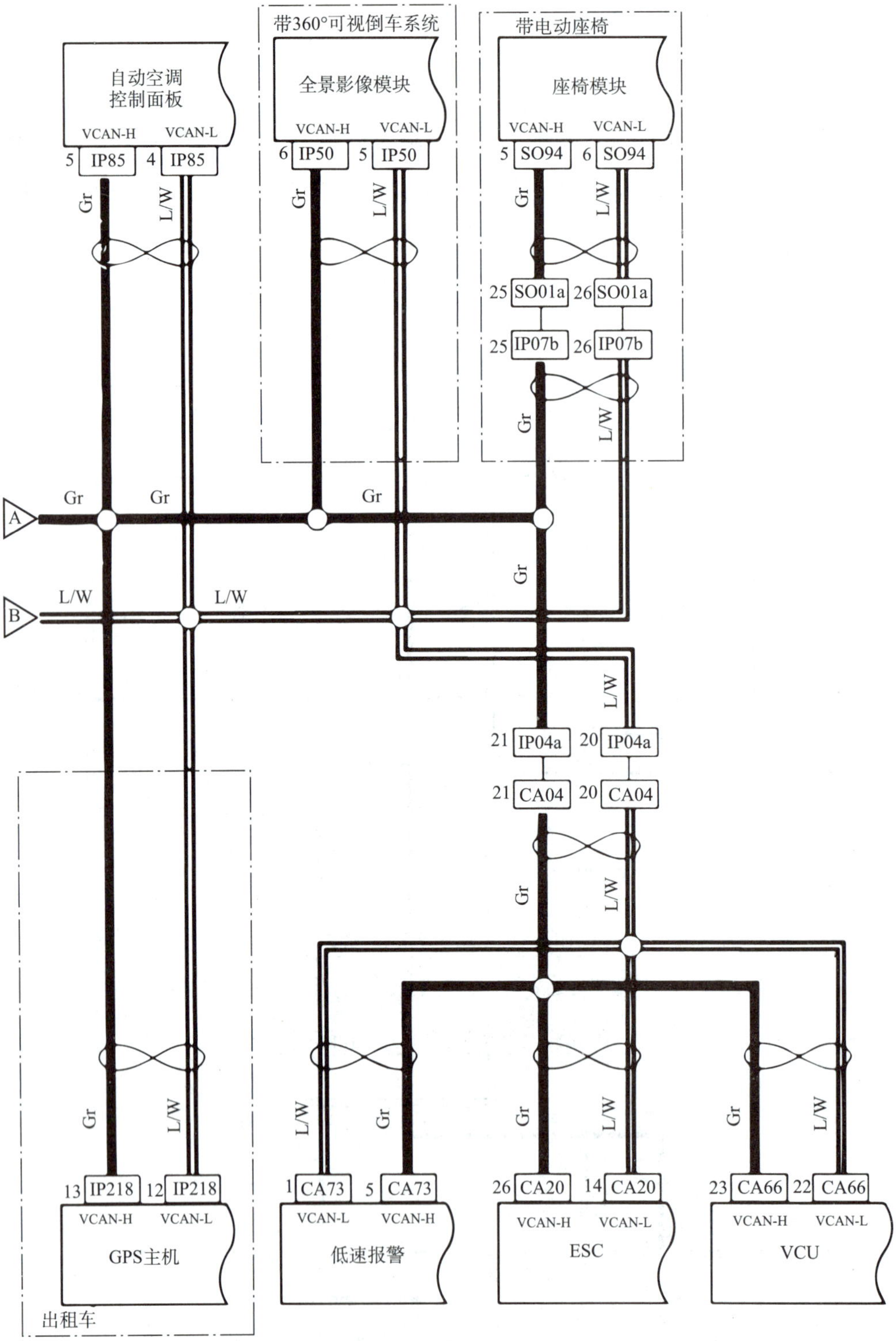

图 6-25　V-CAN（2）

（二）P-CAN

P-CAN 的电路图如图 6-26 所示。

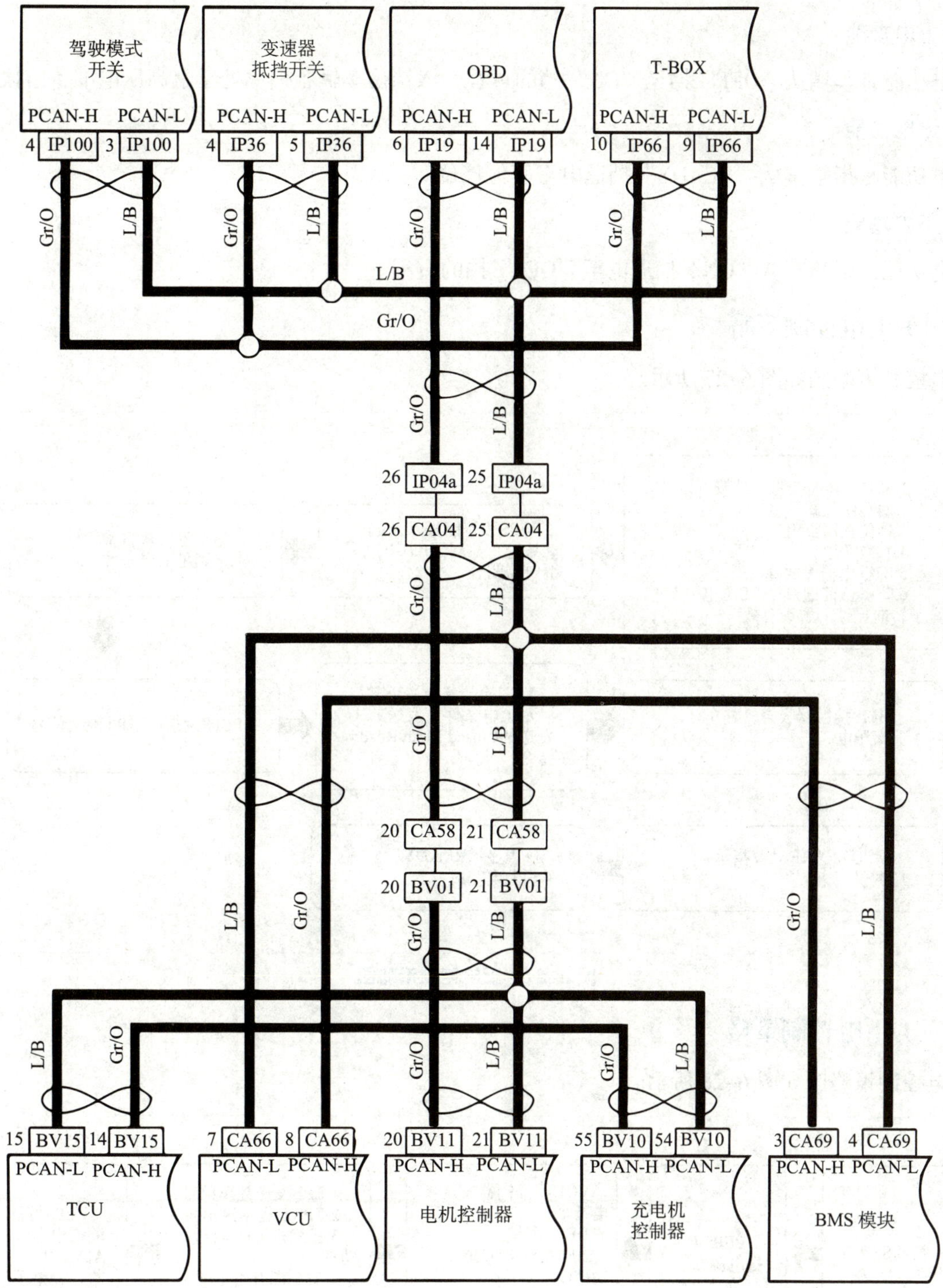

图 6-26 P-CAN 的电路图

四、纯电动汽车整车上下电控制策略

（一）吉利 EV450 整车上下电概念

1. 启动功能

启动功能是指车辆从其他电源挡位（“OFF”挡、“ACC”挡、“ON”挡）至“READY”挡，点亮仪表指示灯的过程，也可称上高压电。

2. 上电功能

上电功能是车辆从“OFF”挡至“ON”挡的过程，该挡位车辆各模块处于上高压电准备阶段。

3. 退电功能

退电功能是指整车从“READY”挡退电至其他挡位。

4. 下电功能

下电功能是指整车从“ON”挡退电至“OFF”挡的过程。

（二）上电控制策略

上电控制策略图如图 6-27 所示。

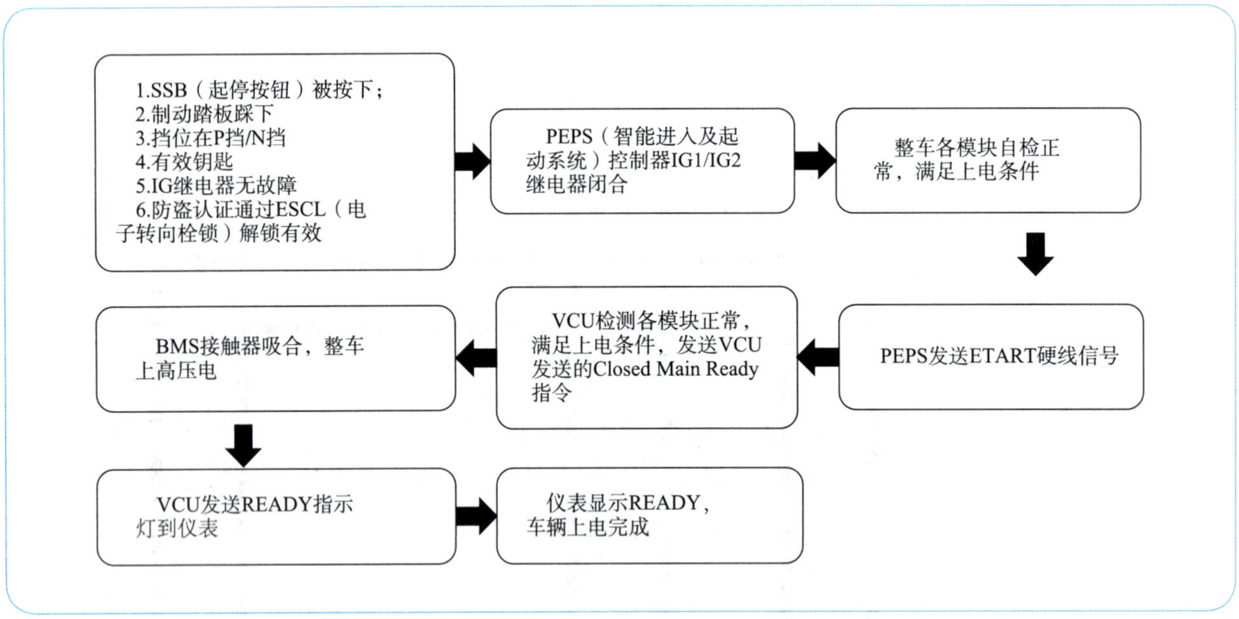

图 6-27　上电控制策略图

（三）下电控制策略

下电控制策略图如图 6-28 所示。

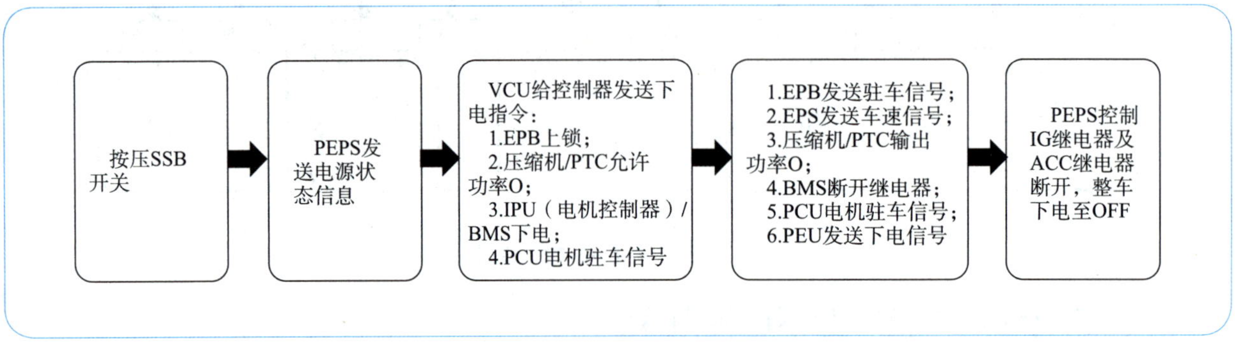

图 6-28　下电控制策略图

五、VCU 系统电路图

吉利 EV450 VCU 系统电路图如图 6-29、图 6-30 和图 6-31 所示。

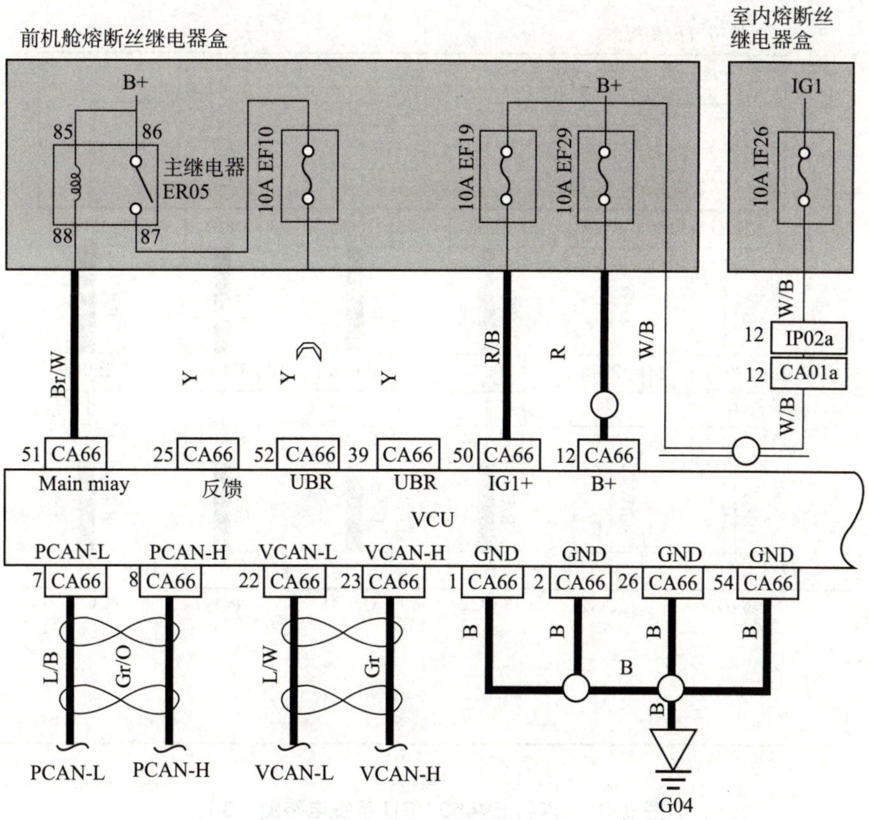

图 6-29　吉利 EV450 VCU 系统电路图（1）

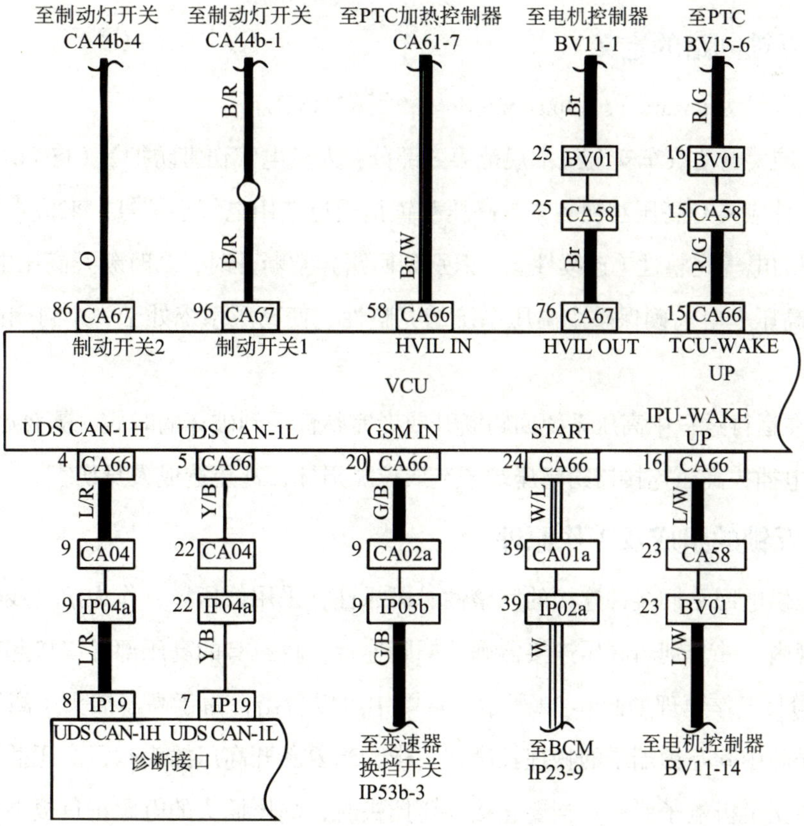

图 6-30　吉利 EV450 VCU 系统电路图（2）

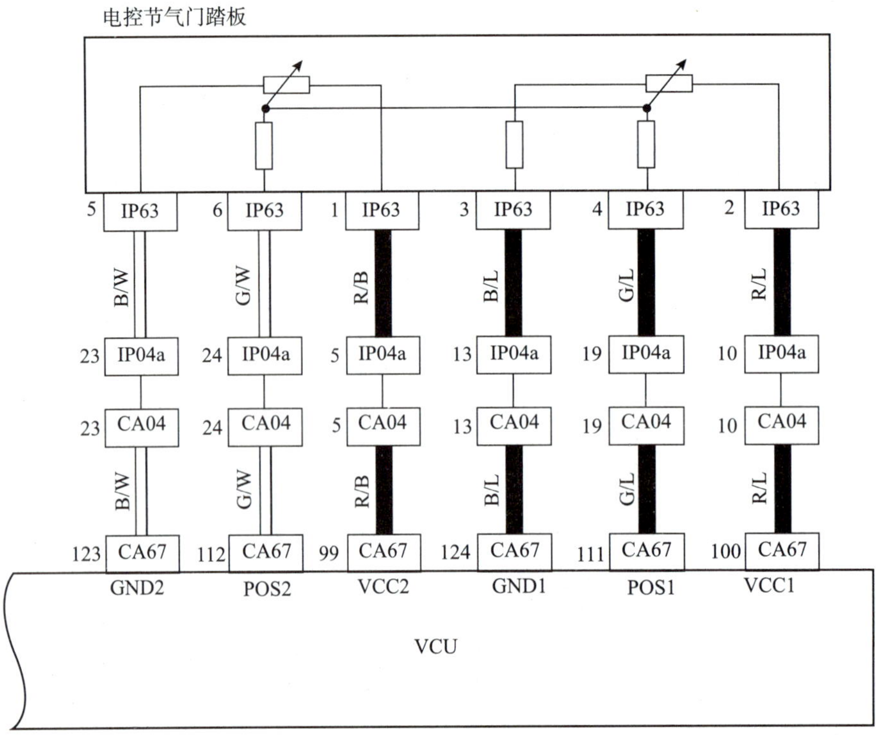

图 6-31　吉利 EV450 VCU 系统电路图（3）

六、高压互锁

（一）高压互锁回路的定义

高压互锁英文全称为 hazardous voltage interlock，简称 HVIL。

在 ISO 国际标准《电动汽车安全技术规范第 3 部分：人员电气伤害防护》（ISO 6469—3：2001）中，规定车上的高压部件应具有高压互锁装置。高压互锁指通过使用电气小信号，来检查整个高压产品、导线、连接器及护盖的电气完整性（连续性），识别到回路异常断开时，及时断开高压电。具体作用如下。

（1）整车在高压上电前确保整个高压系统的完整性，使高压系统处于一个封闭的环境下工作，提高安全性。

（2）当整车在运行过程中高压系统回路断开或者完整性受到破坏的时候，需要启动安全防护。

（3）防止带电插拔高压连接器给高压端子造成拉弧损坏，甚至造成人身伤害。

（二）高压互锁的组成及工作原理

为了监测高压供电回路插接件连接的完整性、可靠性，采用低压导线作为信号线与高压电源线并排在高压线束护套管内，并分别与高压连接器确认插脚连接，将所有的高压部件串接起来组成回路。高压互锁插头连接结构及工作原理如图 6-32 所示。从图中可以看出，由于高压插头（高压连接器）中高压电源的正负极端子和中间互锁端子的物理长度不一样，当要断开高压插头时，高压插头的互锁端子先于高压插头中的电源正负极端子脱开；当要连接高压插头时，高压插头的电源正负极端子先于互锁端子连接好。这样的设计也避免了拉弧的产生。

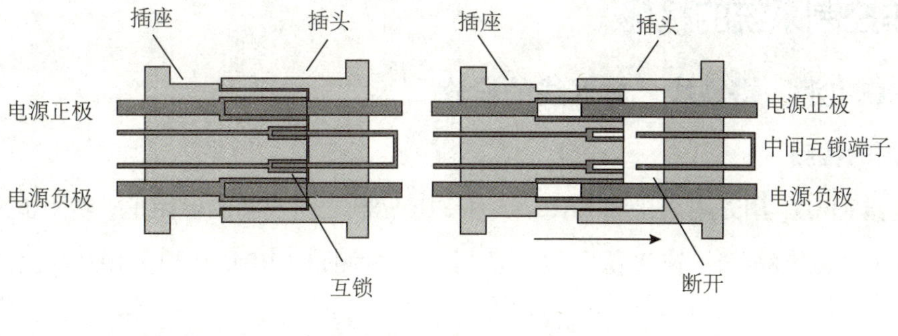

图 6-32　高压互锁插头连接结构及工作原理

高压互锁回路内还包括用于监测高压部件盖板是否可靠关闭的行程开关（开盖保护开关）。信号线将所有高压器件上的监测点全部串联起来，组成一条监测信号回路，即互锁信号回路。高压回路内某一个部位没有连接好，互锁信号送入整车控制器内，整车控制器就不使动力蓄电池对外供电。

高压互锁回路中还可以包括车辆碰撞和翻转信号。当整车发生碰撞（侧翻转）时，安全气囊碰撞（侧翻）传感器发出信号。触发断电信号，整车控制器使高压电源会在毫秒级时间内断开，并利用高压系统余电放电电路将汽车高压部件电容端的电压在很短时间内放掉，避免火灾或漏电事故引起的人员触电事故的发生，以保障用户的安全。

（三）整车高压互锁系统故障控制方法

当高压互锁系统检测到危险时，控制器会根据行驶状态和危险程度的故障等级，使用合理的安全控制方法。

（1）切断高压电源。当高压互锁系统发现危险后，控制器控制动力蓄电池的正极接触器和负极接触器，从而切断高压电源的输出（动力蓄电池），避免高压危险，确保人身和财产安全。

（2）故障报警。当互锁回路检测到危险时，控制器让电动汽车进行声光报警，提醒驾驶员，让驾驶员注意到发生的异常情况并及时处理，以避免事故发生。

（3）减功率工作。在高速行驶的过程中高压互锁系统检测到危险情况后，高压互锁系统不会立即切断高压电源；但是电动汽车会发出声光警示，提示驾驶员有危险；同时降低车辆的速度，使车辆缓行，驾驶员也可以将车辆停到安全的地方，等待救援，从而降低发生高压危险的概率。

（四）吉利 EV450 高压互锁回路

吉利 EV450 高压互锁回路如图 6-33 所示。

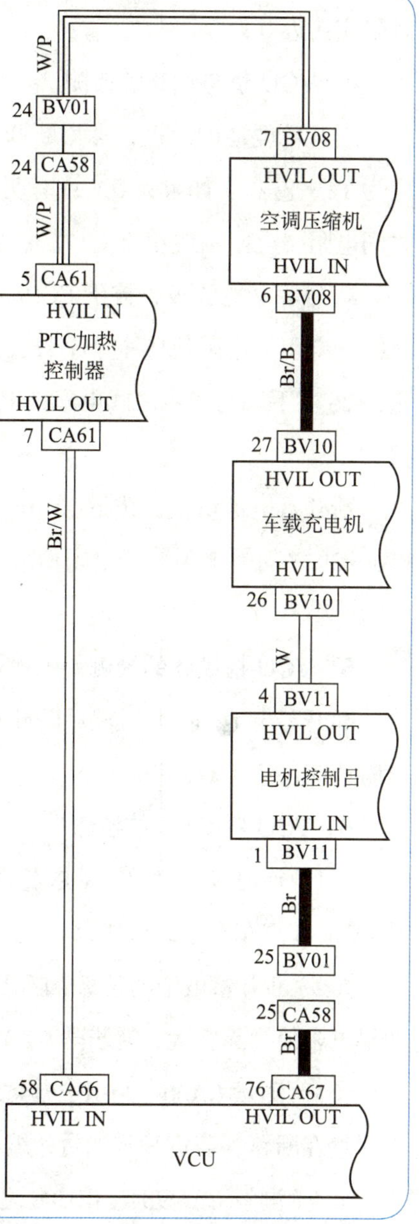

图 6-33　吉利 EV450 高压互锁回路

七、整车控制系统的检修

（一）VCU 电源、搭铁线、数据线的检修

1. 主继电器的检测

拔下主继电器 ER05，用万用表检测 ER05/85 和 ER05/86 之间线圈的电阻值，电阻值应在 75 Ω 左右，然后将 ER05/85 和 ER05/86 端子连接蓄电池正负极，此时测量 ER05/30 和 ER05/87 之间电阻值，应小于 1 Ω。

2. ER05/86-CA66/51 线路的检测

拔下 ER05，用万用表测量 ER05/86 与 CA66/51 之间电阻，电阻值应小于 1 Ω。

3. VCU 供电熔断丝的检测

分别拔下熔断丝 EF10、EF19、EF29、IF26，观察熔断丝是否破损、熔断，用万用表测量熔断丝两端电阻，电阻应接近 0 Ω。

4. VCU 供电线路的检测

断开蓄电池的负极，然后断开 CA66，连接好蓄电池负极，用万用表测量 CA66/12 对地电压，电压应为 12 V 左右。如果为 0 V 或有明显压降，断开蓄电池负极，拔下 EF29，测量 EF29 座下端与 CA66/12 之间电阻，电阻值应小于 1 Ω。然后测量 EF29 座下端与车身之间电阻，电阻值应为无穷大。

断开蓄电池负极，拔下 EF19 和 IF26，断开 CA66，然后用万用表测量 IF26 座下端与 EF19 座上端之间的电阻，电阻值应小于 1 Ω；测量 EF19 座下端与 CA66/50 之间电阻，电阻值应小于 1 Ω；然后测量 IF26 座下端与车身之间电阻，电阻值应为无穷大；测量 EF19 座下端与车身之间电阻，电阻值应为无穷大。

断开蓄电池负极，拔下 EF10，断开 CA66，用万用表分别测量 EF10 下端座与 CA66/25、CA66/52、CA66/39 之间的电阻值，电阻值应小于 1 Ω；然后测量 EF10 下端座与车身之间电阻值，电阻值应为无穷大。

5. VCU 搭铁线的检测

断开蓄电池的负极，然后断开 CA66。分别测量 CA66/1、CA66/2、CA66/26、CA66/54 与地之间电阻，电阻值应小于 1 Ω。

6. VCU P-CAN 的检测

（1）检测 VCU P-CAN 是否对地或电源短路。测量 CA66/7 与车身之间电压，电压小于 2.5 V，测量 CA66/8 与车身之间电压，电压应大于 2.5 V。

（2）断开蓄电池的负极，断开 VCU 的 CA66，测量 CA66/7 与 CA66/8 之间电阻，电阻值应为 60 Ω；如果电阻值为无穷大，转步骤（3）和（4），如果为接近 0 Ω，说明 P-CAN 存在互短，需转步骤（5）。

（3）测量 CA66/7 与 IP19/14 之间电阻，电阻应为 0 Ω，如果为无穷大，则说明 CA66/7 与 IP19/14 之间存在断路，需进一步测量，缩小断路的故障范围。

（4）测量 CA66/8 与 IP19/6 之间电阻，电阻应为 0 Ω，如果为无穷大，则说明 CA66/8 与 IP19/6 之间存在断路，需进一步测量，缩小断路的故障范围。

（5）断开 BV01 与 CA58 之间连接器，断开 IP04 a 与 CA04 之间连接器，测量 CA66/7 与 CA66/8 之间电阻、IP19/6 与 IP19/14 之间电阻、BV01/20 与 BV01/21 之间电阻，根据所测的电阻值，可以将互短的故障缩小在最小的范围内。

7. VCU V-CAN 的检测

VCU V-CAN 的检测方法与 VCU P-CAN 的检测方法类似。

（二）VCU 加速踏板位置传感器的检修

1. 检查加速踏板位置传感器与 VCU 之间的线束

（1）操作启动开关，至“OFF”状态。

（2）断开蓄电池负极电缆，并等待至少 90 s 以上。

（3）断开 VCU 线束连接器 CA67 和加速踏板线束连接器 IP63。

（4）测量 CA67 端子 99 与 IP63 端子 1 之间的电阻值。

（5）测量 CA67 端子 123 与 IP63 端子 5 之间的电阻值。

（6）测量 CA67 端子 112 与 IP63 端子 6 之间的电阻值。

（7）测量 CA67 端子 100 与 IP63 端子 2 之间的电阻值。

（8）测量 CA67 端子 124 与 IP63 端子 3 之间的电阻值。

（9）测量 CA67 端子 111 与 IP63 端子 4 之间的电阻值。

（10）以上电阻标准值应小于 1 Ω，确认电阻值是否符合标准值。如果不符合，则更换或维修线束或连接器。

2. 检测线束连接器对地是否短路

（1）操作启动开关，至“OFF”状态。

（2）断开蓄电池负极电缆，并等待至少 90 s 以上。

（3）断开 VCU 线束连接器 CA67 和加速踏板线束连接器 IP63。

（4）测量线束连接器 IP63 端子 1 与车身搭铁之间的电阻值。

（5）测量线束连接器 IP63 端子 2 与车身搭铁之间的电阻值。

（6）测量线束连接器 IP63 端子 3 与车身搭铁之间的电阻值。

（7）测量线束连接器 IP63 端子 4 与车身搭铁之间的电阻值。

（8）测量线束连接器 IP63 端子 5 与车身搭铁之间的电阻值。

（9）测量线束连接器 IP63 端子 6 与车身搭铁之间的电阻值。

（10）以上电阻标准值应为 10 kΩ 或更高，确认电阻值是否符合标准值。如果不符合，则更换或维修线束或连接器。

3. 检测加速踏板线束连接器对电源是否短路

（1）连接蓄电池负极电缆。

（2）操作启动开关，至“ON”状态。

（3）测量线束连接器 IP63 端子 1 与车身搭铁之间的电压值。

（4）测量线束连接器 IP63 端子 2 与车身搭铁之间的电压值。

（5）测量线束连接器 IP63 端子 3 与车身搭铁之间的电压值。

（6）测量线束连接器 IP63 端子 4 与车身搭铁之间的电压值。

（7）测量线束连接器 IP63 端子 5 与车身搭铁之间的电压值。

（8）测量线束连接器 IP63 端子 6 与车身搭铁之间的电压值。

（9）以上电压标准值应为 0 V，确认电压值是否符合标准值。如果不符合，则更换或维修线束或连接器。

（三）高压互锁的检修

吉利 EV450 高压互锁回路由 VCU 发送 5 V 的 PWM（脉冲宽度调制）信号。当互锁回路断开的时候，VCU 发送 12 V 的电压信号。检测的方法可以使用电阻法，逐段检测，判断出故障部位。

（四）VCU 的更换

（1）打开前机舱盖。

（2）断开蓄电池负极电缆。

（3）拆卸整车控制器。

断开整车控制器线束连接器，拆卸整车控制器固定螺母，取出整车控制器。

（4）安装整车控制器。

安装整车控制器，紧固固定螺母。紧固力矩为 8 N · m。

连接整车控制器线束连接器。插接时应注意“一插、二响、三确认”。

（5）连接蓄电池负极电缆。

（6）关闭前机舱盖。

（五）VCU 的编程和设置

检查蓄电池电压，应在 9 ~ 16 V，车辆所有的功能都应该能正常工作。更换 VCU 后若未完成 VIN、ESK 写入工作，则车辆无法起动，此时仪表无报警，车辆不报警但整车会记录故障码，故障码为：VCU 未写入 ESK 码。

（1）将本车遥控钥匙放入可以被认证的区域内。

（2）将诊断仪连接至 OBD 诊断接口。

（3）按下启动开关使电源模式至“ON”位置。

（4）开启诊断仪，选择“帝豪 EV350/450”。

（5）选择“写数据功能”，进入“写数据功能”界面。

①选择“写车辆识别码（VIN 码）”，进入“写车辆识别码（VIN 码）”界面。

②弹出“输入数据”界面，输入 17 位车辆识别码（VIN 码），点击确认，写入完毕。

（6）点出“退出”，进入“整车控制器（VCU）”系统。

（7）选择“写入 ESK”，弹出“写入 ESK 码”选择。

（8）选择“是”，弹出“写入数据”界面，写入 ESK 码，点击确认，ESK 码写入成功。

（9）退出诊断仪，车辆可以正常行驶。

第三节　充电系统的检修

一、充电模式

充电指的是将交流电网或直流电网（电源）调整为标准化的电压 / 电流，为电动汽车动力蓄电池提供电能，也可额外地为车载电气设备供电。充电模式指的是连接电动汽车到电网（电源），电网（电源）给电动汽车供电的方法。

（一）模式 1（mode1）

将电动汽车连接到交流电网（电源）时，在电源侧使用了符合 GB 2099.1 和 GB 1002 要求的插头插座，在电源侧使用了相线、中性线和搭铁保护的导体。需要指出的是，国家标准规定不应使用模式 1 对电动汽车进行充电。

（二）模式 2（mode2）

将电动汽车连接到交流电网（电源）时，在电源侧使用了符合 GB 2099.1 和 GB1002 要求的插头插座，在电源侧使用了相线、中性线和搭铁保护的导体，并且在充电连接时使用了缆上控制与保护装置（IC-CPD）。

（三）模式 3（mode3）

将电动汽车连接到交流电网（电源）时，使用了专用供电设备，将电动汽车与交流电网直接连接，并且在专用供电设备上安装了控制导引装置。

（四）模式 4（mode4）

将电动汽车连接到交流电网或直流电网时，使用了带控制导引功能的直流供电设备。

注意：模式 2、模式 3、模式 4 应具备控制导引功能。

二、连接方式

连接方式指的是使用电缆和连接器将电动汽车接入电网（电源）的方法。

（一）连接方式 A（case A connection）

将电动汽车和交流电网连接时，使用和电动汽车永久连接在一起的充电电缆和供电插头，如图 6-34 所示。

（二）连接方式 B（case B connection）

将电动汽车和交流电网连接时，使用带有车辆插头和供电插头的独立活动电缆组件，如图 6–35 所示。

（三）连接方式 C（case C connection）

将电动汽车和交流电网连接时，使用了和供电设备永久连接在一起的充电电缆和车辆插头，如图 6–36 所示。

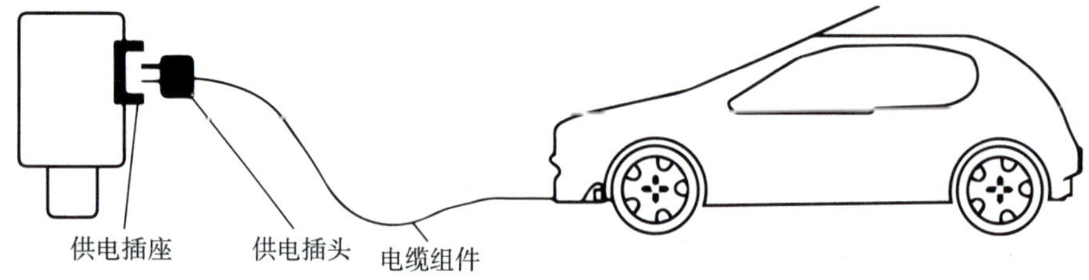

图 6–34　连接方式 A

注：电缆组件是车辆的一部分。

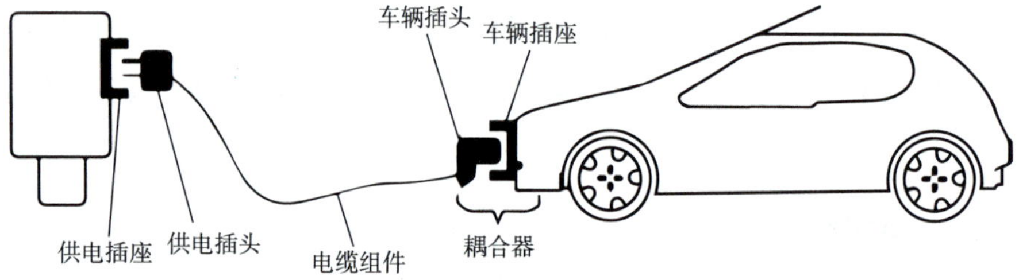

图 6–35　连接方式 B

注：可拆卸电缆组件不是车辆或者充电设备的一部分。

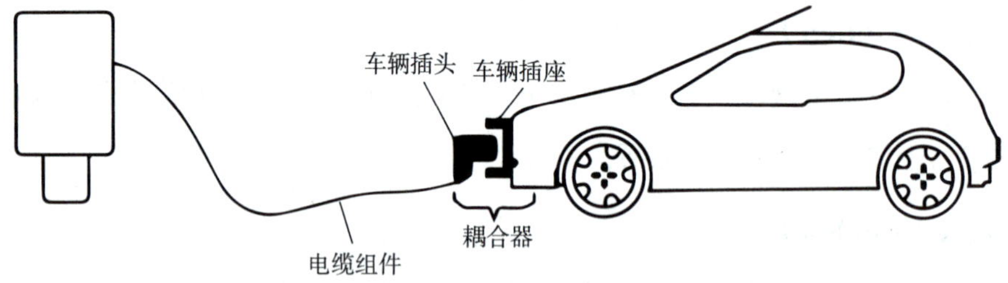

图 6–36　连接方式 C

注：电缆组件是充电设备的一部分。

连接方式 A、连接方式 B、连接方式 C 均适用于模式 3。仅连接方式 C 适用于模式 4。

三、电动汽车充电模式使用条件

（一）充电模式 1

模式 1 充电系统使用标准的插座和插头，能量传输过程中应采用单相交流供电，且不允许超过 8 A 和 250 V。在电源侧应使用符合 GB2099.1 和 GB1002 要求的插头和插座，在电源侧使用了相线、中性线和保护搭铁线导体，并且在电源侧使用了剩余电流保护装置。从标准插座到电动汽车，应提供保护搭铁导体。

注意：不应使用模式 1 对电动汽车进行充电。

（二）充电模式 2

模式 2 充电系统使用标准插座，能量传输过程中采用单相交流供电，电源测使用符合 GB 2099.1 和 GB 1002 要求的 10 A 插头插座时，电流输出不能超过 8 A。在电源侧使用相线、中性线和保护搭铁导体，并且采用缆上控制与保护装置（IC-CPD）连接电源与电动汽车。

从标准插座到电动汽车，应提供保护搭铁导体，且应具备剩余电流保护和过流保护功能。

（三）充电模式 3

模式 3 应用于连接到交流电网的供电设备将电动汽车与交流电网连接起来的情况，并且，在电动汽车供电设备上安装了专用保护装置。

电动汽车供电设备具有一个及一个以上同时可使用的模式 3 连接点（供电插座）时，每一个连接点应具有专用保护装置，并确保控制引导功能可独立运行。

模式 3 应具备剩余电流保护功能。连接方式 A、连接方式 B、连接方式 C 适用于模式 3。

采用单相供电时，电流不大于 32 A，采用三相供电且电流大于 32 A 时，应采用连接方式 C。

（四）充电模式 4

模式 4 用于电动汽车连接到直流供电设备的情况，应用于永久连接在电网（电源）的设备和通过电缆与电网（电源）连接为其供电的设备。模式 4 可直接连接至交流电网或直流电网，反连接方式 C 适用于模式 4。

四、交流充电控制导引电路与控制原理

（一）交流充电控制导引电路

1. 充电模式 3

当电动汽车使用充电模式 3 进行充电时，应使用如图 6-37（连接方式 A）、图 6-38（连接方式 B）、图 6-39（连接方式 C）所示的控制导引电路，进行充电连接装置的连接确认及额定电流参数的判断。该电路由供电控制装置，接触器 K1 和 K2，电阻 *R*1、*R*2、*R*3、*R*4、*RC*，二极管 D1，开关 S1、S2、S3，车载充电机和车辆控制装置组成，其中车辆控制装置可以集成在车载充电机或其他车载控制单元中。电阻 *R*4、*RC* 安装在车辆插头上。开关 S1 为供电设备内部开关。开关 S2 为车辆内部开关，在车辆接口与供电接口完全连接，并且配置了电子锁，供电接口被完全锁止后，当车载充电机自检测完成后无故障，并且电池组处于可充电状态时，S2 闭合（如果车辆设置有“充电请求”或“充电控制”功能，则同时应满足车辆处于“充电请求”或“可充电”状态）。开关 S3 为车辆插头的内部常闭开关，与插头上的下压按钮（用以触发机械锁止装置）联动，按下按钮解除机械锁止功能的同时，S3 处于断开状态。控制导引电路中也可以不配置开关 S2，无 S2 开关的车辆应采用单相充电，且最大充电电流不超过 8 A。

对于未配置开关 S2 的控制导引电路，等同于开关 S2 为常闭状态（出于用户安全考虑，不推荐使用无开关 S2 的控制导引电路）。

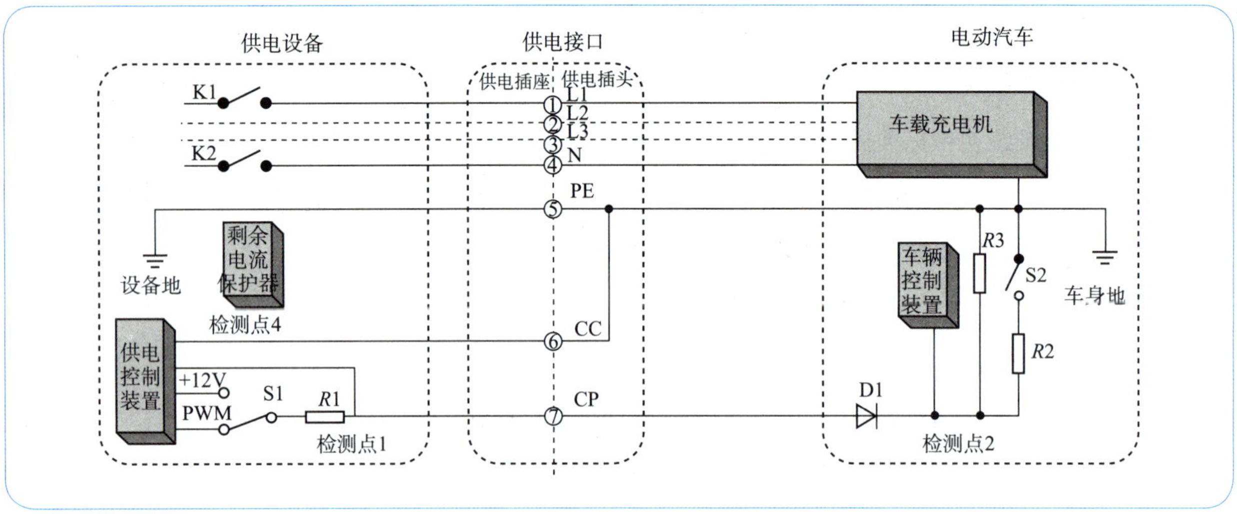

图 6-37　充电模式 3（连接方式 A）的控制导引电路原理图

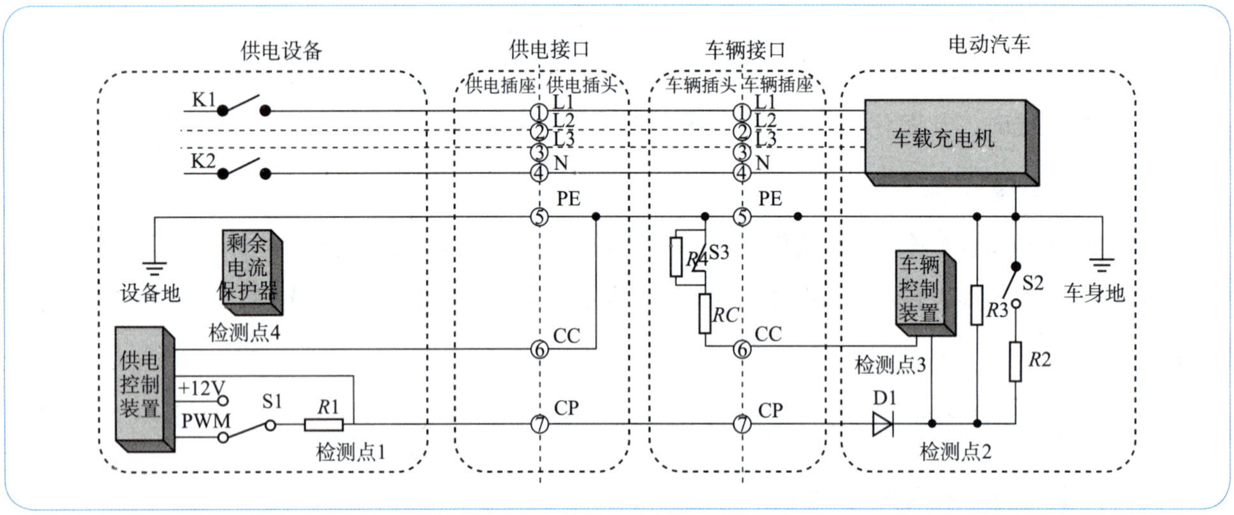

图 6-38　充电模式 3（连接方式 B）的控制导引电路原理图

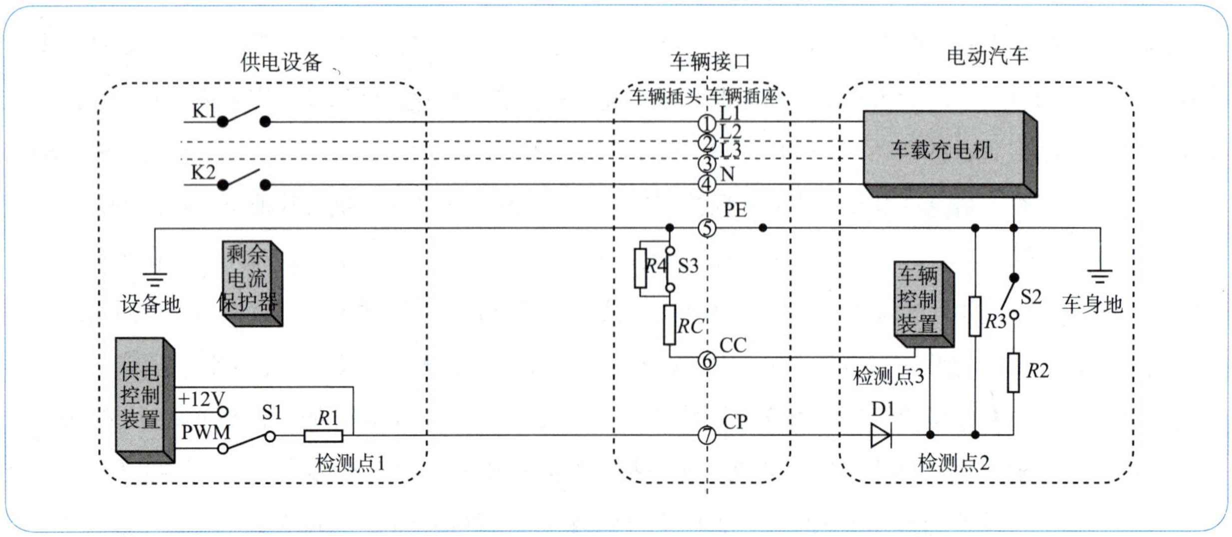

图 6-39　充电模式 3（连接方式 C）的控制导引电路原理图

2. 充电模式 2

当电动汽车使用充电模式 2 的连接方式 B 进行充电时，推荐使用如图 6-40 所示的控制导引电路，进行充电连接装置的连接确认及额定电流参数的判断。

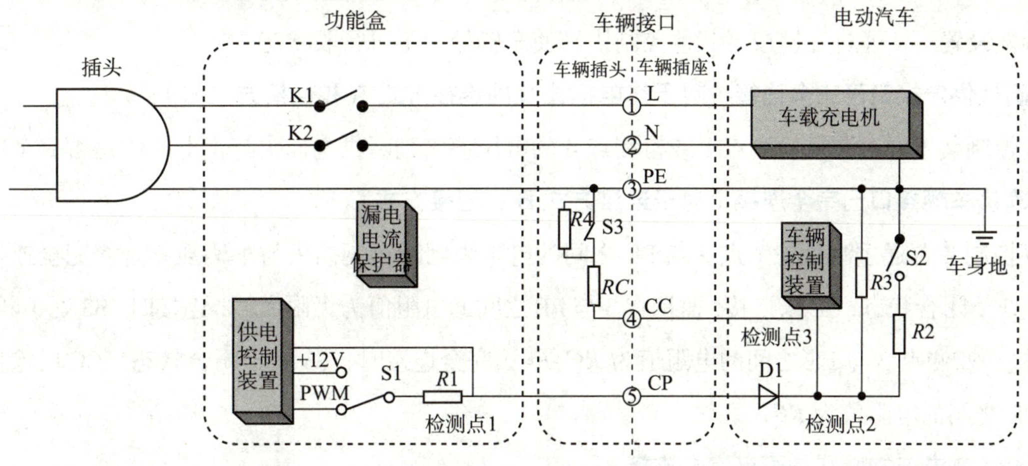

图 6-40　充电模式 2（连接方式 B）的控制导引电路原理图

（二）控制导引电路的基本功能

1. 连接确认与电子锁

车辆控制装置通过测量检测点 3 与 PE 之间的电阻值来判断车辆插头与车辆插座是否完全连接（对于连接方式 B 和连接方式 C）。完全连接后，如车辆插座内配备有电子锁，电子锁应在开始供电（K1 与 K2 闭合）前锁定车辆插头并在整个充电过程中保持。如不能锁定，由电动车辆决定下一步操作，例如继续充电，通知操作人员并等待进一步指令或终止充电。供电控制装置通过测量检测点 1 或检测点 4 的电压来判断供电插头和供电插座是否完全连接（对于连接方式 A 和连接方式 B）。完全连接后，如供电插座内配备有电子锁，供电插座内电子锁应在开始供电（K1 与 K2 闭合）前锁定供电插头并在整个充电过程中保持。如不能锁定，终止充电并提示操作人员。

2. 充电连接装置载流能力和供电设备供电功率的识别

车辆控制装置通过测量检测点 3 与 PE 之间的电阻值来确认当前充电连接装置（电缆）的额定容量，通过测量检测点 2 的 PWM 信号占空比确认当前供电设备的最大供电电流。

3. 充电过程的监测

充电过程中，车辆控制装置应对检测点 3 与 PE 之间的电阻值（对于连接方式 B 和连接方式 C）及检测点 2 的 PWM 信号占空比进行监测，供电控制装置应对检测点 4 及检测点 1（对于充电模式 3 的连接方式 A 和连接方式 B）的电压值进行监测。

4. 充电系统的停止

在充电过程中，当充电完成或因为其他原因不能满足继续充电的条件时，车辆控制装置和供电控制装置分别停止充电的相关控制功能。

（三）充电过程的工作控制程序

1. 车辆插头与车辆插座插合，使车辆处于不可行驶状态

当车辆插头与车辆插座插合后（连接方式 A 下为供电插头与供电插座），车辆的总体设计方案可以自动启动某种触发条件（如打开充电门、车辆插头与车辆插座连接或者对车辆的充电按钮、开关等进行功能触发设置），通过互锁或者其他控制措施使车辆处于不可行驶状态。

2. 确认供电接口已完全连接（对于充电模式 3 的连接方式 A 和连接方式 B）

供电控制装置通过测量检测点 1 或检测点 4 的电压值来判断供电插头与供电插座是否完全连接。

3. 确认车辆接口已完全连接（对于连接方式 B 和连接方式 C）

车辆控制装置通过测量检测点 3 与 PE 之间的电阻来判断车辆插头与车辆插座是否完全连接。未连接时，S3 处于闭合状态，CC 未连接，监测点 3 与 PE 之间的电阻值为无限大；半连接时，S3 处于断开状态，CC 已连接，监测点 3 与 PE 之间的电阻值为 $RC+R4$；完全连接时，S3 处于闭合状态，CC 已连接，检测点 3 与 PE 之间的电阻值为 RC。

4. 确认充电连接装置是否已完全连接

如供电设备无故障，并且供电接口已完全连接（对于充电模式 3 的连接方式 A 和连接方式 B），则开关 S1 从 +12 V 连接状态切换至 PWM 连接状态，供电控制装置发出 PWM 信号。供电控制装置通过测量检测点 1 的电压值或检测点 4，来判断充电连接装置是否已完全连接。车辆控制装置通过测量检测点 2 的 PWM 信号，判断充电连接装置是否已完全连接。

5. 车辆准备就绪

在车载充电机自检完成且没有故障的情况下，同时电池组处于可充电状态时，车辆控制装置闭合开关 S2（如果车辆设置有“充电请求”或“充电控制”功能，则应同时满足车辆处于“充电请求”或“可充电”状态）。

6. 供电设备准备就绪

供电控制装置通过测量检测点 1 的电压值判断车辆是否准备就绪。当检测点 1 的峰值电压为规定的对应电压值时（如表 6-7 中状态 3），则供电控制装置通过闭合接触器 K1 和 K2 使交流供电回路导通。

表 6-7 检测点 1 的电压状态

充电过程状态	充电连接装置是否连接	S2	车辆是否可以充电	检测点 1 峰值电压（稳定后测量）/ V	说明
状态 1	否	断开	否	12	车辆接口未完全连接，检测点 2 的电压为 0
状态 2	是	断开	否	9	S1 切换至与 PWM 连接状态，R3 被检测到
状态 3	是	闭合	可	6	车载充电机及供电设备处于正常工作状态

7. 充电系统的启动

当电动汽车和供电设备建立电气连接后，车辆控制装置通过判断检测点 2 的 PWM 信号占空比确认供电设备的最大可供电能力，并且通过判断检测点 3 与 PE 之间的电阻值来确认电缆的额定容量。车辆的连接状态及 *RC* 的电阻值见表 6–8。车辆控制装置对供电设备当前提供的最大供电电流值、车载充电机的额定输入电流值及电缆的额定容量进行比较，将其最小值设定为车载充电机当前最大允许输入电流。当车辆控制装置判断充电连接装置已完全连接，并完成车载充电机最大允许输入电流设置后，车载充电机开始对电动汽车进行充电。

表 6–8　车辆接口状态及 *RC* 的电阻值

状态	*RC*	*R4*	S3	车辆接口连接状态及额定电流
状态 A	—		—	车辆接口未完全连接
状态 B	—		断开	机械锁止装置处于解锁状态
状态 C	1.5 kΩ/0.5 W	—	闭合	车辆接口已完全连接，充电电缆额定容量为 10 A
状态 C′	1.5 kΩ/0.5 W	1.8 kΩ/0.5 W	断开	车辆接口处于半连接状态
状态 D	680 Ω/0.5 W	—	闭合	车辆接口已完全连接，充电电缆额定容量为 16 A
状态 D′	680 Ω/0.5 W	2.7 kΩ/0.5 W	断开	车辆接口处于半连接状态
状态 E	220 Ω/0.5 W	—	闭合	车辆接口已完全连接，充电电缆额定容量为 32 A
状态 E′	220 Ω/0.5 W	3.3 kΩ/0.5 W	断开	车辆接口处于半连接状态
状态 F	100 Ω/0.5 W	—	闭合	车辆接口已完全连接，充电电缆额定容量为 63 A
状态 F′	100 Ω/0.5 W	3.3 kΩ/0.5 W	断开	车辆接口处于半连接状态

注：电阻 *RC*、*R4* 的精度为 ±3%。

在充电过程中，当接收到检测点 2 的 PWM 信号时，车载充电机最大允许输入电流设置取决于供电设备的可供电能力、充电线缆额定容量和车载充电机额定电流的最小值。

8. 检查供电接口的连接状态及供电设备的供电能力变化情况

在充电过程中，车辆控制装置通过周期性检测检测点 2 和检测点 3，供电控制装置通过周期性检测检测点 1 和检测点 4，确认供电接口和车辆接口的连接状态，检测周期不大于 50 ms。

车辆控制装置对检测点 2 的 PWM 信号进行不间断检测，当占空比有变化时，车辆控制装置根据 PWM 信号占空比实时调整车载充电机的输出功率，检测周期不应大于 5 s。

9. 正常条件下充电结束或停止

在充电过程中，当达到车辆设置的结束条件或者驾驶员对车辆实施了停止充电的指令时，车辆控制装置断开开关 S2，并使车载充电机处于停止充电状态。

在充电过程中，当达到操作人员设置的结束条件、操作人员对供电装置实施了停止充电的指令时，供电控制装置应能将控制开关 S1 切换到 +12 V 连接状态。当检测到 S2 开关断开时，在 100 ms 内通过断开接触器 K1 和 K2，切断交流供电回路；超过 3 s 未检测到 S2 断开则可以强制带载断开接触器 K1 和 K2，切断交流供电回路。连接方式 A 或连接方式 B 时，供电接口电子锁在交流供电回路切断 100 ms 后解锁。

10. 非正常条件下充电结束或停止

（1）在充电过程中，车辆控制装置通过检测 PE 与检测点 3 之间的电阻值（对于连接方式 B 和连接方式 C）来判断车辆插头和车辆插座的连接状态，如判断开关 S3 由闭合变为断开（状态 B），则车辆控制装置控制车载充电机在 100 ms 内停止充电，然后断开 S2（若车辆配置 S2）。

（2）在充电过程中，车辆控制装置通过检测 PE 与检测点 3 之间的电阻值（对于连接方式 B 和连接方式 C）来判断车辆插头和车辆插座的连接状态，如判断车辆接口由完全连接变为断开（状态 A），则车辆控制装置控制车载充电机停止充电，然后断开 S2（若车辆配置 S2）。

（3）在充电过程中，车辆控制装置通过对检测点 2 的 PWM 信号进行检测，当信号中断时，则车辆控制装置控制车载充电机应能在 3 s 内停止充电，然后断开 S2（若车辆配置 S2）。

（4）在充电过程中，如果检测点 1 的电压值为 12 V（状态 1）、9 V（状态 2）或者其他非 6 V（状态 3）的状态，则供电控制装置应在 100 ms 断开交流供电回路。

（5）在充电过程中，供电控制装置通过对检测点 4 进行检测（对于充电模式 3 的连接方式 A 和连接方式 B），如检测到供电接口由完全连接变为断开（状态 A），则供电控制装置控制开关 S1 切换到 +12 V 连接状态并在 100 ms 内断开交流供电回路。

（6）在充电过程中，如果剩余电流保护器（漏电断路器）动作，则车载充电机处于失电状态，车辆控制装置断开开关 S2。

（7）供电设备检测车载充电机实际工作电流，当供电设备 PWM 信号对应的最大供电电流≤ 20 A，且车载充电机实际工作电流超过最大供电电流 +2 A 并保持 5 s 时；或供电设备 PWM 信号对应的最大供电电流大于 20 A，且车载充电机实际工作电流超过最大供电电流的 1.1 倍并保持 5 s 时，供电设备应在 5 s 内断开输出电源并控制开关 S1 切换到 +12 V 连接状态。

（8）当车辆 S2 断开（检测点 1 的电压值为 9 V）时，供电控制装置应在 100 ms 内断开交流供电回路，持续输出 PWM。

注意：如供电控制装置因充电连接装置由完全连接变为断开（状态 A 和状态 1）的原因而切断供电回路并结束充电时，操作人员需要检查和恢复连接，并重新启动充电设置才能进行充电。

（9）在供电接口已完全连接但未闭合交流供电回路时，如果发生连接异常，供电控制装置应在 100 ms 内控制开关 S1 切换到 +12 V 连接状态且不闭合交流供电回路。

五、直流充电控制导引电路与控制原理

（一）控制导引电路

直流充电控制导引电路原理图，如图 6-41 所示。

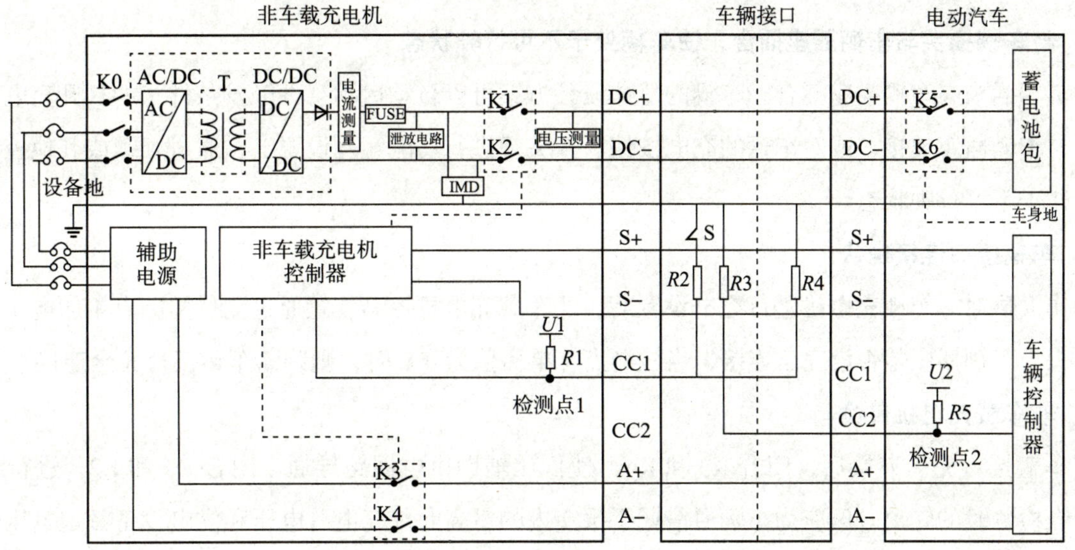

图 6–41　直流充电控制导引电路原理图

注：①图中二极管 D1 防止反向电流，可采用其他电路替代。

②泄放电路中应具备投切功能。

③绝缘检测电路应具备投切功能。

（二）控制导引电路参数

直流充电控制导引电路参数如表 6–9 所示。

表 6–9　直流充电控制导引电路的参数

对象	参数①	符号	单位	标称值	最大值	最小值
非车载充电机	R1 等效电阻	R1	Ω	1 000	1 030	970
	上拉电压	U1	V	12	12.6	11.4
	测试点 1 电压	U1 a	V	12	12.8	11.2
		U1 b	V	6	6.8	5.2
		U1 c	V	4	4.8	3.2
车辆插头	R2 等效电阻	R2	Ω	1 000	1 030	970
	R3 等效电阻	R3	Ω	1 000	1 030	970
车辆插座	R4 等效电阻	R4	Ω	1 000	1 030	970
电动汽车	R5 等效电阻	R5	Ω	1 000	1 030	970
	上拉电压	U2②	V	12	12.6	11.4
	测试点 2 电压	U2 a②	V	12	12.8	11.2
		U2 b②	V	6	6.8	5.3

注：①在使用环境条件下和可用寿命都要保持精度范围。

②车辆厂家可自定义。

（三）充电控制过程

1. 将车辆插头与车辆插座插合，使车辆处于不可行驶状态

将车辆插头与车辆插座插合，车辆的总体设计方案可以自动启动某种触发条件（如打开充电门、车辆插头与车辆插座连接，或对车辆的充电按钮、开关等进行功能触发设置），通过互锁或其他控制措施使车辆处于不可行驶状态。

2. 车辆接口连接确认

操作人员对非车载充电机进行充电设置后，非车载充电机控制装置通过测量检测点 1 的电压值判断车辆插头与车辆插座是否已完全连接，当检测点 1 电压值为 4 V 时，则判断车辆接口完全连接。

3. 非车载充电机自检

在车辆接口完全连接后，闭合 K3 和 K4，使低压辅助供电回路导通。闭合 K1 和 K2，进行绝缘检测，绝缘检测时的输出电压应为车辆通信握手报文内的最高允许充电总电压和供电设备额定电压中的较小值。绝缘检测完成后，将 IMD（绝缘检测）以物理的方式从强电回路中分离，并投入泄放回路，对充电输出电压进行泄放。非车载充电机完成自检后断开 K1 和 K2，同时开始周期发送通信握手报文。如果车辆需要使用非车载充电机提供低压辅助电源，则在得到非车载充电机提供的低压辅助电源供电后，车辆控制装置通过测量检测点 2 的电压值判断车辆接口是否已完全连接；如果车辆不需要使用非车载充电机提供低压辅助电源，则直接测量检测点 2 电压值判断车辆接口是否连接。如检测点 2 的电压值为 6 V，则车辆控制装置开始周期发送通信握手报文。

4. 充电准备就绪

车辆控制装置与非车载充电机控制装置在配置阶段时，车辆控制装置闭合 K5 和 K6，使充电回路导通；非车载充电机控制装置检测到车辆端电池电压正常（确认接触器外端电压；与通信报文电池电压误差范围≤ ±5%，且大于充电机最低输出电压、小于充电机最高输出电压）后闭合 K1 和 K2，使直流供电回路导通。

5. 充电阶段

在充电阶段，车辆控制装置向非车载充电机控制装置实时发送电池充电需求参数，调整充电电流下降时：$\Delta I \leqslant 20$ A，最长在 1 s 内将充电电流调整到与命令值相一致；$\Delta I>20$ A，最长在 $\Delta I/dl_{min}$（dl_{min} 为最小充电速率，20 A/s）内将充电电流调整到与命令值相一致。非车载充电机控制装置根据电池充电需求参数实时调整充电电压和充电电流。此外，车辆控制装置和非车载充电机控制装置还相互发送各自的状态信息。在充电过程中，车辆端应能检测 PE 针断线。

6. 正常条件下充电结束

车辆控制装置根据电池系统是否达到满充状态或是否收到“充电机中止充电报文”来判断是否结束充电。在满足以上充电结束条件时，车辆控制装置开始周期发送“车辆控制装置（或电池管理系统）中止充电报文”，在确认充电电流变为小于 5 A 后断开 K5 和 K6。当达到操作人员设定的充电结束条件或收到“车辆控制装置（或电池管理系统）中止充电报文”后，非车载充电机控制装置周期发送“充电机中止充电报文”，并控制充电机停止充电以不小于 100 A/s 的速率减小充电电流，当充电电流小于或等

于 5 A 时，断开 K1 和 K2。当操作人员实施了停止充电指令时，非车载充电机控制装置开始周期发送“充电机中止充电报文”，并控制充电机停止充电，在确认充电电流变为小于 5 A 后断开 K1、K2，并再次投入泄放回路，然后再断开 K3、K4。

7. 非正常条件下充电中止

（1）在充电过程中，如果非车载充电机出现不能继续充电的故障，则向车辆周期发送“充电机中止充电报文”，并控制充电机停止充电，应在 100 ms 内断开 K1、K2、K3 和 K4。

（2）在充电过程中，如果车辆出现不能继续充电的故障，则向非车载充电机发送“车辆中止充电报文”，并在 300 ms（由车辆根据故障严重程度决定）内断开 K5 和 K6。

（3）在充电过程中，非车载充电机控制装置如发生通信超时，则非车载充电机停止充电，应在 10 s 内断开 K1、K2、K5、K6；非车载充电机控制装置发生 3 次通信超时即确认通信中断，则非车载充电机停止充电，应在 10 s 内断开 K1、K2、K3、K4、K5、K6。

（4）在充电过程中，非车载充电机控制装置通过对检测点 1 的电压进行检测，如果判断开关 S 由闭合变为断开，应在 50 ms 内将输出电流降至 5 A 或以下。

（5）在充电过程中，非车载充电机控制装置通过对检测点 1 的电压进行检测，如果判断车辆接口由完全连接变为断开，则控制非车载充电机停止充电，应在 100 ms 内断开 K1、K2、K3 和 K4。

（6）在充电过程中，非车载充电机输出电压若大于车辆最高允许充电总电压，则非车载充电机应在 1 s 内停止充电，并断开 K1、K2、K3、K4。

注意：如果非车载充电机因严重故障结束充电，重新启动充电时需要操作人员进行完整的充电启动设置。

（四）充电电路原理

在充电机端和车辆端均设置 IMD 电路，供电接口连接后到 K5、K6 合闸充电之前，由充电机负责充电机内部（含充电电缆）的绝缘检查；充电机端的 IMD 回路通过开关从充电直流回路断开，且 K5、K6 合闸之后的充电过程期间，由电动汽车负责整个系统的绝缘检查。充电直流回路 DC+、PE 之间的绝缘电阻，与 DC−、PE 之间的绝缘电阻，两者取小值 R，当 R>500 Ω/V 视为安全；100 Ω / V<R ≤ 500 Ω/V 时，宜进行绝缘异常报警，但仍可正常充电；R ≤ 100 Ω/V 视为绝缘故障，应停止充电。

充电机进行绝缘检测后，应及时对充电输出电压进行泄放，避免在充电阶段对电池负载产生电压冲击。充电结束后，充电机应及时对充电输出电压进行泄放，避免对操作人员造成电击伤害。泄放回路的参数选择应保证在充电连接器断开后 1 s 内将供电接口电压降到 DC 60 V 以下。

因停电等原因，充电回路或控制回路失去电力时，非车载充电机应在 1 s 以内断开 K1、K2，或通过泄放回路在 1 s 以内将充电接口电压降到 DC60 V 以下。

六、吉利 EV450 交流充电系统

吉利 EV450 交流充电系统如图 6-42 和图 6-43 所示。

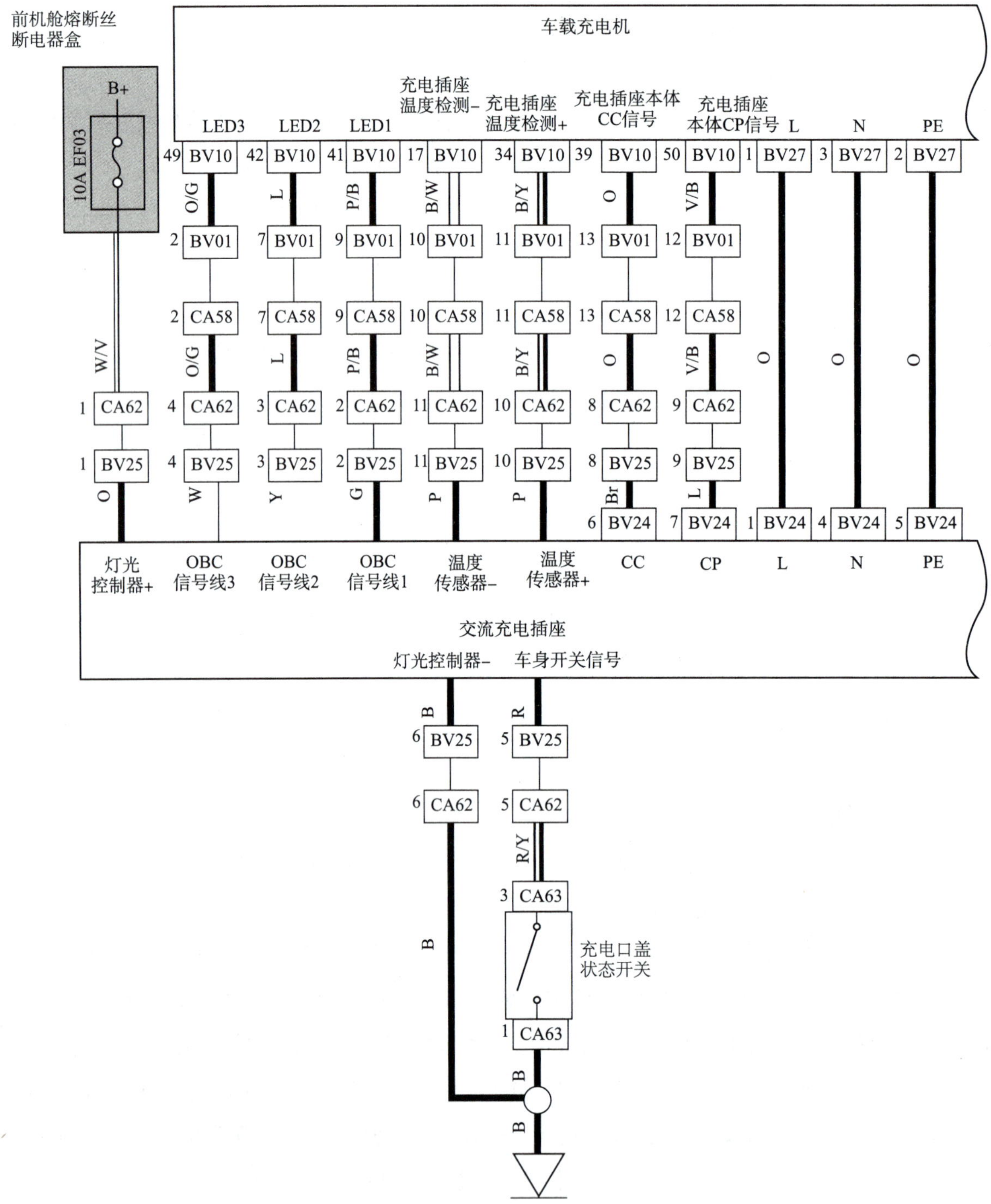

图 6-42　吉利 EV450 交流充电系统（1）

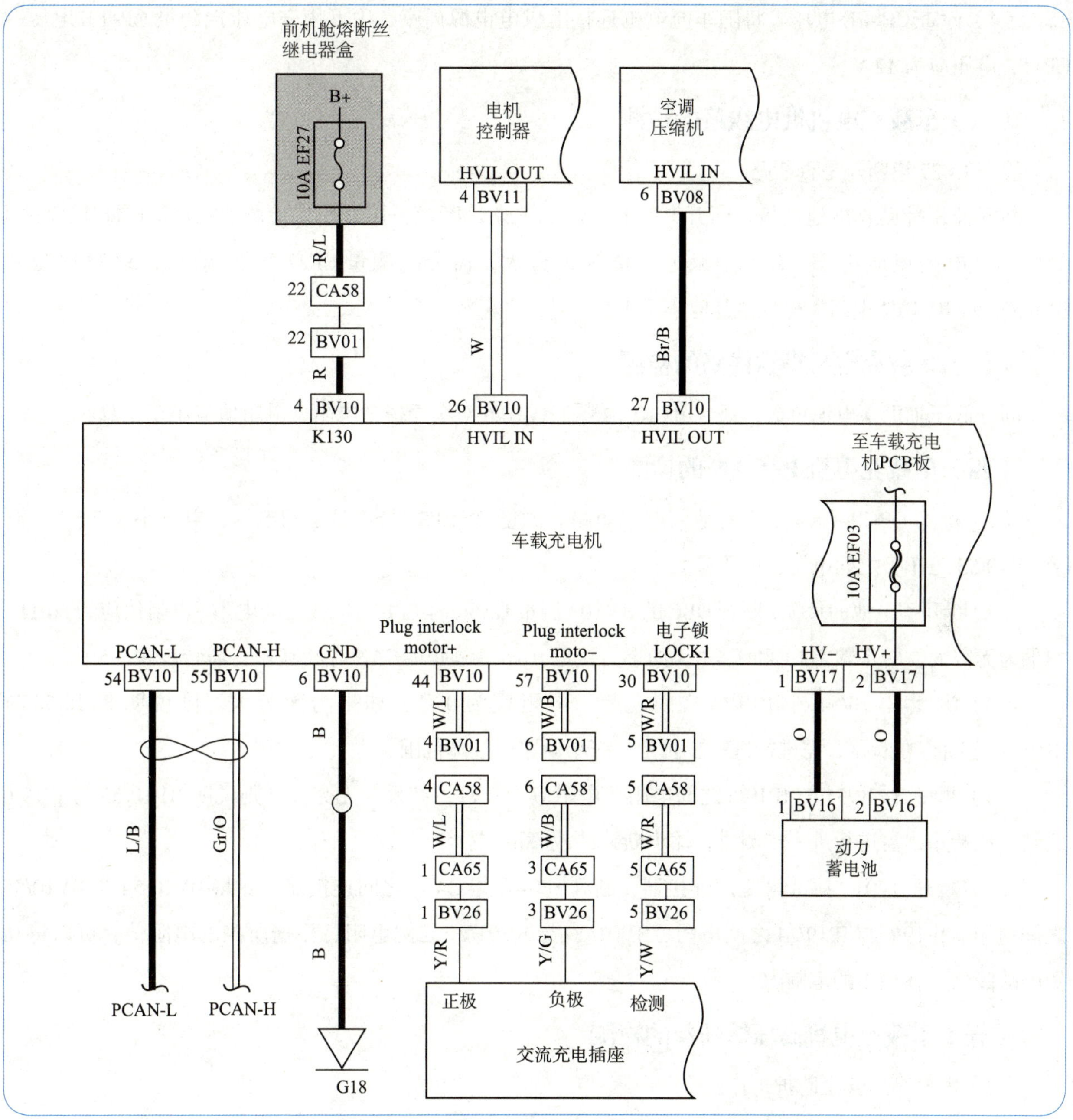

图 6–43　吉利 EV450 交流充电系统（2）

七、吉利 EV450 交流充电系统的检修

（一）随车充电枪的检查

随车充电枪的检查包括以下几点。

（1）检查充电枪的外观。检查充电枪的外观有无破损，脏污。

（2）检查充电枪指示灯。将随车充电枪连接上供电电源插座，观察随车充电枪上的指示灯指示是否正常。

（3）检查 CC–PE 电阻。用万用表电阻挡测量随车充电枪 CC–PE 电阻，吉利 EV450 随车充电枪 CC–PE 电阻值应为 1.5 kΩ，当 S3 按下的时候，CC–PE 电阻值应为 3.35 kΩ。

（4）检查 CP-PE 电压。将随车充电枪连接上供电电源插座，用万用表电压挡测量 CP-PE 电压，CP-PE 电压应为 12 V。

（二）车载充电机供电线路的检测

检查 EF27 熔断丝是否断路。

断开低压辅助蓄电池负极，断开 BV10，拔下 EF27 熔断丝，用万用表检测 EF27 座下端对 BV10/4 的电阻，电阻值应小于 1 Ω，如果电阻值为无穷大，需分别测量 EF27 座下端对 CA58/22 电阻和 BV01/22 对 BV10/4 电阻，电阻值都应小于 1 Ω。

（三）车载充电机搭铁线路的检测

断开低压辅助蓄电池负极，断开 BV10，测量 BV10/6 对车身搭铁电阻，电阻值应小于 1 Ω。

（四）车载充电机 P-CAN 的检测

（1）检测 OBCP-CAN 是否对地或电源短路。测量 BV10/54 与车身之间电压，电压小于 2.5 V，测量 BV10/55 与车身之间电压，电压应大于 2.5 V。

（2）断开蓄电池的负极，断开 OBC 的 BV10，测量 CA66/54 与 BV10/55 之间电阻，电阻值应为 60 Ω；如果为无穷大，转步骤（3）和（4），如果为接近 0 Ω，说明 P-CAN 存在互短，需转步骤（5）。

（3）测量 BV10/54 与 IP19/14 之间电阻，电阻应为 0 Ω，如果为无穷大，则说明 BV10/54 与 IP19/14 之间存在断路，需进行进一步测量，缩小断路的故障范围。

（4）测量 BV10/55 与 IP19/6 之间电阻，电阻应为 0 Ω，如果为无穷大，则说明 BV10/55 与 IP19/6 之间存在断路，需进行进一步测量，缩小断路的故障范围。

（5）断开 BV01 与 CA58 之间连接器，断开 IP04 a 与 CA04 之间连接器，测量 BV10/54 与 BV10/55 之间电阻、IP19/6 与 IP19/14 之间电阻、BV01/20 与 BV01/21 之间电阻，根据所测的电阻值，可以将互短的故障缩小在最小的范围内。

（五）车载充电机高压熔断丝的检测

（1）做好高压安全防护工作。

（2）断开低压辅助蓄电池负极，负极桩头和负极电缆用绝缘胶布包好，静置车辆 10 min。

（3）断开与 OBC 连接的母线，高压线束接口处用束口袋或胶布封住，防止异物进入。

（4）进行验电操作，确保 OBC 侧无高压电。

（5）拆下 OBC 盖板。

（6）用万用表测量 OBC 高压熔断丝，电阻值应小于 1 Ω。

（六）车载充电机低压线束的检测

1. CP 线的检测

断开蓄电池负极，断开 BV10，测量 BV10/50 与 BV24/7 间的电阻值，电阻值应小于 1 Ω，如果电阻值为无穷大，应分别测量 BV10/50 与 BV01/12 间的电阻值、CA58/12 与 CA62/9 间的电阻值和 BV25/9 与 BV24/7 间的电阻值，电阻值都应小于 1 Ω。

2. CC 线的检测

断开蓄电池负极，断开 BV10，测量 BV10/39 与 BV24/6 间的电阻值，电阻值应小于 1 Ω，如果电阻值为无穷大，应分别测量 BV10/39 与 BV01/13 间的电阻值、CA58/13 与 CA62/8 间的电阻值和 BV25/8 与 BV24/6 间的电阻值，电阻值都应小于 1 Ω。

3. 温度传感器线束检测

断开蓄电池负极，断开 BV10，断开 CA62 和 BV25，测量 BV10/34 与 CA62/10 间的电阻值，电阻值应小于 1 Ω，如果电阻值为无穷大，应分别测量 BV10/34 与 BV01/11 间的电阻值和 CA58/11 与 CA62/10 间的电阻值，电阻值都应小于 1 Ω；测量 BV10/17 与 CA62/11 间的电阻值，电阻值应小于 1 Ω，如果电阻值为无穷大，应分别测量 BV10/17 与 BV01/10 间的电阻值和 CA58/10 与 CA62/11 间的电阻值，电阻值都应小于 1 Ω。

4. 温度传感器的检测

断开蓄电池负极，断开 CA62 和 BV25，测量 BV25/10 与 BV25/11 间的电阻值，电阻值应为 4.5 kΩ 左右。

第四节 电动真空助力系统检修

一、电动汽车制动系统的组成

一般电动汽车制动系统与传统汽车制动系统相类似，主要由制动器、制动压力调节装置（例如防抱死制动系统 ABS）、电动真空助力系统等组成。

与传统汽车制动系统相比，一般纯电动汽车制动系统多了电动真空助力系统。大多数轿车采用真空助力伺服制动系统，使人力和动力并用。传统内燃机轿车的制动系统真空助力装置的真空源来自发动机进气歧管，真空度负压一般可达到 0.05 ～ 0.07 MPa。对于纯电动车而言，由于没有了内燃机，制动系统没有真空动力源而丧失了真空助力功能，但是仅由人力所产生的制动力无法满足行车制动的需要，因此需要对制动系统真空助力装置进行改制，而改制的核心问题是产生足够压力的真空源，这就需要为制动系统增加电动真空助力系统。

二、电动真空助力系统

电动真空助力系统主要由电动真空泵、真空储存罐、压力传感器和控制器等组成。

吉利 EV450 纯电动汽车的制动助力装置采用 DC 12 V 电源驱动，主要为汽车真空助力伺服系统提供真空源，它是一种免真空泵油的机电耦合产品，主要包括永磁直流电机、高精密机械泵、真空罐总成及 ESC 模块组成。

三、真空泵工作电路

吉利 EV450 纯电动汽车真空泵工作电路如图 6–44 所示。

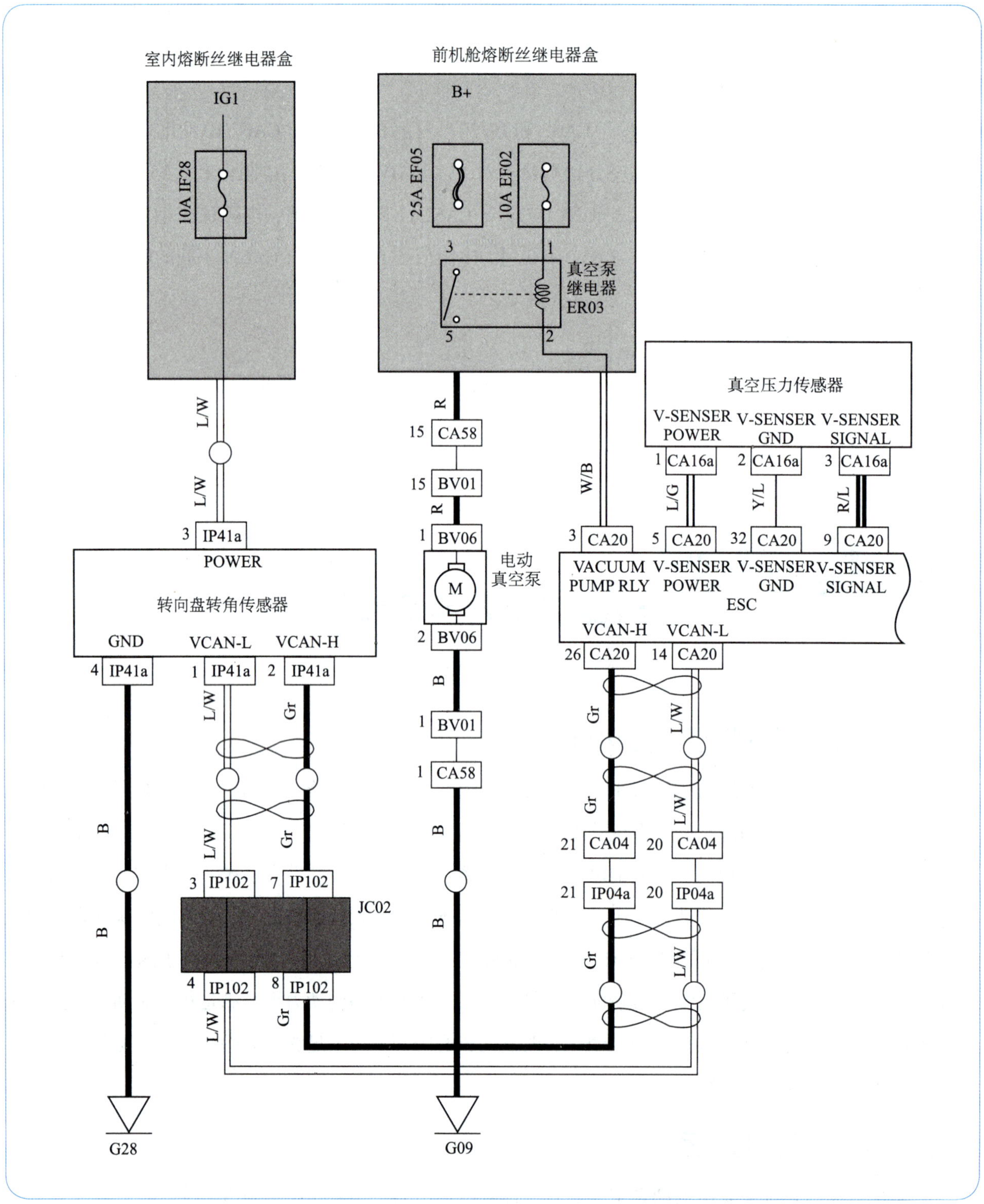

图 6–44　吉利 EV450 纯电动汽车真空泵工作电路

四、电动真空助力系统的工作原理

ESC 对电动真空泵工作进行控制管理。系统默认为自动开启状态，当助力系统真空度低于设定值时，

ESC 控制电动真空泵工作，为助力器提供真空，真空度值高于设定值时，ESC 控制电动真空泵停止工作；真空度设定值会随着车速的变化而相应提高，在保证行车安全的前提下延长电动真空泵的使用寿命。

系统监测到电动真空管理系统失效时，仪表上黄色 ESC 故障灯会点亮。

五、吉利 EV450 电动真空助力系统的检测

（一）电动真空助力系统的外观检查

检查真空管路是否存在破损漏气处。

（二）检查电动真空泵的工作声音

起动车辆，应能明显听到电动真空泵的工作声，或者起动车辆后踩几次制动踏板，也应该能听到电动真空泵的工作声音，否则说明电动真空助力系统存在故障。

（三）真空压力传感器的检测

1. 检查真空度传感器和液压电子控制单元之间的线束

（1）操作启动开关使电源模式至 OFF 状态。

（2）将蓄电池负极电缆从蓄电池上断开。

（3）断开液压电子控制单元线束连接器 CA20。

（4）将蓄电池负极电缆连接到蓄电池上。

（5）操作启动开关使电源模式至 ON 状态。

（6）测量真空度传感器线束连接器 CA16 a 端子 1、2、3 分别与液压电子控制单元 CA20 端子 5、32、9 之间的电阻值。电阻标准值应小于 1 Ω。

（7）确认测量值是否符合标准值。如与标准值不符，应更换真空压力传感器。

2. 检查真空压力传感器的信号电压和电源电压

起动车辆，可以用穿刺的方法，测量 CA16 a/3 对车身电压，电压应为 0.5 ～ 5 V。

断开 CA16 a，然后让电源开关处于 ON 挡，测量 CA16 a/1 对车身电压，电压应为 5 V 左右。

3. EF05、EF02 的检查

拔下 EF05、EF02，检查熔断丝外观，用万用表测量熔断丝电阻值，应为 0 Ω。

4. 检查 ER03 继电器

拔下主继电器 ER05，用万用表检测 ER03/85 与 ER03/86 之间线圈的电阻值，电阻值应在 85 Ω 左右，然后将 ER03/85 和 ER03/86 端子连接蓄电池正负极，此时测量 ER03/5 与 ER03/5 之间电阻值，应小于 1 Ω。

5. 电动真空泵的供电电路的检查

断开电压蓄电池负极，断开 BV06，拔下 ER03，测量 ER03 座 5 端子与 BV06/1 之间的电值阻，应小于 1 Ω，如果为无穷大，需要分别测量 ER03 座 5 端子与 CA58/15 之间、BV01/15 与 BV06/1 之间的电阻值，都应小于 1 Ω。

6. 电动真空泵的搭铁电路的检查

断开电压蓄电池负极，断开 BV06，测量 BV06/2 与车身之间的电阻值，应小于 1 Ω，如果为无穷大，需要分别测量 BV06/2 与 BV01/1 之间、CA58/1 与车身之间的电阻值，都应小于 1 Ω。

7. 电动真空泵的检测

断开电压蓄电池负极，断开 BV06，测量 BV06/1 与 BV06/2 之间电阻值，电阻应为 0.5 Ω 左右。

本章小结

1. 介绍了吉利 EV450 纯电动汽车驱动电机安装位置、紧固件规格。详细介绍了纯电动汽车电机控制系统的作用。

2. 阐述了典型纯电动汽车电机控制器系统电气原理。要求能根据电路图正确检测驱动电机系统电路。

3. 叙述了充电模式和连接方式。重点介绍了交流充电控制导引电路与控制原理、直流充电控制导引电路与控制原理。要求会正确对交流充电系统进行检修。

通过本章的学习，希望读者将各章内容融会贯通，达到举一反三的目的，使实际操作更为安全、精准。

课程思政

国产新能源汽车营造出行新体验

国务院发布的《新能源汽车产业发展规划（2021—2035 年）》指出，发展新能源汽车是我国从汽车大国迈向汽车强国的必由之路，是应对气候变化、推动绿色发展的战略举措。

工信部数据显示，我国新能源汽车产销量连续 6 年位居全球第一，累计推广超过 550 万辆。国产新能源汽车正踏着中国智造的产业升级阶梯不断前进。

电池技术革新推进绿色转型

新能源汽车之所以被寄予厚望，是因为国产品牌在核心技术上有“换道超车”的可能。近年来，以三元锂电池、磷酸铁锂电池为攻坚方向，国产品牌在包括动力电池、驱动电机、电控系统等在内的核心零部件领域处于国际先进水平。

通过研发安全、可靠、耐用的全球领先的电池包平台化技术，国产品牌可实现电池质量安全可控，同时加快推进能源绿色转型，助力实现碳达峰、碳中和目标。

大数据赋能优化出行体验

随着智慧道路、通信网络、云端技术等科技融合发展，新能源汽车产业将传统汽车在零部件、整车研发生产及营销服务企业之间的工业链条逐步演变成汽车、能源、交通、信息通信等多领域多主体参与的“网状生态”，网联化趋势将加速全行业的信息化发展。

3月11日，工信部组织召开智能网联汽车相关座谈会。有关人士在会上表示，智能网联汽车是未来产业发展的战略制高点，当前正处于技术快速演进、产业加速布局的关键阶段。得益于卫星遥感技术、5G通信基础设施建设，国产新能源汽车在智能网联化的研究上成果颇丰。

立足自主研发，国产新能源车企打通了汽车研发、生产制造、新零售等各个环节，利用移动端大数据为消费者量身设计最佳出行体验。据悉，截至2020年10月，威马汽车已获国内专利868项。

新能源汽车将高度智能化

智能化为什么总和新能源汽车联系起来？一位汽车从业人士说，车载智能设备需要很多电控器件和传感器，燃油车的节气门、变速箱等复杂部件都会增加智能化控制的难度和成本。而对新能源汽车来说，经电脑处理后的数据可以直接传给电机、电池、电控三大部件，能在短时间内实现精准控制，成本更低。

当前，多个国产品牌的新能源汽车已达到高度智能化。以威马汽车为例，用户可使用自然语音交互、语音控制、自动驾驶和自动泊车功能。

“未来新能源汽车的智能属性会越来越强。”沈晖分析，“安全、舒适、高效节能都将成为新能源汽车智能化的发展方向。”

（来源：人民网－人民日报）

思考练习

（一）填空题

1. 电机控制器安装在__________，采用CAN通信控制，控制着动力蓄电池组到电机之间的能量传输，同时采集__________信号和__________信号，精确地控制驱动电机运行。

2. 整车控制器的总体功能是判断操纵者意愿，根据车辆行驶状态、__________和__________的状态合理分配动力，使车辆运行在最佳状态。

3. 一般电动汽车制动系统与传统汽车制动系统相类似，主要由________、________、________等组成。

4. 电动真空助力系统主要由__________、__________、__________和__________等组成。

（二）简答题

1. 吉利EV450电池控制单元（BMU）的作用是什么？
2. 吉利EV450电池高压分配单元的组成是什么？
3. 吉利EV450高压配电系统的组成是什么？
4. 高压互锁回路的功能是什么？

实训任务

实训一　整车控制器的更换

一、实训目的

1. 掌握整车控制器更换的车辆防护工作；

2. 掌握整车控制器更换的步骤。

二、实训内容

实训室一辆纯电动汽车整车控制器出现故障需要更换，请同学布置维修场地并准备好防护套装、工具工装进行整车控制器的更换。

三、实训器材

序号	名称	数量
1	三件套	1 套
2	翼子板布、前格栅布	1 套
3	整车控制器	1 套
4	工具工装	1 套
5	绝缘万用表	1 套
6	故障解码仪	1 套

四、实训步骤

1. 防护准备

（1）打开车门，安装三件套；

（2）确保起动开关关闭，拉动前机舱盖拉手；

（3）打开前机舱盖，安装翼子板布、前格栅布。

2. 整车控制器的更换

（1）取下蓄电池负极，可靠搭铁；

（2）拔下整车控制器插接器插头；

（3）拆下整车控制器 4 个固定螺栓；

（4）取下整车控制器；

（5）更换新的整车控制器；

（6）安装整车控制器 4 个固定螺栓；

（7）安装整车控制器连接插头，插接时注意“一插、二响、三确认；

（8）安装蓄电池负极。

（9）取下翼子板布，格栅布，三件套。

（10）关闭前机舱盖和车门。

3. 环境整理

将工具工装、防护套装归位并打扫卫生。

完成整车控制器更换后，新的整车控制器需要与原车进行控制匹配和标定。对于不同车型，匹配的方式有所不同：有的车型需要厂家或维修店专业人员进行于动匹配和标定；而有的车型自身就能够进行自适应匹配和标定。

实训二　丰田凯美瑞混合动力传动桥总成拆装

一、实训目的

1. 掌握丰田凯美瑞混合动力传动桥的结构；

2. 掌握丰田凯美瑞混合动力传动桥总成的拆装步骤。

二、实训内容

某客户的丰田凯美瑞出现故障，需要拆检，请同学布置维修场地并准备好防护套装、工具工装进行混合动力传动桥的拆装操作。

三、实训准备

丰田凯美瑞混合动力车辆一辆，绝缘拆装工具套装，车外防护三件套，车内防护三件套

四、实训步骤

（一）拆卸

1. 拆卸带传动桥的发动机总成。

2. 拆卸动力阻尼器。

3. 拆卸前车架总成以及前桥左、右半轴总成。

4. 拆卸飞轮壳底罩。

5. 分离发动机线束。

6. 拆卸变速器1号、2号、3号控制拉索支架。

7. 拆卸自动变速器箱盖。

8. 拆卸HV传动桥质量阻尼器。

9. 拆卸变速器油泵盖螺塞和水软管。

10. 拆卸发动机前悬置支架。

11. 拆卸混合动力车辆传动桥总成。

（二）安装

按拆卸的相反顺序进行安装。

参考文献

[1] 陈社会．新能源汽车结构与检修 [M]．2 版．北京：人民交通出版社股份有限公司，2021.

[2] 吴荣辉．新能源汽车结构原理与检修 [M]．北京：机械工业出版社，2022.

[3] 弋国鹏，魏建平．电动汽车控制系统及检修 [M]. 北京：机械工业出版社，2020.

[4] 申荣卫．纯电动汽车整车控制系统检测与修复 [M]．北京：机械工业出版社，2020.

[5] 孔超．纯电动汽车电池及管理系统拆装与检测 [M]. 北京：机械工业出版社，2018.

[6] 崔胜民．新能源汽车概论 [M]．3 版．北京：北京大学出版社，2020.

[7] 瑞佩尔．新能源汽车结构与原理 [M]．北京：化学工业出版社，2019.